現代日本語の
前置き表現の記述的研究

陳　臻渝 著

J-C LCP

日本語・日本語習得研究博士論文シリーズに寄せて

　博士学位は運転の免許に例えられることがある。一理ある考え方である。人は、運転が十分に上手になってから免許を取るのではなく、最低限の知識と技能を身につけた段階で初めて免許を取り、それから一生懸命に車を走らせて技術を上達させていくからである。

　しかし、立場を変えれば、これは盲点のある例え方だと評することもできる。なぜなら、免許の取り方と学位の取り方とではその性格に大きな開きがあるからである。免許を取る訓練の段階では、指導教官が隣の席に座って丁寧に教えてくれるが、それでも、よほど危険な状況に遭遇しない限り、運転に直接手を貸すことはない。また、免許を取得できるかどうかが決まる試験に際しては、あくまで受験者が自力のみで努力し、うまく行かなかったら、一律に不合格になる。

　一方、博士学位の場合はどうか。まず博士論文の作成においては、発想から表現まで指導教員が惜しまずに力を貸すことがある。さらによくないのは、そうしておきながら、一旦審査する段階になると、同じ教員が主査を務めてしまうことにある。このような調子だから、「手前味噌」の滑稽劇がひっきりなしに展開される。これによって、学位を取った人の一部は、学位を取った日が研究を止める日になってしまう。なぜなら、一人では研究を続けていくことができないからである。

　このような滑稽劇を根絶するためには、体制の根本的な改革が必要であり、教員の一人二人の努力だけではどうしようもない。しかし、このシリーズの企画に際しては、せめてこの風潮を助長しないように注意を払っていくつもりである。つまり、執筆候補者の選定に関して、学位申請に必要とされた「博士論文」を見るだけではなくて、学位取得から一定以上の年数が経過しても、依然として弛まず研究を続けられていることを必須条件として定めているのである。

　こうすることで、このシリーズの著者たちは、本書の背表紙に刻まれた著者名だけでなく、学会や研究会の壇上で活躍する実際の姿と、学会誌の目次や研究会のプログラムに頻出する名前とが、常に三位一体となった動的な存在であることが保証されるであろう。シリーズの刊行が学問隆盛の一助となることを切に望む次第である。

大阪府立大学　張　麟声

序　文

　陳瑧渝博士の博士論文である『現代日本語の前置き表現の記述的研究』が出版される運びとなり、氏に請われて、指導教員として一筆書くことになった。

　氏の修士課程は、東京のある大学で修了している。編入試験を受け、2006年4月から私の研究室に在籍し、指導を受けることになったのである。その編入試験は2006年2月に行われた。大変流ちょうな日本語で適切に応答していたので、この子が本当に入ってくれればなと同じ試験担当の同僚と話していたのだが、本当に入ってくるとは思わなかった。なぜなら、氏には住み慣れた「都」である東京があり、しかもその「都」の東京には、氏の心の支えとなる大事な方がいるといううわさが耳に入っていたため、試験を数か所受けて楽しんでいるだけだろうと思っていたからである。

　しかし、「突如として」ではないが、4月になると、実際単身赴任という形で、氏は都から下ってきた。尚且1年目の時には、ゼミで会っても、食堂で会っても、「前置き」を研究しているのに、適切な前置き表現をあまりにも使用しないで、いつも研究のことばかりに話題を持っていく。そして、年度末に紀要に論文を二つ載せることができ、翌2年目には文科省の奨学金を受給することになった。私は感心し、その分だけ氏の研究をより厳しく批評するようになるが、氏は、不服な時には「弁解」し、納得した時には、にこにこと笑いながら、はい、はいと言っていた。が、数年後にほかの院生から聞いた話によると、私と話した後、院生室に戻って涙を拭いていることがよくあったという。芯の強い女の子はこうなのかと納得し、軽く嘆息した覚えがある。

　博士論文を提出して、学位を取得されたのは2010年3月であり、それから、約8年が経過している。歴史上大変著名な港都市である泉州にある華僑大学に就職し、円満な家庭に恵まれ、今では二児の母である。最近会ったのは昨年6月に私が福州大学を訪問した時であり、ご夫妻と4歳のご長女の3人に案内していただき、空海和尚の上陸地である福建省霞浦県的赤岸鎮を訪問した。

　今回の博士論文のご出版は、本人はもっともっと書き換えていきたいと言っているのを、シリーズの企画者である私の思いを優先させて決めたものである。原稿は私の指導のもとで書いた博士論文であるので、私はレベル云々といった話をする立場ではない。しかし、一つ間違いなく言えるのは、8年経過しても、この分野の研究において著しい発展が見られないことである。言い換えれば、

今でも読む価値のある文献だと言える。

　年を取ると、人間は優しくなるという。でも、私はどうもそのような、優しくなれるタイプではないようである。博士論文が本になってからも、私は陳さんに会うことがあるだろう。たぶん、まずは最近どんな研究らしい研究をしているのかについて聞くと思う。その時、笑いでごまかされるのか、それとも、赤面しながらこれから努力すると言ってくれるのか。そのような陳さんの「未知な」顔を見るのを、今から楽しみにしている。

　　　　　　　　　　　　　　　　　　　大阪府立大学　　張　麟声

目　次

企画者の言葉

序　文

はじめに……………………………………………………………………… 1

  1．本研究の対象……………………………………………………… 1

  2．本研究の目的……………………………………………………… 2

  3．本研究の主張……………………………………………………… 2

  4．本書の構成……………………………………………………… 5

第1章　前置き表現に関する先行研究……………………………………… 7

  1．待遇表現の観点からの先行研究………………………………… 7

  2．ポライトネスの観点からの先行研究…………………………… 13

  3．日本語教育の観点からの先行研究……………………………… 14

  4．その他の先行研究………………………………………………… 16

  5．前置き表現に関する先行研究のまとめ………………………… 17

第2章　前置き表現の構造的分類…………………………………………… 19

  1．「単純型」…………………………………………………………… 19

  2．「複合型」…………………………………………………………… 27

  3．前置き表現の構造的分類のまとめ……………………………… 34

第3章　前置き表現の談話機能的分類……………………………………… 36

  1．対人配慮型………………………………………………………… 36

    1.1．対人配慮型—丁重付与……………………………………… 36

    1.2．対人配慮型—自己援護……………………………………… 40

    1.3．対人配慮型—理解表明……………………………………… 43

    1.4．対人配慮型—釈明提示……………………………………… 45

  2．伝達性配慮型……………………………………………………… 48

    2.1．伝達性配慮型—話題提示…………………………………… 48

2．2．伝達性配慮型—情報提示 ……………………………………… 51

　　2．3．伝達性配慮型—様態提示 ……………………………………… 53

　3．　前置き表現の談話機能的分類のまとめ …………………………… 56

第4章　前置き表現の文体的特徴………………………………………………… 58

　1．前置き表現の文体的特徴の調査の概要……………………………… 58

　2．前置き表現の文体的特徴の調査の結果……………………………… 59

　　2．1．対人配慮型—丁重付与 ………………………………………… 59

　　2．2．対人配慮型—自己援護 ………………………………………… 60

　　2．3．対人配慮型—理解表明 ………………………………………… 62

　　2．4．対人配慮型—釈明提示 ………………………………………… 64

　　2．5．伝達性配慮型—話題提示 ……………………………………… 65

　　2．6．伝達性配慮型—情報提示 ……………………………………… 67

　　2．7．伝達性配慮型—様態提示 ……………………………………… 68

　　2．8．前置き表現の文体的特徴の調査の結果のまとめ …………… 70

　3．前置き表現の文体的特徴の調査の考察……………………………… 70

　　3．1．前置き表現の使用の有無 ……………………………………… 71

　　3．2．前置き表現の使用の多寡 ……………………………………… 72

　4．前置き表現の文体的特徴のまとめ…………………………………… 73

第5章　行動実行に用いられる前置き表現の使用条件………………………… 75

　1．「ワルイケド」が行動実行に用いられる場合の使用条件 ………… 75

　　1．1．聞き手に不利益をもたらす行動を実行する ………………… 75

　　1．2．聞き手の要求に逆らう行動を実行する ……………………… 78

　2．「スミマセンガ」が行動実行に用いられる場合の使用条件 ……… 80

　　2．1．聞き手に不利益をもたらす行動を実行する ………………… 80

　　2．2．聞き手の要求に逆らう行動を実行する ……………………… 83

　3．「モウシワケアリマセンガ」が行動実行に用いられる場合の使用条件 … 84

　　3．1．聞き手に不利益をもたらす行動を実行する ………………… 85

　　3．2．聞き手の要求に逆らう行動を実行する ……………………… 86

　4．「オソレイリマスガ」が行動実行に用いられる場合の使用条件 ………… 88

　5．「キョウシュクデスガ」が行動実行に用いられる場合の使用条件 ……… 89

　　5．1．聞き手に不利益をもたらす行動を実行する ………………… 89

5．2．聞き手に不利益をもたらすと考えにくい行動を実行する ………… 90
　6．「シツレイデスガ」が行動実行に用いられる場合の使用条件 ……… 92
　7．「センエツデスガ」が行動実行に用いられる場合の使用条件 ……… 94
　8．「カッテデスガ」が行動実行に用いられる場合の使用条件 ……… 97
　　8．1．聞き手に不利益をもたらす行動を実行する ……………… 97
　　8．2．聞き手に不利益をもたらすと考えにくい行動を実行する ………… 98
　9．「オヨバズナガラ」が行動実行に用いられる場合の使用条件 ……… 100
　10．行動実行に用いられる前置き表現の諸形式の使用条件のまとめ……… 102

第6章　行動実行が後続する場合の同一使用条件における
　　　　　　　　　　　　　　　　　　　前置き表現の使い分け…… 104
　1．聞き手に不利益をもたらす行動実行に用いられる場合………………… 105
　　1．1．「ワルイケド」……………………………………………… 105
　　1．2．「スミマセンガ」………………………………………… 107
　　1．3．「モウシワケアリマセンガ」………………………… 109
　　1．4．「オソレイリマスガ」………………………………… 111
　　1．5．「キョウシュクデスガ」……………………………… 113
　　1．6．「カッテデスガ」………………………………………… 114
　　1．7．「聞き手に不利益をもたらす行動実行に
　　　　　　　　　　　　　　用いられる場合」のまとめ…… 115
　2．聞き手の要求に逆らう行動実行に用いられる場合………………………… 116
　　2．1．「ワルイケド」……………………………………………… 116
　　2．2．「スミマセンガ」………………………………………… 119
　　2．3．「モウシワケアリマセンガ」………………………… 121
　　2．4．「聞き手の要求に逆らう行動実行に用いられる場合」のまとめ… 123
　3．聞き手に不利益をもたらさない行動実行に用いられる場合…………… 123
　　3．1．「キョウシュクデスガ」……………………………… 123
　　3．2．「センエツデスガ」……………………………………… 125
　　3．3．「カッテデスガ」………………………………………… 126
　　3．4．「聞き手に不利益をもたらさない行動実行に
　　　　　　　　　　　　　　用いられる場合」のまとめ…… 128

４．行動実行の各使用条件における前置き表現の諸形式の

使い分けのまとめ…… 128

第7章　行動要求に用いられる前置き表現の使用条件………………………… 130

　1．「ワルイケド」が行動要求に用いられる場合の使用条件 ……………… 130

　　1．1．話し手が利益を得る行動の実行を聞き手に要求する ………… 130

　　1．2．聞き手の行動に対する修正・禁止を要求する ………………… 133

　2．「スミマセンガ」が行動要求に用いられる場合の使用条件 …………… 135

　　2．1．話し手が利益を得る行動の実行を聞き手に要求する ………… 135

　　2．2．聞き手の行動に対する修正・禁止を要求する ………………… 138

　3．「モウシワケアリマセンガ」が行動要求に用いられる場合の

使用条件…… 141

　　3．1．話し手が利益を得る行動の実行を聞き手に要求する ………… 141

　　3．2．聞き手の行動に対する修正・禁止を要求する ………………… 143

　4．「オソレイリマスガ」が行動要求に用いられる場合の使用条件 ……… 131

　　4．1．話し手が利益を得る行動の実行を聞き手に要求する ………… 145

　　4．2．話し手が職務を遂行するために聞き手に行動の実行を要求する 145

　5．「キョウシュクデスガ」が行動要求に用いられる場合の使用条件 …… 147

　6．「シツレイデスガ」が行動要求に用いられる場合の使用条件 ………… 148

　　6．1．聞き手の行動に対する修正・禁止を要求する …………………… 150

　　6．2．聞き手の私的領域に踏み込むような行動要求をする ………… 151

　7．「センエツデスガ」が行動要求に用いられる場合の使用条件 ………… 153

　　7．1．話し手が利益を得る行動の実行を聞き手に要求する ………… 154

　　7．2．話し手が職務を遂行するために聞き手に行動の実行を要求する 155

　8．「カッテデスガ」が行動要求に用いられる場合の使用条件 …………… 157

　9．行動要求に用いられる前置き表現の諸形式の使用条件のまとめ……… 159

第8章　行動要求が後続する場合の同一使用条件における

前置き表現の使い分け…… 161

　1．話し手が利益を得る行動要求に用いられる場合……………………………… 162

　　1．1．「ワルイケド」………………………………………………………… 162

　　1．2．「スミマセンガ」……………………………………………………… 164

１．３．「モウシワケアリマセンガ」……………………………………… 167

　　１．４．「オソレイリマスガ」…………………………………………… 169

　　１．５．「センエツデスガ」……………………………………………… 171

　　１．６．「カッテデスガ」………………………………………………… 172

　　１．７．「話し手が利益を得る行動要求に用いられる場合」のまとめ…… 174

　２．話し手が職務を遂行するための行動要求に用いられる場合………… 175

　　２．１．「オソレイリマスガ」…………………………………………… 175

　　２．２．「キョウシュクデスガ」………………………………………… 176

　　２．３．「センエツデスガ」……………………………………………… 177

　　２．４．「話し手が職務を遂行するための行動要求に

　　　　　　　　　　　　　　　　用いられる場合」のまとめ……… 179

　３．聞き手の行動に対する修正や禁止の行動要求に用いられる場合……… 180

　　３．１．「ワルイケド」…………………………………………………… 180

　　３．２．「スミマセンガ」………………………………………………… 182

　　３．３．「モウシワケアリマセンガ」…………………………………… 184

　　３．４．「シツレイデスガ」……………………………………………… 186

　　３．５．「聞き手の行動に対する修正や禁止の行動要求に

　　　　　　　　　　　　　　　　用いられる場合」のまとめ …… 187

　４．行動要求の各使用条件における前置き表現の諸形式の

　　　　　　　　　　　　　　　　使い分けのまとめ……… 188

第９章　情報伝達に用いられる前置き表現の使用条件…………………… 190

　１．「ワルイケド」が情報伝達に用いられる場合の使用条件 ………… 190

　　１．１．聞き手に不利益をもたらすと思われる情報の伝達 ………… 190

　　１．２．聞き手に対する評価的情報の伝達 …………………………… 192

　２．「スミマセンガ」が情報伝達に用いられる場合の使用条件 ……… 194

　３．「モウシワケアリマセンガ」が情報伝達に用いられる場合の使用条件 … 197

　４．「オソレイリマスガ」が情報伝達に用いられる場合の使用条件 … 199

　５．「キョウシュクデスガ」が情報伝達に用いられる場合の使用条件 … 201

　　５．１．聞き手に不利益をもたらすと思われる情報の伝達 ………… 201

　　５．２．話し手自身に関する情報の伝達 ……………………………… 202

　６．「シツレイデスガ」が情報伝達に用いられる場合の使用条件 …… 204

6．1．聞き手に対する評価的情報の伝達 ……………………… 204
　　　6．2．聞き手にとって非礼である出来事の情報の伝達 ………… 206
　　7．「センエツデスガ」が情報伝達に用いられる場合の使用条件 ………… 209
　　　7．1．聞き手に対する評価的情報の伝達 ……………………… 209
　　　7．2．話し手自身に関する情報の伝達 ………………………… 211
　　8．「カッテデスガ」が情報伝達に用いられる場合の使用条件 ………… 212
　　　8．1．聞き手に不利益をもたらすと思われる情報の伝達 ……… 212
　　　8．2．話し手自身に関する情報の伝達 ………………………… 213
　　9．「ハズカシイデスガ」が情報伝達に用いられる場合の使用条件 ……… 215
　　10．情報伝達に用いられる前置き表現の諸形式の使用条件のまとめ……… 217

第10章　情報伝達が後続する場合の同一使用条件における
　　　　　　　　　　　　　　　　　　　前置き表現の使い分け……… 218
　　1．聞き手に不利益をもたらす情報の伝達に用いられる場合……………… 219
　　　1．1．「ワルイケド」………………………………………… 219
　　　1．2．「スミマセンガ」……………………………………… 221
　　　1．3．「モウシワケアリマセンガ」………………………… 223
　　　1．4．「オソレイリマスガ」………………………………… 227
　　　1．5．「キョウシュクデスガ」……………………………… 228
　　　1．6．「カッテデスガ」……………………………………… 230
　　　1．7．「聞き手に不利益をもたらす情報の伝達に
　　　　　　　　　　　　　　　　　　用いられる場合」のまとめ…… 231
　　2．聞き手に対する評価的情報の伝達に用いられる場合……………… 232
　　　2．1．「ワルイケド」………………………………………… 232
　　　2．2．「シツレイデスガ」…………………………………… 234
　　　2．3．「センエツデスガ」…………………………………… 236
　　　2．4．「聞き手に関する評価的情報の伝達に用いられる場合」のまとめ … 238
　　3．話し手自身に関する情報の伝達に用いられる場合……………… 238
　　　3．1．「キョウシュクデスガ」……………………………… 238
　　　3．2．「センエツデスガ」…………………………………… 240
　　　3．3．「カッテデスガ」……………………………………… 241
　　　3．4．「ハズカシイデスガ」………………………………… 242

３．５．「話し手自身に関する情報の伝達に用いられる場合」のまとめ… 243

　　４．情報伝達の各使用条件における前置き表現の諸形式の

　　　　　　　　　　　　　　　　　　　　　　使い分けのまとめ…… 244

第 11 章　情報要求に用いられる前置き表現の使用条件 ………………………… 246

　　１．「スミマセンガ」が情報要求に用いられる場合の使用条件 …………… 246

　　２．「キョウシュクデスガ」が情報要求に用いられる場合の使用条件 …… 248

　　３．「シツレイデスガ」が情報要求に用いられる場合の使用条件 ………… 249

　　４．情報要求に用いられる前置き表現の諸形式の使用条件のまとめ……… 251

第 12 章　複合型前置き表現の記述──単純型前置き表現と比較して ………… 253

　　１．複合型前置き表現について…………………………………………………… 253

　　２．複合型前置き表現が行動実行に用いられる場合………………………… 254

　　３．複合型前置き表現が行動要求に用いられる場合………………………… 257

　　４．複合型前置き表現が情報伝達に用いられる場合………………………… 260

　　５．複合型前置き表現が情報要求に用いられる場合………………………… 264

　　６．複合型前置き表現の記述のまとめ………………………………………… 268

終　　章…………………………………………………………………………………… 270

　　１．本研究の結論………………………………………………………………… 270

　　　１．１．前置き表現の構造的特徴 ……………………………………………… 270

　　　１．２．前置き表現の談話機能 ………………………………………………… 271

　　　１．３．前置き表現の文体的特徴 ……………………………………………… 271

　　　１．４．後続情報による前置き表現の諸形式の使用条件 ………………… 272

　　　１．５．同じ使用条件における前置き表現の諸形式の使い分け ………… 276

　　２．今後の課題…………………………………………………………………… 279

用例出典………………………………………………………………………………… 281

参考文献………………………………………………………………………………… 285

はじめに

1．本研究の対象

　本研究は，日本語の前置き表現を対象とする。日本語の前置き表現に関しては，これまで様々な観点から研究がなされてきたが，その表現の定義はまちまちである。そこで，本研究においては，前置き表現を次のように定義する。

　　　　前置き表現とは，中心となる発話を導入するため，その中心となる発
　　　　話の直前に用いられ，話し手の言語行動における配慮を表す発話である。

　また，前置き表現の不使用によって，話し手の配慮の欠如を感じさせることがあるものの，それに後続する発話の命題の成り立ちには支障を来すことがない。このような発話を本研究では前置き表現として捉える。

　前置き表現はそれに後続する発話を導入するものであり，後続する発話によって使い分けられることは言うまでもない。本研究では，前置き表現全体を扱い，談話機能の角度から「丁重付与」，「自己援護」，「理解表明」，「釈明提示」，「話題提示」，「情報提示」，「様態提示」の7種類に細分化する。その中にある「丁重付与」という種類の前置き表現は，コミュニケーションにおいて決まった表現形式としてよく使用され，人間関係に最も影響を及ぼしやすいと思われるものである。したがって，本研究は，日本語教育を考えるにあたって，前置き表現の談話機能分類を整えて体系化を図りながら，以下のような，すでに定型化されており，基本形式となる前置き表現を中心に，それに後続する発話による使用の相違を考察し，記述する。

　　　　「悪いけど」
　　　　「すみませんが」
　　　　「申し訳ありませんが」
　　　　「恐れ入りますが」
　　　　「失礼ですが」
　　　　「恐縮ですが」
　　　　「僭越ですが」
　　　　「勝手ですが」
　　　　「恥ずかしいですが」
　　　　「及ばずながら」

2．本研究の目的

　本研究は，日本語教育のために，日本語の前置き表現を体系化し，記述することを目的とするもので，具体的に以下のとおりである。
　　①　日本語の前置き表現の構造的特徴を明らかにすること。
　　②　日本語の前置き表現の談話機能を明らかにすること。
　　③　日本語の前置き表現の文体的特徴を明らかにすること。
　　④　後続情報による前置き表現の諸形式の使用条件を明らかにすること。
　　⑤　丁寧さの観点から同じ後続情報の使用条件に用いられる前置き表現の
　　　　諸形式の使い分けを明らかにすること。
　前置き表現は日本語の言語行動における配慮表現の枠組みのひとつでもあるため，前置き表現全般を究明することによっては日本語の言語行動における配慮表現の系統的解明にも役立つと思われる。
　一方，学習者にとって前置き表現の習得が困難であることは複数の先行研究で指摘されている（山下（2001, 2002），山下・ファン（2001），槌田（2003）など）。また，教育現場では前置き表現に関する教育が十分に行なわれていないという指摘もある（才田・小松・小出（1983），山下（2001, 2002），山下・ファン（2001））。
　張（2010）では，主に第二言語習得の理論から出発して仮説を導き出すという，これまでの第二言語習得研究のことを「規則発見型習得研究」と呼び，母語重視の習得研究を「仮説検証型習得研究」と名付け，対照研究・誤用観察・検証調査三位一体の研究モデルを提唱している。本研究は，その対照研究・誤用観察・検証調査三位一体の研究モデルの下で，学習者の母語言語との対照研究をはじめ，前置き表現の習得研究のための基盤を作るものであり，教育現場への新しい指導法の提案，そして言語行動における配慮表現の指導の取り組みにも役立つことが期待できる。

3．本研究の主張

　本研究では，記述言語学的な，用例の収集や分析を中心とした帰納的な方法を用いて研究を進める。
　具体的には，170本のシナリオ，『朝日新聞記事 2000 データベース』（1 〜 6

月分）から抽出した使用例と，Google 検索から出た使用例に基づいて，対人的配慮を表すものと伝達性的配慮を表すものとに大きく 2 種類に大別する。その上で，使用例を観察し，さらにそれぞれの談話機能の細分化を行なう。細分化した談話機能の分類を土台として，「後続情報」から前置き表現の記述を進めていく。

　本研究は，言語コミュニケーションを単純に分類する場合には，行動の実現を目的とするやり取りと単に情報の交換を目的とするやり取りとに分けることができるのではないかと考え，Halliday の発話機能論を援用して前置き表現の次にくる後続情報を分析し，考察する。

　Halliday は，話すことによるすべての行為は相互交流，言い換えれば一種の交換であり，会話参加者による交換としての発話は，必ず要求（Demanding）と付与（Giving）のいずれかの発話役割を担っていると主張した。そして，このような要求と付与の関係を発話機能の最基本型（the most fundamental types of speech role）として，次にあげる命令，提供，質問，陳述という 4 種類の基本的な発話機能を規定し，ほかの発話機能はすべて，その 4 種類の基本発話機能から発生したものだと主張している。

　　　　〈1〉A 品物（行為）の要求を命令（Command）

　　　　　　B 品物（行為）の付与を提供（Offer）

　　　　〈2〉A 情報の（要求）を質問（Question）

　　　　　　B 情報の（付与）を陳述（Statement）

　本研究では前置き表現に後続する発話に含まれる情報を「後続情報」と呼び，それは，次の表 0.1 で示すように，Halliday の 4 種類の基本発話機能に基づき，行動の実現を目的とするやり取り 2 パターンと，単に情報の交換を目的とするやり取り 2 パターンとに分けられると考える。

　行動の実現を目的とするやり取りの場合，話し手が自らある行動を起こす，すなわち「行動実行」と，聞き手にある行動を起こしてもらう，すなわち「行動要求」の 2 パターンに分けられる。また，単に情報の交換を目的とするやり取りの場合，話し手自らがある情報を聞き手に伝える，すなわち「情報伝達」と，聞き手から自分に欠けている情報を教えてもらう，すなわち「情報要求」の 2 パターンに分けられる。

表 0.1　Halliday の発話機能論と本研究の枠組み

Halliday の発話機能論	本研究の枠組み
〈1〉A 品物(行為)の要求を命令(Command)	行動要求
〈1〉B 品物(行為)の付与を提供(Offer)	行動実行
〈2〉A 情報の(要求)を質問(Question)	情報要求
〈2〉B 情報の(付与)を陳述(Statement)	情報伝達

　なお本研究では，「行動要求」・「行動実行」・「情報要求」・「情報伝達」を次のように定義する。

I　「行動要求」とは，話し手が聞き手にある行動を行なわせようとすることであり，聞き手の行動を求めることである。

II　「行動実行」とは，話し手が自らある行動を行なおうとすることである。

III　「情報要求」とは，話し手が自分に欠けている情報が聞き手にあると想定して聞き手に尋ね求めることである。

IV　「情報伝達」とは，話し手が聞き手に欠けていると想定した情報を聞き手に伝えることである。

　以上をまとめると，本研究では，後続情報から前置き表現を記述する際に，発話機能論を援用して後続情報を大きく「行動要求」・「行動実行」・「情報要求」・「情報伝達」の4種類に分ける。さらに，「行動要求」・「行動実行」・「情報要求」・「情報伝達」の個々の細分化を探りながら，それに基づいて前置き表現の諸形式の使用条件を記述していく。

　また，本研究は，同じ後続情報の使用条件に用いられる前置き表現の諸形式の間にはどのような相違があるかを明らかにするために，丁寧さの観点からも考察を行ない，論を進めることとする。

　本研究は，蒲谷宏・川口義一・坂本恵（1998）の観点に賛同し，「人間関係」は相対的に変化するものであると考える。そして，ディスコースにおいては，話し手はどのような待遇意識をもって会話に臨むかによって用いる表現を選択すると思われる。言い換えれば，話し手は「発話時の人間関係の相対的距離感」によって聞き手を位置づけ，言語表現を選択するのである。その一方で，発話の際には場の要素も考慮しなければならない。フォーマルな場であるか，それともインフォーマルな場であるかによって言語表現の選択は異なる。つまり，相手に向かって発話する際には「場」，「親疎関係」，「上下関係」の3要素を総

合的に考慮しながら，その中のいずれかを優先して言語表現を決めていくのである。

そこで，本研究では，敬語理論を援用して，「場」・「親疎関係」・「上下関係」の3側面から，前置き表現の丁寧さを探る。まず「インフォーマルな場」において使用されるか，それとも「フォーマルな場」において使用されるかを考える。次に話し手と聞き手の親疎関係を考える。本研究では「親」というのは話し手と聞き手の間で親近感が感じられ，隔たりがない間柄を指す。「疎」というのは話し手と聞き手の間で親近感が感じられにくく，隔たりがある間柄を指す。それから話し手と聞き手の上下関係を考える。聞き手が話し手より目下である場合，聞き手との間に上下関係が見られない場合，聞き手が話し手より目上である場合の3ケースに分けて考察する。これらの考察を通して，同じ後続情報の使用条件における前置き表現の諸形式の相違を明らかにする。

4．本書の構成

本書は「はじめに」，「終章」を含めた全14章から構成される。

第1章では，前置き表現に関する先行研究を概観し，その問題点について論じる。大きく「待遇の観点」，「ポライトネスの観点」，「日本語教育の観点」から前置き表現を扱った先行研究をあげ，それぞれの問題点を指摘する。

第2章では，前置き表現の構造的分類について述べる。特に本研究の主要な研究対象である「悪いけど」，「すみませんが」，「申し訳ありませんが」，「恐れ入りますが」，「失礼ですが」，「恐縮ですが」，「僭越ですが」，「自分勝手ですが」，「恥ずかしいですが」，「及ばずながら」の前置き表現を中心に，前置き表現には「単独型」と「複合型」があることを指摘し，「複合型」の構成メカニズムについて論述を進める。

第3章では，前置き表現の談話機能的分類を整え，前置き表現の体系化を図る。具体的には，前置き表現に含まれる配慮によって，前置き表現を大きく，対人関係に対する配慮を表現する「対人配慮型」と，伝達性に対する配慮を表現する「伝達性配慮型」の2種類に分け，さらにそれぞれの談話機能によって細分化を行なう。

第4章では，前置き表現の文体的特徴について述べる。データコーパスを利用し，受信者が特定単数である会話文と，受信者が不特定多数である投書を調

査対象に，会話文と投書の文体の違いによって前置き表現の使用傾向に相違が
あるか否かを調査し，その相違を記述する。

　続く第5章から第11章までは，「悪いけど」，「すみませんが」，「申し訳あり
ませんが」，「恐れ入りますが」，「失礼ですが」，「恐縮ですが」，「僭越ですが」，
「勝手ですが」，「恥ずかしいですが」，「及ばずながら」といった前置き表現の使
用条件，及び同じ使用条件における各前置き表現の使い分けについてそれぞれ
記述を行なう。

　第5章で行動実行に用いられる前置き表現の諸形式の使用条件を述べ，第6
章で同じ行動実行の使用条件に用いられる前置き表現の諸形式の使い分けを探
る。第7章で行動要求に用いられる前置き表現の諸形式の使用条件を述べ，第
8章で同じ行動要求の使用条件に用いられる前置き表現の諸形式の使い分けを
探る。第9章で情報伝達に用いられる前置き表現の諸形式の使用条件を述べ，
第10章で同じ情報伝達の使用条件に用いられる前置き表現の諸形式の使い分け
を探る。第11章で情報要求に用いられる前置き表現の諸形式の使用条件を述べ
る。なお，情報要求に用いられる前置き表現は求められる情報の性格による使
用条件において使われる表現形式が単一である。

　第12章では，後続情報による使用条件に基づいて複合型前置き表現を記述す
る。単純型前置き表現との比較を通して，複合型前置き表現とそれに対応する
単純型前置き表現は後続情報による使用条件にはどのような相違があるかを明
らかにする。

　最後に「終章」では，本研究の結論をまとめ，今後の課題について検討する。

第1章　前置き表現に関する先行研究

　本章では前置き表現に関する先行研究について述べる。

　日本語の前置き表現に関する先行研究は，数少ないながらも，様々な視点からなされている。以下1節では「待遇表現の観点からの先行研究」を，2節では「ポライトネスの観点からの先行研究」をそれぞれ概観する。3節では「日本語教育の観点からの先行研究」を，4節では「その他の先行研究」を紹介する。最後に5節では「前置き表現に関する先行研究」をまとめる。

　なお，本研究は前置き表現を記述するのを目的とするため，「待遇表現の観点からの先行研究」及び「ポライトネスの観点からの先行研究」を中心に概観し，その問題点を突き止めることにする。

1．待遇表現の観点からの先行研究

　日本語の前置き表現を待遇表現の一種と考える研究には，杉戸（1983，1989），才田・小松・小出（1983）がその代表としてあげられる。その他，南（1987）や蒲谷・川口・坂本（1998）も待遇の観点から前置き表現について言及している。これらの研究は，前置き表現の全体像の究明を主目的とする研究ではないものの，前置き表現は「配慮」により発せられるものであるという考えにおいては共通している。

　杉戸（1983）は，日常の言語形式ないし言語行動についての「まえおき」，「ことわり」，「注釈」などと呼ばれるものを待遇表現上の対人的配慮が明示されたものと考える。そして，これらの言語表現はメタ言語行動としての性格において共通性をもつと主張し，言語行動の成立要素から考察を行なっている。

　杉戸（1989）は，日常生活で接する言語行動についてのメタ表現は対人的な配慮を示すものだけではなく，別の気配りに支えられて発せられるものもあると主張し，「表現・伝達の過程とその内容の調整に配慮したメタ表現」と「言語生活上の規範に配慮したメタ言語表現」を指摘した。

　杉戸（1983，1989）はメタ言語表現の究明を目的とした研究ではあるが，その研究対象となった言語表現のほとんどが本研究で扱う前置き表現でもあるため，「前置き表現」に関する先行研究として取り上げた。なお，本研究は，杉戸

(1983, 1989) の「言語表現が話し手の配慮より発せられるものである」との主張を支持する立場をとっている。

しかし，杉戸 (1983, 1989) は前置き表現の究明を目的とする研究ではないため，前置き表現を考える立場からいうと，その論述はまだ不十分であり，「言語行動の成立要素」の観点だけから前置き表現の全体像を描きあげるのには，物足りなさを感じざるを得ない。

才田・小松・小出 (1983) は，従来「前おき表現」や慣用表現などと呼ばれるものを，「注釈」という視点から整理している。そして，これらの「注釈」は，それぞれ「社会的ルールへの配慮」，「情報伝達性への配慮」，「心的態度伝達性への配慮」から施されるものと主張して，時間軸にそって言語行動の成立要素から考察している。これに関しては，杉戸 (1983, 1989) と同じような立場をとっていると言ってもよいであろう。

ただし，才田・小松・小出 (1983) はさらにこれらの「注釈」の機能を，「スピーチ・アウト」，「ストラテジー」，「談話の方向指示」という 3 つの視点からまとめた。本研究もこの「注釈」の機能に関する論述からヒントを得た。

しかし，才田・小松・小出 (1983) は慣用表現として使用されている前置き表現を中心に考察しているため，慣用表現ではない前置き表現に関する論述が少ないように思われる。そして，前節でも述べたように，「注釈」の観点で「言語行動の成立要素」から前置き表現を考察するだけでは，前置き表現を体系的に記述するのには無理があると指摘したい。

南 (1987) は日本語の敬語を研究対象としているが，前置き表現についても言及している。

南 (1987) は，もっと広い視点から日本語の敬語を捉えるべきだと主張して，従来 3 分法された「尊敬語」，「謙譲語」，「丁寧語」を「狭義の敬語」，それ以外の非言語行動まで含むものを「広義的敬語」または「敬語的表現」と称した。その「広義的敬語」または「敬語的表現」の「言語表現」で前置き表現が取り上げられている。

　　⑯へりくだった表現をするかどうか。たとえば，日本人特有のものと思われている「なんにもございませんが…」「つまらないもので恐縮ですけれども…」といった表現をするかどうか。

　　⑰前のものと似ているもので，送り手が発する言語表現，あるいは送り手の行なう言語行動についての前おき，ことわり，注釈といったこと

ばを述べるかどうか。それは，たとえば「簡単に言ってしまえば…」「率直に申し上げると…」「お電話で失礼ですが…」「夜分おそく申しわけありませんが…」のようなものである。これを待遇表現との関連においてくわしく考察したのは杉戸清樹氏である（杉戸一九八三）。この種のもののはたらきは，いわば表現の調子をゆるめる，やわらかくするところにあるといえる。

（南 1987：23-24）

つまり，南（1987）は前置き表現を「広義的敬語」または「敬語的表現」と位置づけている。なお，本研究では，⑰はもちろん，⑯にあげられた表現も前置き表現の一種と考える。

蒲谷・川口・坂本（1998）はコミュニケーションとしての「敬語表現」を論述している。その中では，「適切な「敬語表現」とするには」について述べた際に，前置き表現について言及している。

したがって，たとえ「敬語」が適切に使われていたとしても，深夜に電話をすること自体が，すでに「敬語表現」として不適切だということになります。

ただし，特別の事情がある場合には，その事情を説明するか，あるいは，適当な時間に電話できなかったことに対するお詫びなどを表明することが，適切な「敬語表現」につながることになります。たとえば，

「夜分遅く／朝早くから／お休みのところ，申し訳ございません。」

などという表現が前置きとして，たとえ決まり文句的ではあっても，述べられる必要があるわけです。

なお，こうした前置きの表現は，「敬語表現」では「相手」への配慮を示すものとしてよく用いられ，「すみませんが」「恐れ入りますが」「ご迷惑をおかけしますが」など多く用いられます。

（蒲谷・川口・坂本 1998：201-202）

上の論述より，蒲谷・川口・坂本（1998）は前置き表現を相手への配慮を示すものであり，コミュニケーションにおいては述べる必要があるものと位置づけていることがうかがえる。

以上概観してきたように，待遇の観点からの先行研究は，杉戸（1983，1989）では「まえおき」と，才田・小松・小出（1983）では「前おき表現」と，南（1987）では「前おき」と，蒲谷・川口・坂本（1998）では「前置き」と，それぞれ違う表記をしており，具体的な定義を定めていない。前置き表現を「待遇表現」

または「広義的敬語」と位置づけてそのメタ的機能だけに注目している。しかし，メタ的機能は前置き表現の最も基本的な機能ではなく，すべての前置き表現がメタ的機能をもつとは限らない。そして，待遇的配慮だけでは前置き表現を説明しきれない，といったことをここで指摘したい。

（1）　シリツ大学，<u>わたくし立の方の私立ですが</u>，私立大学が集まって
　　　　……　　　　　　　　　　　　　　　　　　　（才田・小松・小出 1983:24）

（2）　<u>私は別に専門家ではないのですが</u>，専門家の間では…という意見も
　　　　あるようです。　　　　　　　　　　　　　　（才田・小松・小出 1983:22）

　上の例は先行研究ではメタ言語表現としてあげられているものであるが，前置き表現の定義にしたがって考えると，機能的には違うものであるということがわかる。つまり，（1）は前置き表現と考えにくく，（2）は前置き表現と見なされるのである。

　（1）の場合，前の発話にあった「シリツ」に対する注釈だけであって，後続発話の「私立大学が集まって」を導入する機能を果たしているとは考えにくい。また，下の（1）'が示しているように，この部分を切り離したら，伝達内容の部分喪失を起こして，伝達内容への理解に支障を来すことがあり得る。

　（1）' シリツ大学，が集まって…【「私立」なのか，「市立」なのかは不明だ】

　それに対して，（2）の場合，物理的場面と言語行動の主体についての注釈としても捉えられるが，人間関係に対する配慮を表現するのがこの表現の最も中心的な機能だと思える。つまり，「私は別に専門家ではないのですが」は，物理的場面と言語行動の主体に対して注釈するという発話意図で発せられたのではなく，聞き手との良好な人間関係の維持を図りながら，後続する発話を導入するための準備として用いられたものだと考えられる。そして，前置き表現の発話を切り離しても，後続する発話の命題の成り立ちには支障がない。

　また，メタ的機能をもたない前置き表現も存在する。

（3）　村上「あなた方，まだ別れていなかった。こんなところで……」
　　　　国分「……」
　　　　　　　国分はベッドに腰を下ろし，うつむいている。
　　　　村上「長い検事生活の中で毎回思い悩むのは……犯人の気持ちをど
　　　　　　　うしても理解できんことですよ」
　　　　国分「<u>検事さんの御好意は有難いが</u>，私たちのことは私たちで考え
　　　　　　　ます」
　　　　　　　　　　　　　　　　　　　　　　　（『あふれる熱い涙』田代広孝）

田野村 (1996) に書かれている，「"語られる言語"対"（それについて）語る言語"という区別の図式」にしたがっていうと，「検事さんの御好意は有難いが」がメタ言語表現であるのなら，それに対する「語られる」言語内容は「私たちのことは私たちで考えます」となるはずである。しかし，「検事さんの御好意は有難いが」は，相手たる聞き手の気持ちを受け止めて理解していることを表しているだけであって，「私たちのことは私たちで考えます」という話し手自身の意志判断について語るものとは思われにくい。つまり，「検事さんの御好意は有難いが」というような表現は，後続発話に進む前のステップとして聞き手への配慮より用いられる前置き表現であるが，「メタ言語表現」としては考えにくい。

したがって，前置き表現は後続発話を導入するという，前置き表現ならではの機能を有するものであり，メタ言語表現とは次の図 1.1 のような関係であることがわかる。

図 1.1　前置き表現とメタ言語表現の関係図

一方，上にあげた（2）と（3）は確かに待遇的配慮により発せられるものであるが，次の例のように，前置き表現には待遇的配慮ではなく，伝達性に対する配慮により発せられるものもある。

(4)　助川「これからのことなんだけどな，三助も来年から学校だし，貯金もあまり残ってないし，ここで諦めるわけにはいかないだろう，それで考えたんだが，渡し場をやろうと思うんだ」

　　　モモ子「渡し場？」

　　　助川「競輪場の近くで，十年ほど前までやってたろう，爺さんが。あの渡し場を復活させるんだ。どうだ，いい話だろ」

（『無能の人』丸内敏治）

上の例のように，「これからのことなんだけどな」はそれに続く発話のトピッ

クを提示し，次にくる発話を導入するために用いられた前置き表現であるが，ディスコースの伝達性に対する配慮より発話されるものと思われる。

伝達性に対する配慮については，福地（1985）には次のような論述がある。

話し手は情報が効率よく聞き手に伝わるように，文を作り，その配置をしなくてはならない。そのような場合に話し手がまず注意すべきことは聞き手に対する配慮である。 （福地肇 1985：16）

つまり，聞き手と心地よく，スムーズにコミュニケーションを図るためには，いかに効率よく伝達情報を伝えるかという伝達性への配慮も必要である。これも聞き手に対する配慮の一種と考えられるが，対人関係や場に対する配慮，すなわち「待遇的配慮」とは異なるものである。

したがって，本研究は，前置き表現の全体を考えるには「待遇的配慮」のみでは適切ではないと考え，待遇的配慮とともに伝達性に対する配慮も視野に入れて考察を行いたい。そのため，本研究では『国立国語研究所報告 123—言語行動における「配慮」の諸相』で提唱された「言語行動における配慮」という概念を用いて前置き表現を考える。

『国立国語研究所報告 123—言語行動における「配慮」の諸相』には次のような内容が書かれている。この論述から明らかなように，「言語行動における配慮」には，従来の相手や場の要素に対する気配りのほかに，伝達性に対する配慮も含まれているのである。

しかしながら，各種の調査で得たデータを分析する過程で，会話場面を構成する人的要素や場面的要素に対する「配慮」が，従来の敬語研究・待遇表現研究で扱われてきた上記のような「敬う・へりくだる・改まる」などのほかにも，様々な種類や内容で広がっていることに改めて気づかされることになった。（中略）情報の授受や意思の疎通において，不確かさや誤解がおきないように伝え方を工夫するということも，ここでいう「配慮」に含まれよう。

（『国立国語研究所報告 123—言語行動における「配慮」の諸相』：2）

以上をまとめると，先行研究では前置き表現は待遇的配慮によるものと考えられ，前置き表現の基本的機能は注目されていないと言わざるを得ない。本研究は，待遇的配慮も伝達性的配慮も含む「言語行動における配慮」から，前置き表現の最も基本的機能である「後続発話を導入する」という機能に注目して，それに後続する発話を通して前置き表現を考察する。

2．ポライトネスの観点からの先行研究

　日本語の前置き表現をポライトネスの観点から考察を行なった研究には，大塚（1999），星野（2003）があげられる。これらの研究は，前置き表現を主目的とした研究であり，それぞれ前置き表現を定義している。

　大塚（1999）は，「本題に入る前に現れ，コミュニケーションを円滑に進めるためのストラテジーとして使用される表現」を前置き表現と定義し，ポライトネスの観点からテレビ討論における前置き表現の働きを考察している。

　大塚（1999）は，日本語の前置き表現は「消極的配慮によるストラテジー」のひとつ「疑問文や生け垣表現を使え」に当たると指摘した。その一方で，「先程 D さん，D さん言われたように」のような前置き表現は，「相手の積極的面子に配慮した表現（ストラテジー（6c）に当たる）である」とも述べている。「6c」は「積極的配慮によるストラテジー」のひとつ「共通点を主張せよ」を指すものである。

　したがって，大塚（1999）はポライトネスの観点から前置き表現を考察してはいるが，矛盾しているところもあるように思われる。

　星野（2003）は，「助言者によってなされる意見および行動支持に前接し，相談者に対して何らかの配慮を示している表現」を前置き表現と定義し，ポライトネスの観点から日本語相談場面における前置き表現の機能を考察している。その結果は次のようにまとめられた。

- ・NPとしての前置き表現は控えめな態度を伝達し，PPとしての前置き表現は受容的態度を伝達する。
- ・逆接の展開を従えるPPとしての前置き表現は，単なる受容に終始しないことを示すマーカー（対比の「は」など）が，逆接の接続詞以前に前置き表現内に確認される。
- ・NPには逆接の展開しかないが，PPには順接・逆接の両方がある。
- ・専門家か否かによって，同じストラテジーでもその効果は異なり，また，属性の違いが，使用ストラテジーの傾向に影響を及ぼす。

（星野 2003：149）

　星野（2003）は前置き表現に関して，体系的な記述はないものの，ポライトネスの観点からは，それなりの考え方を提示し得たと言える。

　大塚（1999）や星野（2003）は「前置き表現」というラベルを用いて，それ

ぞれの研究目的にそって前置き表現の定義を定めて，ポライトネスの観点から前置き表現を考察した。しかし，いずれも限られた場面に使用された前置き表現しか対象としなかった。

　また，前節でも指摘したように，言語行動における配慮を表す前置き表現は，対人的配慮のほかに，伝達性に対する配慮も含まれる。Brown & Levinson（1987）は，会話参加者との円滑な人間関係を樹立して良好に維持するために，フェイスを守ることをポライトネスとして捉えているため，伝達性に対する配慮を含める前置き表現を説明することには無理があると思われる。

　Lakoff（1973），Leech（1983），Brown&Levinson（1987）は，いずれも協調の原理を逸脱する理由がポライトネスを優先することにあるとしている。それに対し，Fraser（1990）は「「ポライトであること（being polite）」は，協調の原理を守っているということの証であり，「協調的であること（being cooperative）」は，会話の契約を遵守することである」と述べている。それぞれ違うポライトネスの捉え方でありながら，会話においてはポライトネスをまず優先させるという点は一致していると言えよう。一方，相手のフェイスを脅かすことがなければ，会話の協調の原理が機能しないと考えられる。

　日本語の前置き表現には，相手のフェイスを守るポライトネスストラテジーとして使用されるものもあれば，会話の協調の原理にそって会話に貢献する伝達ストラテジーに使用されるものもあるが，先行研究では相手のフェイスを守るポライトネスストラテジーにあたるものしか取り上げていないと言わざるを得ない。

　本研究は，ポライトネス理論を用いて，前置き表現がコミュニケーションにおいてどのように使用されるかを説明する。そのうえで丁寧さの原理の下で機能する前置き表現と，協調の原理の下で機能する前置き表現のあり様を明らかにする。

3．日本語教育の観点からの先行研究

　日本語教育の観点から前置き表現を扱った研究には，山下（2001, 2002），山下・ファン（2001），槌田（2003）が代表としてあげられる。これらの研究は，上に紹介した先行研究と異なって，日本語学習者のデータを用いている。

　山下（2001）は，「主に意見記述部の直前に位置し，意見提示が円滑に行なわ

れるために機能する表現」を前置き表現と定義し，日本語学習者が書いた意見文から前置き表現を抽出し，その特徴を調べて前置き表現の使用が見られると報告している。ただし，前置き表現の出現は，母語による正・負の転移なのか，それとも日本語を学習した結果なのかについては述べていない。

山下（2002）は，「書き手が意見を述べる言語行動を意見提示と名付け，主節や意見を表す箇所に先行し意見導入のクッションとして用いられる，読み手への対人的な配慮を示す文の要素」を前置き表現と位置づけ，日本語母語話者および学習者が意見文を読んだときの前置き表現に対する印象の相違を調べて考察を行なった。しかし，その相違を起こした原因については言及していない。

山下・ファン（2001）は，「書き手が意見を述べる言語行動を意見提示と名付け，主節や意見を表す文に先行し，意見導入の準備として用いられる読み手への対人的な配慮が示される文の要素」を前置き表現と呼び，書き言葉における意見提示場面に焦点をあて，日本語母語話者および中国人日本語学習者の意見文より前置き表現を抽出し，両者の使用の実際を比較した。

しかし，前置き表現の使用数と，使用した前置き表現の種類から相違が見られたと報告しているが，具体的にはどのような表現にその相違が見られるか，そしてその原因は何なのかについては述べていない。

槌田（2003）は日本人学生と韓国人留学生における依頼の談話ストラテジーの考察から，「前置き」の使用有無を探った。前置きとは何かについては定義していないが，日本人学生と韓国人留学生の両方のデータから，人間関係により有意差が見られるという結果を得た。

槌田（2003）は依頼談話のストラテジーを中心に考察を行なっているため，前置き表現に関する論述はその使用の有無にとどまった。どのような前置き表現が使用されているか，その差の原因は何なのか，といった問題には言及されていない。

以上日本語教育の観点からの先行研究を概観してきたが，その問題点をまとめると，次のことが指摘される。

先行研究では日本語学習者の前置き表現の使用実態を調査して，日本語母語話者との相違を考察し，報告しているが，いずれもその使用実態を突き止めただけにとどまっており，具体的原因については言及していない。

先行研究で明らかになった日本語学習者の前置き表現の使用に見られた問題点が本研究のきっかけのひとつであり，山下（2001, 2002），山下・ファン（2001）

が定めた前置き表現の定義も本研究の参考になる。一方，本研究は日本語教育のための記述的研究を目指すものであるため，日本語学習者の問題点の究明と改善に役立つと期待できる。

4．その他の先行研究

これまで概観した先行研究のほかに，前置き表現はモダリティや接続助詞「ガ」との関連から言及されることもある。中右（1994），野田（1995），梅岡（2004）などがあげられる。

中右（1994）は「発話時点における話し手の心的態度」をモダリティと定義し，命題内容を限定する命題態度であるSモダリティと，伝達様式を限定する発話態度のDモダリティに分けられると述べている。この中，伝達様式を限定する発話態度のDモダリティについて次のような論述がされている。

> 話し手自身の発話行為を限定し，発話内容や発話様式について前置き・但し書きなど，なんらかの保留条件を言い添える働きをする。

（中右 1994：60）

そして，「正直に言って」や「内緒の話だが」といった例をあげた。

これらの表現は南（1987）で述べている「⑰送り手が発する言語表現，あるいは送り手の行なう言語行動についての前おき，ことわり，注釈といったことば」に当てはまると考えられ，本研究で扱う前置き表現でもある。

また，中右（1994）により，この類の表現は，話し手の心的態度を表すモダリティの一種であることがうかがえる。

野田（1995）は「前件の内容と後件の内容が対立しておらず，発話の中心が後件であり，後件の内容を無理なく効果的に聞き手に伝えるための準備として前件が提示されているとき，その前件」を前置きと呼び，「ガ」と「ノダガ」が接続した前置き表現を考察した。

「ガ」と「ノダガ」が接続した前置き表現は，話し手の発話時の意思を前件で表明するかどうか，聞き手の情報量によって使い分けられているという結果を報告している。

野田（1995）は前置き表現の一部分しか取り上げていないが，前件と後件の関連を考慮した「前置き」の定義を提示した。

梅岡（2004）は前置きとは何かについて定義していないが，日本人学生のス

ピーチをデータとして用いて，前置きとしての「～んですけど（が）」を考察した。そして，フィラーの機能と比較しつつ，仮説としての「～んですけど（が）」の機能分類を試みた。

梅岡（2004）「～ですけど（が）」の表現形式をもつ前置き表現しか考察していないが，談話の観点から前置き表現の機能分類を提示した。

中右（1994）は前置き表現を研究対象とする研究ではないが，本研究で扱う7種類の中の1種類について説明を行なっているため，モダリティの観点から前置き表現を考える可能性を示したものである。

野田（1995）は前置き表現の前件と後件の関連から論述を進めた。先行研究の中でははじめて前置き表現とそれに後続する内容について記述した。

梅岡（2004）は前置き表現の文末表現形式のひとつしか取り上げていないが，先行研究では談話の観点から前置き表現の機能をまとめた代表としてあげられる。

これらの研究はいずれもそれぞれの観点から前置き表現の一部分あるいは一側面しか考察していなかったが，本研究の参考になるものである。

５．前置き表現に関する先行研究のまとめ

本章では，日本語の前置き表現に関する先行研究を概観した。

待遇表現の観点からの先行研究は前置き表現を待遇的観点からのみ考えており，前置き表現の基本的機能に注目していない。ポライトネスの観点からの先行研究は限られた場面において相手のフェイスを守るポライトネスストラテジーにあたる前置き表現だけを研究対象として考察した。日本語教育の観点からの先行研究は日本語学習者の使用実態を報告している。それ以外に，前置き表現を部分的に考察した研究もある。

これまでの前置き表現に関する先行研究から次のことが共通して指摘される。

1．それぞれの観点から考察を行なっているため，前置き表現の定義は様々である。

2．それぞれの観点から前置き表現の機能をまとめた先行研究はあるが，前置き表現の体系的な機能分類までには至っていない。

3．前置き表現の部分に焦点をあてたものがほとんどであり，それに後続する発話との関連性に言及されたものは少ない。

4．同じ機能をもつ前置き表現の，後続する発話による使用条件などは述べられていない。

まとめると，前置き表現に関しては，これまでそれぞれ異なる観点から定義を付与しており，体系的な研究には至っていない。前置き表現は後続する発話に寄与するものでありながら，後続する発話との関連については未だに明らかにされていない。

そこで，本研究では，待遇的配慮も伝達性的配慮も含む言語行動における配慮から前置き表現を考え，その談話機能の分類を整えて前置き表現の体系化を図る。前置き表現の最も基本的機能である「後続する発話を導入する」の機能に注目して，後続する発話に焦点を当て，後続する発話による使用条件の記述を行なう。そして，丁寧さの原理と協調の原理を用いて前置き表現の使用を説明する。

第2章　前置き表現の構造的分類

　本章では，前置き表現の構造的特徴について述べる。前置き表現の構造は様々であるが，大きく分けると，「単純型」と「複合型」の2タイプのものがある。以下，1節では「単純型」について述べる。2節では「複合型」について説明する。最後に3節で本章をまとめる。

1.「単純型」

「単純型」の前置き表現とは，以下にあげた例のように，前置き表現の部分が決まった表現形式で，かつひとつの節だけで成っているものである。

（1）　夏子「誤解しないでね。穴山さんは本当に相撲が好きなの。だから，
　　　　　　相撲なんてどうでもいいと思っているあなた達に本当の相撲
　　　　　　を教えたいとは思わないの」
　　　　秋平「……」
　　　　夏子「あたし，本当の相撲が見たい。だから，勝手かもしれないけ
　　　　　　どみんなに真剣に相撲を取ってもらいたいの」
　　　　秋平「勝手だね。見たかったら自分で取れよ。悪いけど相撲なんて
　　　　　　最低だね」　　　　　　　　　（『シコふんじゃった。』周防正行）

（2）　　記者会見・永田弁護士事務所
　　　　憔悴した神部の横に永田弁護士(62)，少し離れて吉田警部が座っ
　　　　ている。
　　　　中は報道関係者で足の踏み場もない。
　　　　むし暑さと酸欠状態の中で，フラッシュが激しくたかれる。
　　　神部「すみませんが，フラッシュやめてくれませんか。光がつらい
　　　　　　んです」
　　　太田記者「神部さん，サリンを知ってますか？」
　　　神部「今回初めて知りました」
　　　長崎記者「作り方は」
　　　神部「もちろん知りません」　　　　（『日本の黒い夏（冤罪）』熊井啓）

（3）　　東京オペラシティ・ふたば銀行・一階フロア

　　　　カウンターの天，時間を気にしている。

　　　　雨音はバックオフィス（窓口の後ろで事務処理をするところ）で，
　　　　祐子と端末を操作している。

天「まだかな」

　　　　困惑気味の雨音が戻ってきて——

雨音「<u>申し訳ありませんが</u>，ローンカードの方，お作り出来ないん
　　　です……」

天「（ムッと）カード勧めたの，そっちでしょ？」

　　　　　　　　　　　　　　　　　（『WITH LOVE』伴一彦・尾崎将也）

（4）　　コールしていた電話が自動で留守番電話に切り換わる。

　　　　上品な婦人（加世子）の声が無人の居間に流れる——

電話の声「こちらは白浜でございますが，只今，留守に致しており
　　　　ます」

　　　　１７大昭不動産・オフィス

　　　　電話の声を聞いている林田。

電話の声「<u>恐れ入りますが</u>，〇五二。ＸＸＸのＸＸＸＸにお掛け直
　　　　し下さいませ」

　　　　林田，電話番号をメモして最後まで聞かずに切り，すぐにプッ
　　　　シュボタンを押す。　　　　　　　　　（『伝言』市川森一）

（5）　文子「ね，あの人，兄貴のことずっと見てる」

　　　　文子がコナしたのは，支店長の山脇健次。

麻耶「珍しいもの，こういう人種」

　　　　錠，ん?! と見た時，山脇，歩いて来て，

山脇「（改まり）<u>失礼ですが</u>，早川……さんじゃありませんか」

錠「……そうだけど」

山脇「せ，先輩！」

　　　　ガッと手を握る。

錠「お?! お，おお，後輩！」

　　　　ガッと握り返す。（『探偵同盟』丸山昇一・高田純・宮田雪・那
　　　　須真知子・高橋正康・米谷純一・小出一己・伴一彦）

（6）　「それでは，私の方から財政見通しにつきまして，<u>恐縮ですが</u>，座っ
　　　て説明をさせていただきます。」

（http://www.city.kurobe.toyama.jp/contents/shinkoukeikaku/bukai2/kaigi5.pdf）

（7）「僭越ですが，この「介助員の役割」のスレッドをとおして皆様に少しでもご意見をいただけたら幸いです。」（http://www.zenkokuren.com/cgi-local/cbbs/cbbs.cgi?mode=one&namber=1358&-type=0&space=0&no=0 -）

　上の例で使用された前置き表現は，それぞれ「悪いけど」，「すみませんが」，「申し訳ありませんが」，「恐れ入りますが」，「失礼ですが」，「恐縮ですが」，「僭越ですが」，「及ばずながら」だけで成り立っている。これらのように，ひとつの節だけで成り立ち，かつ決まった表現形式で使用される前置き表現は「単純型」と称する。

　「単純型」は，（1）から（7）にあげた表現形式をはじめ，それぞれ文末形式の変化によるバリエーションを含めたものも指す。詳しく言うと，普通体と丁寧体の変化によって形式が変わったもの，接続助詞「ガ」と「ケレドモ」の入れ替えによって形式が変わったもの，及び「ノダ」が入っているかどうかによって形式が変わったものである。

　「単純型」は普通体と丁寧体の変化によるバリエーションを有するが，普通体で用いられやすい，あるいは丁寧体で用いられやすい，といったいずれかの傾向が見られる。最も典型的な例では，「悪いけど」と「恐れ入りますが」があり，「悪いけど」の場合，「悪いですけど」という形で使用されることがほとんどなく，「恐れ入りますが」の場合，「恐れ入るが」という形で使用されることはほとんどない。それから，接続助詞「ガ」と「ケレドモ」の入れ替えにも同様の傾向が見られる。「悪いけど」はよく使用されるが，「悪いが」には年齢差や性差によって使用の相違が見られる。「すみませんが」や「すみませんけど」はいずれもよく使用される。また「申し訳ありませんが」はよく耳にするが，「申し訳ありませんけど」はあまり使用されていない。この部分に関しては社会言語学の観点からの考察を必要とするが，本研究は後続情報に基づく記述研究を主旨とするので，ここでは問題を指摘するだけに止めることにする。

　また，「ノダ」がついている前置き表現については，野田（1997）で言及されている。野田（1997）では，「悪いけど」と「悪いんだけど」のように，「ノダ」がついているかどうかは詫びる気持ちの強さには差があるものの，機能的には大きな違いがないと述べている。本研究では，機能を重視する立場をとっているので，「ノダ」がついているかどうかは区別しないことにする。

一方，前置き表現と後続する主文とのつなげ方からみると，「単純型」の前置き表現は，大きく3種類に分けることができる。

　a　接続助詞「ガ」や「ケレドモ」で接続しているもの

　この類は，前置き表現とそれに続く主文が接続助詞「ガ」や「ケレドモ」でつながるものである。たとえば，上にあげた（1）から（7）のようなものである。以下に4例再掲する。

（8）　夏子「誤解しないでね。穴山さんは本当に相撲が好きなの。だから，相撲なんてどうでもいいと思っているあなた達に本当の相撲を教えたいとは思わないの」

　　　　秋平「……」

　　　　夏子「あたし，本当の相撲が見たい。だから，勝手かもしれないけどみんなに真剣に相撲を取ってもらいたいの」

　　　　秋平「勝手だね。見たかったら自分で取れよ。<u>悪いけど</u>相撲なんて最低だね」　　　　　　　　　　　　　　　　　　（＝（1））

（9）　　　記者会見・永田弁護士事務所

　　　　　憔悴した神部の横に永田弁護士（62），少し離れて吉田警部が座っている。

　　　　　中は報道関係者で足の踏み場もない。

　　　　　むし暑さと酸欠状態の中で，フラッシュが激しくたかれる。

　　　　神部「<u>すみませんが</u>，フラッシュやめてくれませんか。光がつらいんです」

　　　　太田記者「神部さん，サリンを知ってますか？」

　　　　神部「今回初めて知りました」

　　　　長崎記者「作り方は」

　　　　神部「もちろん知りません」　　　　　　　　　　　（＝（2））

（10）　　　東京オペラシティ・ふたば銀行・一階フロア

　　　　　カウンターの天，時間を気にしている。

　　　　　雨音はバックオフィス（窓口の後ろで事務処理をするところ）で，祐子と端末を操作している。

　　　　天「まだかな」

　　　　　困惑気味の雨音が戻ってきて──

　　　　雨音「<u>申し訳ありませんが</u>，ローンカードの方，お作り出来ないん

です…」

天「（ムッと）カード勧めたの，そっちでしょ？」　　　（＝（３））

(11)　　　コールしていた電話が自動で留守番電話に切り換わる。

上品な婦人（加世子）の声が無人の居間に流れる――

電話の声「こちらは白浜でございますが，只今，留守に致しており
　　　ます」

１７大昭不動産・オフィス

電話の声を聞いている林田。

電話の声「<u>恐れ入りますが</u>，〇五二。ＸＸＸのＸＸＸＸにお掛け直
　　　し下さいませ」

林田，電話番号をメモして最後まで聞かずに切り，すぐにプッ
　　　シュボタンを押す。　　　　　　　　　　　　　　（＝（４））

　これらの例では，「悪いけど」，「すみませんが」，「申し訳ありませんが」，「恐
れ入りますが」を用いている。前置き表現とそれに後続する主文はいずれも「ガ」
や「ケド」によってつなげられている。前置き表現は接続助詞「ガ」や「ケレドモ」
を用いて後続する主文とつながるのがほとんどである。

　b　「ナガラ」で接続しているもの

　この類は，前置き表現とそれに続く主文が「ナガラ」でつながるものである。
たとえば，以下のような例である。

(12)　加茂「昨夜はよく眠れましたか」

市谷「それが，あんまり」

加茂「無理もありませんよ。純朴な地方の文学青年を連れて行く店
　　　ではなかったようですね」

市谷「いいえ，どうせ遅かれ早かれ知らなければならない世界です
　　　から」

加茂「それは見事直本賞を射とめてからでしょう。ぼくも<u>及ばずな
　　　がら</u>力になります」

「よう，待たせたな」と手をあげて初老の貧相な男が現れる。

加茂「紹介しよう，直本賞世話人の多聞伝伍さんだ」

（『文学賞殺人事件・大いなる助走』志村正浩・掛札昌裕・鈴木則文）

(13)　「<u>僭越ながら</u>，自己紹介をさせていただきます。」

（http://www.relnet.co.jp/relnet/brief/une5.htm）

(14) 「恐縮ながら体験版の不具合を報告してきました。」

(http://ameblo.jp/kyametyan/entry-10374675309.html)

(15) 「誠に勝手ながら，おばあちゃんの状態が悪くなり，また付き添うことになりました。お客様にはご迷惑お掛けいたしますが，お店は休業させて頂きます。」 (http://happy.ap.teacup.com/beedama/172.html)

これらの例では，「及ばずながら」，「僭越ながら」，「恐縮ながら」，「勝手ながら」を用いている。前置き表現とそれに後続する主文は「ナガラ」でつながっている。

c 「，」や「。」で言い切ったもの

この類は，接続助詞「ガ」や「ケレドモ」を使わずに，「，」や「。」で言い切ってから，後続する主文とつながるものである。たとえば，以下のような例である。

(16) 空を飛ぶ JAL 機（国際線）

N「そして，瑠璃ちゃんも……」

瑠璃，ビジネスマンに訊ねられている。

ビジネスマン「すいません，パソコンのバッテリー借りたいんだけど……」

瑠璃「シェルフラットには電源が付いていますのでお使い下さい」

と，教える。

ビジネスマン「ありがとう」 （『スチュワーデス刑事 1 』伴一彦）

(17) 電話が鳴っている。

真衣が私服に着替えながらやってきて――

真衣「(出て) はい，岩崎です」

電話の声「木島です」

真衣「こんにちは」

木島の声「申し訳ありません，今日のお稽古，お休みさせていただきます。先生によろしくお伝え下さい (丁寧な喋り方は個性である)」

真衣「(思わず畏まって) は，はい」

木島の声「失礼します」

真衣「失礼します」

電話，切れる。 （『双子探偵』伴一彦）

ただ，いずれの表現形式も言い切ったものはすべてが前置き表現として使えるわけではないのである。

まず，「悪いけど」，「すみませんが」，「申し訳ありませんが」，「恐れ入りますが」，「失礼ですが」，「恐縮ですが」，「僭越ですが」，「及ばずながら」などから接続助詞を取り除いた言い切った形の「ノダ」文は前置き表現として使えない。それから，「ノダ」文以外の場合，「言い切り前置き表現」として使用されやすいものも限られている。

「悪いけど」から接続助詞を取り除いた場合，「悪い」または「悪いです」となるが，「悪い」は前置き表現として使えるのに対し，「悪いです」は前置き表現として使えない。つまり，（18a）は言えるが，（18b）となると，不自然に聞こえる。

(18)　a. <u>悪い</u>。ちょっと退いて

　　　b. ?<u>悪いです</u>。ちょっと退いて

「失礼ですが」から接続助詞を取り除いて言い切った形は「失礼です」となる。「失礼です」は人の行為や言語行動を礼儀に欠けていると評価するものであるため，自分の行為を自ら否定的評価するに当たって使用しにくい。

「恐縮ですが」から接続助詞を取り除いたら，「恐縮です」になる。「恐縮です」は相手の厚意などを受けて申し訳なく思う表現であるが，相手の厚意などを受けることがなければ，自ら「恐縮です」と発することもないように思われる。したがって，前置き表現として使い難いものである。

「僭越ですが」から接続助詞を取り除いた「僭越です」は，他人の行為や言語行動を指摘する際に使用されやすいものであるため，前置き表現として使用されにくいものである。

そのため，「悪いです」，「失礼です」，「恐縮です」，「僭越です」は前置き表現として使えないのである。したがって，「言い切り前置き表現」は次のようなものとなる。

(19)　悪い。…

　　　すみません / すまない。…

　　　申し訳ありません / 申し訳ございません / 申し訳ない。…

　　　恐れ入ります。…

ただし，（19）の表現形式はどんなコンテクストにおいても「言い切り前置き表現」として使えるわけではない。これらの表現が前置き表現として機能する場合，これらの表現を発する時点では後続発話の命題事象を聞き手がまだ認識しておらず，聞き手にとって新情報であるというのが前提である。

以下では（16）と（17）を再掲して説明する。

(20)　　　空を飛ぶJAL機（国際線）

　　　N「そして，瑠璃ちゃんも……」

　　　瑠璃，ビジネスマンに訊ねられている。

　　　ビジネスマン「すいません，パソコンのバッテリー借りたいんだけ
　　　　　　　　　ど……」

　　　瑠璃「シェルフラットには電源が付いていますのでお使い下さい」
　　　　　と，教える。

　　　ビジネスマン「ありがとう」　　　　　　　　　　　　（＝（16））

(21)　　　電話が鳴っている。

　　　　　真衣が私服に着替えながらやってきて――

　　　真衣「（出て）はい，岩崎です」

　　　電話の声「木島です」

　　　真衣「こんにちは」

　　　木島の声「申し訳ありません，今日のお稽古，お休みさせていただ
　　　　　　　きます。先生によろしくお伝え下さい（丁寧な喋り方は
　　　　　　　個性である）」

　　　真衣「（思わず畏まって）は，はい」

　　　木島の声「失礼します」

　　　真衣「失礼します」

　　　　　電話，切れる。　　　　　　　　　　　　　　　（＝（17））

　上の（20）と（21）では，「すみません」や「申し訳ありません」を発話する時点で，後続発話の命題事象「パソコンのバッテリー借りる」や「今日のお稽古，お休みさせていただきます」という情報は，聞き手がまったく認識していない情報であり，聞き手にとっては新情報である。このような場合は，「すみません」や「申し訳ありません」は，これから伝えようとする情報などに対して前もって断るものであって，後続発話を導入するための前置き表現である。

　しかし，次の（22）や（23）のように，後続発話の命題事象はすでに発生した出来事であり，聞き手にとっては旧情報である場合は，前置き表現ではないのである。

(22)　　　同・ＬＤＫ

　　　希望，お茶を飲んでいる小夏に頭を下げる。

希望「……<u>すみません</u>。心にもないことを言って……」

小夏「(ツンケンしてるが)もういいわよ」

　　希望，小夏に頭を下げて食卓につく。

（『おヒマなら来てよネ！』伴一彦）

(23)　玉枝「変な夢を見たんでしょ」

市谷「直本賞をとった夢だった」

玉枝「正夢かもしれないわ」

市谷「逆夢かもしれない」

玉枝「……可哀そうに……疲れているのね」

市谷「(正座すると) <u>申し訳ない</u>……あんな屈辱的なことのために東京まであなたを呼び寄せてしまって」

玉枝「大丈夫，覚悟はしていたから」

（『文学賞殺人事件・大いなる助走』志村正浩・掛札昌裕・鈴木則文）

　上の例では，前後の文脈から明らかなように，「すみません」や「申し訳ない」を発話する時点には，「心にもないことを言う」，「あんな屈辱的なことのために東京まであなたを呼び寄せてしまう」という命題事象はすでに発生した出来事である。話し手がこれらの情報を聞き手に伝達しなくても，その場にいる聞き手はすでにこれらの情報を把握している。つまり，これらの情報は聞き手にとっては旧情報である。このような場合は，「すみません」や「申し訳ない」はすでに発生している事態に対して謝罪するものであって，後続発話を導入するための前置き表現ではない。

　つまり，言い切り表現形式は，後続発話の情報を聞き手がまったく認識しておらず，聞き手にとっては新情報である場合にのみ，前置き表現になる。

　以上をまとめると，「単純型」の前置き表現はひとつの節をもって，ほぼ決まった表現形式で使用されるものである。それに後続する発話との接続からみれば，接続助詞「ガ」や「ケレドモ」や「ナガラ」などによってつながるものもあれば，「言い切り」の形で用いられるものもある。

２．「複合型」

　「複合型」の前置き表現は，以下にあげた例のように，「単純型」に，前置き表現が用いられる原因・理由に相当する節か文の成分が複合して２つ以上の部

分から成ったものである。

(24) トドミ「小説読んでもどこかいじましくて」

メケハ「(憤然として) そ，そ，そんなことないわよ！」

カチコ「あら，賞をとってない作家がパトロンだからって，そう怒らなくてもいいでしょ」

メケハ「何ですって！」

眉子「およしなさい (とたしなめる)」

加茂「いろいろな作家がいるけど，やはり大別して，賞をとらなくてもなんとかやっていける作家と，とらない限りどうにもならん人がいますねえ……<u>言っちゃ悪いけど</u>あなたの場合ははっきりと後者なんだ」

市谷「(ドキッとして) そ，そうでしょうか」

(『文学賞殺人事件・大いなる助走』志村正浩・掛札昌裕・鈴木則文)

(25) 祐子の声「(受話器から) 昨日，お休みになっていたのに無理して出てらしたんですが，お昼休みにひどい熱で……アパートまでお送りしたんですけどね。もしおいでになれたら奥様にと思ったので」

実加「(受話器に) 母は急病です。今，倒れたんです。<u>ご迷惑おかけしてるのにすみませんが</u>，父にできるだけ早く連絡くれるように伝えて貰えませんか。お願いします」

祐子の声「(受話器から) まあ……お父様は夏風邪ですからあまりご心配なく。必ずお伝えします。お大事に」

実加「(受話器に) お願いします」 (『ふたり』桂千穂)

(26) 　　誰かに携帯電話を掛けている津田……

津田「……はい，<u>急な話で申し訳ありませんが</u>，お待ちしておりますので，はい……はい，宜しくお願いします」

(『東京原発』山川元)

(27) 「<u>突然で恐れ入りますが</u>，容量オーバーのためブログをお引越ししました。」 (http://piyo.fc2.com/chiyodarapid/1122684/)

(28) 「<u>ここでまた別の質問して失礼ですが</u>，PC を購入する場合ディスクトップ型とノート型どちらが良いでしょうか？

(http://okwave.jp/qa5465283.html)

第 2 章　前置き表現の構造的分類　29

(29) 　　　　画面に，四十年配の温厚そうな操縦士が映る。

　　　　アナ「……今日は大任で，ご苦労さまです。<u>はじめに素人っぽい質問で恐縮ですが</u>，一般の中には一トンも積んで飛べるだろうか，と心配してるむきもあるようです。重たくはないんですか？」

　　　　高野「重たいです。それに九百キロ分の燃料を満載してますから，とても重たいです……でも」

　　　　　　　　　　　　　　　　　　（『大誘拐―RAINBOW KIDS』岡本喜八）

(30) 　「<u>ここで私ごときがお願いするのは僭越にすぎるが</u>，桃山をはじめ水族館の自律的な役者たちは，さらに伸びやかで柔軟な舞台を展開し，調和をも権力をも超越した危険（クリティカル）な地平を目指してほしい。」　　　　　（http://www.apa-apa.net/kok/news/kok265.htm）

　上の例で使用された「言っちゃ悪いけど」，「ご迷惑おかけしてるのにすみませんが」，「急な話で申し訳ありませんが」，「突然で恐れ入りますが」，「ここでまた別の質問して失礼ですが」，「はじめに素人っぽい質問で恐縮ですが」，「ここで私ごときがお願いするのは僭越にすぎるが」は，いずれも「単純型」とこれから行なわれる発話行為や発話の内容について断る節，または文の成分とが複合したものである。

　ただし，すべての「単純型」には必ずしもそれと対応する「複合型」が存在するとは限らない。たとえば，「及ばずながら」や「はっきり言って」といったような「単純型」にはそれと対応した「複合型」はほとんど見られない。

　また，上にも述べたように，「複合型」の前置き表現は 2 つの部分から成り立っており，ひとつは各々の「単純型」であり，もうひとつは「単純型」と複合する部分である。この部分はこれから行なわれる発話行為または発話内容などについて断るものがほとんどである。つまり，前置き表現を用いる原因や理由が含まれるものである。

　そして，「単純型」とのつなげ方によって，「複合型」の前置き表現は大きく 4 タイプにまとめることができる。

　i　「テ」によってつなげられるもの

　この類は，前置き表現を用いる原因や理由に相当する部分が「テ」によって「単純型」の前置き表現とつなげて使用される。たとえば，次のような例である。

　(31)　トドミ「小説読んでもどこかいじましくて」

メケハ「（憤然として）そ，そ，そんなことないわよ！」

カチコ「あら，賞をとってない作家がパトロンだからって，そう怒らなくてもいいでしょ」

メケハ「何ですって！」

眉子「およしなさい（とたしなめる）」

加茂「いろいろな作家がいるけど，やはり大別して，賞をとらなくてもなんとかやっていける作家と，とらない限りどうにもならん人がいますねえ……言っちゃ悪いけどあなたの場合ははっきりと後者なんだ」

市谷「（ドキッとして）そ，そうでしょうか」　　　　　（＝（24））

(32) 紀子「病院長は積極的に暴力追放運動に参加しています。暴力団に身代わりを頼んだのも，運転していた男でしょう」

矢島「しかし，証拠は何もない。車の盗難届はちゃんと出されているのか，自首した男の当日の動きを取材してくれ」

紀子「はい」

相沢「（腰を上げ）いいお返事ですね，白石さん」

みんな「……」

相沢「口を挟んで申し訳ないけどねえ，大前提が間違ってる気がするんですよ」

矢島「どういう意味だ」　　　　（『スチュワーデス刑事2』伴一彦）

(33)　　竜太郎，ホッとため息。と──そこへ美人のスチュワーデスが通りかかった。

竜太郎「（思わず）あ，キミ……」

美人スチュワーデス「なにか？」

竜太郎「（瞶めて）あのう……この歳になって恥ずかしいんですが，飛行機，苦手なんです。話し相手になっていただけますか？」

美人スチュワーデス「（微笑で）喜んで……」

　　　　竜太郎も微笑する。着陸する飛行機。

　　　　　　　　　　　（『パパはニュースキャスター』伴一彦）

(34) 「小説脱稿後，父についていろいろと考えたことを，お礼替わりと言っては僭越ですが，書き記したいと思います。」

　　　　　　　　　（http://www.jali.or.jp/kbys/tanpen-j.html）

第2章　前置き表現の構造的分類　31

　上の例では，「言っちゃ悪いけど」，「口を挟んで申し訳ないけど」，「この歳に
なって恥ずかしいんですが」，「お礼替わりと言っては僭越ですが」がそれぞれ
使用され，いずれも「テ」によって前置き表現を用いる原因や理由となる部分
を取り立てる。

　ⅱ　「タラ」や「ト」によってつなげられるもの

　この類は，前置き表現を用いる原因や理由に相当する節が「タラ」や「ト」によっ
て条件節として提示されて，「単純型」の前置き表現と組み合わさって複合型の
前置き表現として使用される。たとえば，次のような例である。

(35)　＊＊さん「こんなこと言ったら失礼かもしれませんが，出品者の方々
　　　　　　　　に聞きたいと思いますが，　Ｑ＆Ａで商品の質問してくる
　　　　　　　　人ってほとんど入札してこないと思いませんか。」

　　　　　　　（http://detail.chiebukuro.yahoo.co.jp/qa/question_detail/q1115016351）

(36)　「全体として正直言ってしまうと申し訳ないんですが，「復活の香り」
　　　　　　の名前から私が勝手にイメージした味には，葡萄やさんで飲んだ
　　　　　　コーヒーのが近かった気がします。」

　　　　　　　　　　　　（http://milkyway007.blog.shinobi.jp/Category/9/）

(37)　「ですから彼らがMUのなかにある光みたいなものを感じてくれてた
　　　　　　勲章，と言ったら僭越ですが，でもやはりそれがMUの誇りです。」
　　　　　　　　　　（http://stage.corich.jp/watch_hope_detail.php?watch_id=8242）

(38)　「こんな事言ったら釈迦に説法だろうけど，日本にだって世界に誇れ
　　　　　　る伝統美がある。アフリカや赤道直下の島々，南米や中国の少数民
　　　　　　族等々にもプリミティブではあるにせよ，それがある。」

　　　　　　　　（http://cheese.2ch.net/art/kako/1009/10096/1009684436.html）

　上の例では，「こんなこと言ったら失礼かもしれませんが，「全体として正直
言ってしまうと申し訳ないんですが」，「彼らがMUのなかにある光みたいなも
のを感じてくれてた勲章，と言ったら僭越ですが」，「こんな事言ったら釈迦に
説法だろうけど」がそれぞれ使用され，いずれも「タラ」や「ト」によって前
置き表現を用いる原因や理由となる節を取り立てる。

　ⅲ　「ノハ」または「ノモ」によってつなげられるもの

　この類は，前置き表現を用いる原因や理由に相当する節が「ノハ」や「ノモ」
によって主題化され，「単純型」の前置き表現との組み合わせで複合型の前置き
表現として使用される。たとえば，次のような例である。

(39)　＊＊さん「ユニオンクエリというのがあるんですね。なんか使えそ
　　　　　　うな気がします。勉強をする前にこんなこと聞くのは失
　　　　　　礼ですが，そのクエリをフォーム上で使った場合，編集
　　　　　　することは可能でしょうか？」

　　　　　　　　　　（http://www.accessclub.jp/bbs3/0352/superbeg105810.html）

(40)　　　「ここで悪い例として挙げるのは申し訳ないんですが，東大将棋シ
　　　　　リーズなどは特に顕著です。本筋も変化もなんも全て同じレイアウ
　　　　　ト／同じ図面で，内容を理解して自分がどこにいるのか悟れと言う
　　　　　のはかなり不親切です。」

　　　　　　　　　　　　　（http://www.hakusa.net/shogi/book/attention.html）

(41)　　　「しかし，自分の事を言うのは僭越ですが，私はついこの間還暦を迎
　　　　　えました。」　　　　　　（http://oshiete1.goo.ne.jp/qa4718554.html）

(42)　　　「今更こんなことを聞くのも恥ずかしいんですが，音読みと訓読みの
　　　　　違いを忘れましたので教えてください！例えば「山」だったら，「や
　　　　　ま」が音読み，「さん」が訓読みですか？」

　　　　（http://detail.chiebukuro.yahoo.co.jp/qa/question_detail/q109761100?fr=rc-
　　　　md_chie_detail）

　上の例では，「勉強をする前にこんなこと聞くのは失礼ですが」，「ここで悪い
例として挙げるのは申し訳ないんですが」，「自分の事を言うのは僭越ですが」，
「今更こんなことを聞くのも恥ずかしいんですが」がそれぞれ使用され，いずれ
も「ノハ」や「ノモ」によって前置き表現を用いる原因や理由となる節を主題
化して取り立てる。

　iv　「～トコロ」や「～中」などによってつながるもの

　この類は，前置き表現を用いる原因や理由に相当する部分が「～ところ」や「～
中」といった文の成分として提示され，「単純型」の前置き表現との組み合わせ
で複合型の前置き表現として使用される。たとえば，次のような例である。

(43)　　　しのぶ，チャイムを鳴らす。

　　　　　妻らしき女の声「はい」

　　　しのぶ「（慇懃無礼に）ご家族水入らずのところ大変申し訳ありませ
　　　　　　んが，ご主人いらっしゃいますでしょうか。お返ししたい
　　　　　　ものがありまして，やってまいりした」

　　　　　妻らしき女の声「どちら様ですか？」（『世界で一番長いキス』伴一彦）

第2章　前置き表現の構造的分類　33

（44）　「scarlettogata 様お忙しいところ恐縮ですが鑑定をお願いいたします。」
（http://www.google.co.jp/search?hl=ja&lr=lang_
ja&q=%22%E3%81%8A%E5%BF%99%E3%81%97%E3%81%84%E3%8
1%A8%E3%81%93%E3%82%8D%22&start=10&sa=N）

（45）　京子「言ってません。髭なんか嫌いだもん」
涼介「（聖也に）ちょっと，どう思います！？言ったんですよ，京子
　　　ちゃん」
京子「いつよ，何年何月何日？何時何分何秒？」
涼介「お前は小学生か」
京子「あーッ，お前って言った」
聖也「あのう，お取り込み中すみませんが，話がずれてるような気
　　　がするんですが」
涼介「（聖也に）あんた，誰？」
聖也「あんた，って……リーダーに向かってそれはないでしょ」
涼介「誰なんだよ」
聖也「ホームズ・エージェンシーの高野聖也です」

（『喰いタン』伴一彦）

（46）　「このため，予備的な調査を行いますので，ご多忙中恐れ入りますが，
ご協力方，どうぞよろしくお願い申し上げます。」

（http://www.takasaki.ed.jp/pta/h21tiyusyomei.pdf）

　上の例では，「ご家族水入らずのところ大変申し訳ありませんが」，「お忙しい
ところ恐縮ですが」，「お取り込み中すみませんが」，「ご多忙中恐れ入りますが」
がそれぞれ使用され，いずれも「トコロ」や「中」などによって前置き表現を
用いる原因や理由を表す。
　また，この4つのタイプの中では，「トコロ」や「中」などによってつなげら
れた複合型前置き表現は，次の例のように，ほかのタイプのものと組み合わせ
ることができる。

（47）　「お忙しそうなところ，こんなことを言うのは何なのですが，アマゾ
ンで注文した青木さんの絵本，「入手不能でした，長い間待たせた
あげく入手不能で申し訳ない」とアマゾンからお詫びのメールが来
ました。がっくりです。」

（http://www.pot.co.jp/danjikinikki/%E6%81%AF%E5%AD%90%E

3%81%A8%E9%9B%BB%E8%A9%B1%E3%81%A7%E3%83%B-
B%E3%83%BB.html）

(48) 「お忙しい中，いつもお手間を取らせて申し訳ありませんが，よろし
くお願いします。」
（http://rena07.com/Cgi/cbbs_mxi/cbbs.cgi?mode=one&namber=4787&-
type=2974&space=615&no=0）

　上の例では，「お忙しそうなところ，こんなことを言うのは何なのですが」，「お
忙しい中，いつもお手間を取らせて申し訳ありませんが」が使用され，それぞ
れ「お忙しそうなところ」と「こんなことを言うのは」の節に，「お忙しい中」
と「いつもお手間を取らせて」の節に，「単純型」の「何ですが」と「申し訳あ
りませんが」をつなげて使用したものである。

　以上をまとめると，「複合型」は前置きを用いる原因や理由を含む部分を「単
純型」とつなげて用いるものである。そして，そのつなげ方から大きく4つの
タイプに分けることができる。

3．前置き表現の構造的分類のまとめ

　本章では，前置き表現の構造について記述を行なった。

　前置き表現は構造からみれば，前置き表現の部分が決まった表現形式で，且
つひとつの節だけで成った「単純型」と，前置きを用いる原因や理由を含む部
分が「単純型」と複合して成った「複合型」の2種類に分かれる。

　「単純型」の表現形式は様々であるが，大きくまとめると，3つのタイプがある。

　a　接続助詞「ガ」や「ケレドモ」がつくもの

　b　「ナガラ」などがつくもの

　c　「言い切り」タイプのもの

　「複合型」は前置きを用いる原因や理由を含む部分と「単純型」のつなげ方か
ら，大きく4つのタイプに分けられる。

　i　「テ」でつながるもの

　ii　「タラ」や「ト」でつながるもの

　iii　「ノハ」や「ノモ」でつながるもの

　iv　「〜トコロ」や「〜中」などでつながるもの

　本研究では，本章で述べた「単純型」と「複合型」の2種類を取り上げ，基

本型として使用されている「単純型」を中心に記述を進める。

第3章 前置き表現の談話機能的分類

　本章では前置き表現の談話機能的分類について述べる。

　前章で述べたように，前置き表現は「言語行動における配慮」により発話されるものであり，従来の相手や場に対する気配りも，伝達性に対する配慮も含まれている。また，場に対する配慮は，そもそも自分のことをわきまえのない人間だと見なされないようにし，聞き手と円滑なコミュニケーションを行なうための心配りの一種であり，人間関係に対する配慮の一側面と考えられる。

　したがって，本研究は，前置き表現に含まれる言語行動における配慮の種類によって，「人間関係への配慮」を表すものと「ディスコースの伝達性への配慮」を表すものとに二分できるのではないかと考える。すなわち，前置き表現は「対人配慮型」と「伝達性配慮型」とに分類できる。

　以下1節では「対人配慮型」前置き表現について述べる。2節では「伝達性配慮型」前置き表現について述べる。最後に3節では本章をまとめる。

1．対人配慮型

　「対人配慮型」前置き表現は主に聞き手との人間関係を良好に維持するための配慮を表現するものであるが，その配慮はどうやって表現されるかによって，さらに細分化できる。具体的には，「丁重付与」，「自己援護」，「理解表明」，「釈明提示」の4種類に分けられる。

1．1．対人配慮型—丁重付与

　「丁重付与」前置き表現は，後続発話に先立って，後続する発話行為をよりスムーズに受け入れてもらうために，話し手が前もって丁重さを表現することで人間関係への配慮を表し，後続する発話行為によるフェイス・リスクを軽減する言語的配慮を表現する発話である。たとえば，以下のような例である。

　　（1）　渚「洋子さん，帰りましょうよ」
　　　　　洋子「<u>悪いけど</u>，もう少し一人でいたいの」
　　　　　渚「……じゃ，おやすみなさい」

第3章　前置き表現の談話機能的分類　37

　　　と去ろうとする。　　　　　　　　　　　　　　　（『夏の約束』伊藤康隆）

（2）　実加「（びっくりして受話器に）父がですか……」

　　　祐子の声「（受話器から）昨日，お休みになっていたのに無理して出
　　　　　　　てらしたんですが，お昼休みにひどい熱で……アパート
　　　　　　　までお送りしたんですけどね。もしおいでになれたら奥
　　　　　　　様にと思ったので」

　　　実加「（受話器に）母は急病です，今，倒れたんです，<u>ご迷惑おかけ
　　　　　してるのにすみませんが</u>，父にできるだけ早く連絡くれるよ
　　　　　うに伝えて貰えませんか，お願いします」

　　　祐子の声「（受話器から）まあ……お父様は夏風邪ですからあまりご
　　　　　　　心配なく。必ずお伝えします。お大事に」

　　　実加「（受話器に）お願いします」　　　　　　　　（『ふたり』桂千穂）

（3）　穴山「なんかね，突然，掃除がしたくなってね」

　　　女，背伸びをするように本を探している。

　　　穴山「川村クン，<u>申し訳ないんだけど</u>，しばらくいいかな？」

　　　女「ああ，ごめんなさい」（女，脚立を降りる。）

　　　　　　　　　　　　　　　　　（『シコふんじゃった。』周防正行）

（4）　　コールしていた電話が自動で留守番電話に切り換わる。

　　　　上品な婦人（加世子）の声が無人の居間に流れる――

　　　電話の声「こちらは白浜でございますが，只今，留守に致しており
　　　　　　　ます」

　　　　17大昭不動産・オフィス

　　　　電話の声を聞いている林田。

　　　電話の声「<u>恐れ入りますが</u>，〇五二。ＸＸＸのＸＸＸＸ<u>にお掛け直
　　　　　　　し下さいませ</u>」

　　　　林田，電話番号をメモして最後まで聞かずに切り，すぐにプッ
　　　　　シュボタンを押す。　　　　　　　　　　　　（『伝言』市川森一）

（5）　　ゆっくりとセットに上がる三原。そこへ，

　　　作々木「山田老人役の三原健さんでーす」

　　　　と皆に紹介される。

　　　前島「（ニコニコと三原を見つめる）」

　　　熟年の照明技士「（高い位置からじっと三原を見つめている）」

監督「……あの，失礼ですが，お幾つですか？」

三原「六十五」

監督「設定がね，末期ガン患者なんですよ。見た目がちょっと，元気すぎるかな。（メイクに）ねぇ」

（『LAST SCENE』中村義洋・鈴木謙一）

　上の例のように，（1）では，話し手は「もう少し一人でいたい」と聞き手の誘いを断る際に，「悪いけど」と前置きしている。（2）では，話し手は聞き手に伝言を頼むにあたって，「ご迷惑おかけしてるのにすみませんが」と断っている。（3）では，話し手は，作業中の聞き手を邪魔するとき，「申し訳ないんだけど」と前置きしている。（4）では，話し手は聞き手にほかの番号に掛け直してもらおうとする際に，「恐れ入りますが」と前もって断っている。（5）では，話し手は聞き手の年齢を尋ねる際に，「失礼ですが」と前置きしている。

　これらの例では，話し手は後続する発話を行なう前に，謝罪表現を前置きに用いて丁重さを表すことによって聞き手との人間関係に対する配慮を直接に表現している。

　上の例からもうかがえるように，「丁重付与」の前置き表現は，「悪いけど」，「すみませんが」，「申し訳ありませんが」，「恐れ入りますが」，「失礼ですが」といった定型的な表現形式をもって使用されることがほとんどである。また次の例のようなものもある。

（6）　それでは，私の方から財政見通しにつきまして，恐縮ですが，座って説明をさせていただきます。

（http://www.city.kurobe.toyama.jp/contents/shinkoukeikaku/bukai2/kaigi5.pdf）

（7）　佐藤「……ずっと前，助川さん話してたでしょう，麻雀の話のプロット。あの話，うちのデスクと相談したんですけど，描いてみる気はありませんか。イケると思うんですよ。ひとつヒットを出したら，この作品も掲載するチャンスを掴めると……」

助川「描きたくないですね」

佐藤「我侭が過ぎるんじゃないですか。こんなこと言うの僭越ですけど，奥さんや子供に霞を食えというんですか」

助川「まいったな……」　　　　　　　　　（『無能の人』丸内敏治）

（8）　「あの，質問なんですが，SDカードを失くしてしまい空のものを手

に入れたのですが，フォルダの名称を詳しく教えてくださる方いませんか？誠に<u>自分勝手ですが</u>，<u>今日中に実行したいのでどうかお願いします。</u>」　（http://keitainfo.com/docomo-bbs/thread/2005111502）

（9）　加茂「昨夜はよく眠れましたか」

　　　　市谷「それが，あんまり」

　　　　加茂「無理もありませんよ。純朴な地方の文学青年を連れて行く店ではなかったようですね」

　　　　市谷「いいえ，どうせ遅かれ早かれ知らなければならない世界ですから」

　　　　加茂「それは見事直本賞を射とめてからでしょう。ぼくも<u>及ばずながら力になります</u>」

　　　　「よう，待たせたな」と手をあげて初老の貧相な男が現れる。

　　　　加茂「紹介しよう，直本賞世話人の多聞伝伍さんだ」

　　　　　　　　　　　　　　　　（『文学賞殺人事件・大いなる助走』筒井康隆）

（10）　<u>自分で言うのも何なんですが</u>，<u>前職での営業成績はかなり優秀でした。</u>　（http://www.seiho-tenshoku.jp/interview/interview02.aspx）

　これらの例では，話し手は「恐縮ですが」，「こんなこと言うの僭越ですけど」，「自分勝手ですが」，「及ばずながら」，「自分で言うのも何なんですが」を前もって用いることによって，後続発話を導入する際の丁重さを付け加えている。これによって，聞き手との人間関係に配慮を配る。

　以上あげた例のような，「悪いけど」，「すみませんが」，「申し訳ありませんが」，「恐れ入りますが」，「失礼ですが」，「恐縮ですが」，「僭越ですが」，「自分勝手ですが」，「及ばずながら」，「自分で言うのも何なんですが」などは，「丁重付与」前置き表現の中では，もっとも基本的な表現形式として使用されている。その他には，次の例のような，「丁重付与」前置き表現の周辺的存在でありながら，言語生活においてよく使用されるものもある。

（11）　鎌田「失礼します！（と入って来て）……<u>お話中ですが</u>，車が判りました。黒い中古のマークⅡ，安西運転手が刀自の予定を漏らしたのは，前日，西谷という集落の誰か，という事ですが……」

　　　　井狩「よし，<u>ご苦労だが</u>，その誰かに会って来て貰おうか？」

　　　　鎌田「はい！……（と出て行く）」

『大誘拐―RAINBOW KIDS』岡本喜八）

(12)　　　鈴木邸・リビング
　　　久江「あの，宅がでございますか。大丈夫でしょうか」
　　　伝助の声「大丈夫です，大丈夫。今ね，ふとんに入ってぐっすり寝
　　　　　　てるから」
　　　久江「あらまァ，さよでございますか。お手数おかけしますが，よ
　　　　　　ろしくお願い致します」
　　　伝助の声「ええ，ええ，まかしといて下さい，じゃ」
　　　久江「失礼致します」　　　　　　　（『釣りバカ日誌』山田洋次・桃井章）
　これら「お話中ですが」，「ご苦労だが」，「お手数おかけしますが」といった
前置き表現には，「悪いけど」，「すみませんが」，「申し訳ありませんが」，「恐れ
入りますが」，「失礼ですが」，「恐縮ですが」，「僭越ですが」，「自分勝手ですが」，
「及ばずながら」，「自分で言うのも何なんですが」などと同じように，後続発話
を行なうにあたって，話し手の，聞き手に対する配慮が含まれていると考えら
れる。
　以上で述べたように，「丁重付与」前置き表現は，「悪いけど」，「すみません
が」，「申し訳ありませんが」，「恐れ入りますが」，「失礼ですが」，「恐縮ですが」，
「僭越ですが」，「自分勝手ですが」，「及ばずながら」，「自分で言うのも何なんで
すが」といった表現で発話の際に丁重さを付け加える，というストラテジーで
対人的配慮を表し，後続する発話行為によるフェイス・リスクを軽減する。ま
た，上述の例にも示されているように，この類の前置き表現が用いられる場合，
それに後続する言語行動は話し手の意見伝達や行動実行がほとんどである。

１．２．対人配慮型―自己援護

　「自己援護」前置き表現は，後続発話に先立って，後続する発話行為をよりス
ムーズに受け入れてもらうために，話し手が自ら自分自身のことを過小評価し
て控え目な態度を表すことによって人間関係への配慮を表し，後続する発話行
為によるフェイス・リスクを軽減する言語的配慮を表現する発話である。
　(13)　村上「その女性は，被害者の少女が事件の夜……その夜……殺しの
　　　　　　あった夜……国分さんの娘が自分の家に来ていたのを知って
　　　　　　いたんですよ」

　　　　田中「……」

　　　　村上「彼女は，事件は自分の責任だと考えるようになりました。
　　　　　　　……その告白をするために国分さんの大学に行ったところ
　　　　　　　……とうとう言えないままに」

　　　　吉田「それが馴れ染めですか？」

　　　　　こばかにして，うすら笑いを浮かべる吉田。

　　　　田中「つまらん話だが，それ以来一緒にいるわけだ」

　　　　吉田「今はお互いの正体知ってるわけだ」

　　　　　　　　　　　　　　　　　　　（『あふれる熱い涙』田代広孝）

(14)　祐介「何て言うか……全体的に……」

　　　　香織「全体的にって言われてもなあ」

　　　　祐介「面白いの，それ？」

　　　　香織「面白いんじゃないの？有名なんでしょ，チェホフの『桜の園』
　　　　　　　って……」

　　　　祐介「聞いたことあるよ，名前は……読んだ事ないけど……」

　　　　香織「よくわかんないけど，面白いんだと思うよ……」

　　　　祐介「だれが選んだの，これやろうって……」

　　　　香織「毎年ね，創立記念日にやるの……『桜の園』……そういうな
　　　　　　　らわしなの，この学校……」

　　　　祐介「まあ，見に来るけどさ……十時からだよね……」

　　　　香織「うん……」　　　　　　　　（『桜の園』じんのひろあき）

(15)　同僚 3「体長が 32 センチで重さが 623 グラム。それなのに，卵巣は
　　　　　　　1 グラムですよ。生殖器が小さすぎませんか」

　　　　稲葉「うん。気になるな」

　　　　同僚 3「このあたりは，東京周辺の海に比べると，透明度は格段に
　　　　　　　いいですけど，思ったより汚染が進んでるんでしょうか」

　　　　稲葉「俺は，現場の経験が少なくてよくわからないけど，こういう
　　　　　　　統計は，何年も積み重ねてみないと断定できないんじゃない
　　　　　　　かな。その年によって気象条件も違うし，餌の量だってばら
　　　　　　　つきがあるだろう」

　　　　同僚 3「ええ」　　　　　　　　　（『潮騒の彼方から』三村千鶴）

(16)　皆「……」

穴山「……出たらいい」

秋平「そんなー，こいつに裸になれって言うんですか」

穴山「いいじゃないか。正子も教立の相撲部員だ」

堀野「オイ秋平，オレも出るぞ。いいっすよね」

穴山「よし決まった。これで六人だ。熊田さん，恥をかくかもしれ
　　　ないが，やらせてください」

熊田「お前は監督だ。好きにすればいい」（『シコふんじゃった。』
　　　周防正行）

(17)　　　竜太郎，ホッとため息。

　　　　と――

　　　そこへ美人のスチュワーデスが通りかかった。

竜太郎「（思わず）あ，キミ……」

美人スチュワーデス「なにか？」

竜太郎「（瞞めて）あのう……この歳になって恥ずかしいんですが，
　　　　飛行機，苦手なんです。話し相手になっていただけますか？」

美人スチュワーデス「（微笑で）喜んで……」

　　　竜太郎も微笑する。　　　（『パパはニュースキャスター』伴一彦）

　上の例のように，(13) では，話し手は自分の情況について説明する前に，「つ
まらん話だが」と自ら自分の話を過小評価している。(14) では，話し手は「よ
くわかんないけど」と前もって自分の思考を否定的に評価してから主張を述べ
ている。(15) では，話し手は「現場の経験が少なくてよくわからないけど」と
自分の経験について過小評価してから意見を述べている。(16)では，話し手は「や
らせてください」と申し出る際に，「恥をかくかもしれないが」と前もって自分
の行為について過小評価している。(17) では，話し手は自分の事情を伝える前
に「この歳になって恥ずかしいんですが」と自分のことを否定的に評価している。
これらの例では，話し手はいずれも自分の行為や，自分の能力や思考などを否
定的に評価して控え目な態度を表現している。これを通して，自分自身に関連
する後続発話をよりスムーズに受け入れてもらうように，自身を援護しながら，
聞き手との人間関係に対して配慮を配っている。

　以上で述べたように，「自己援護」前置き表現は，「つまらん話だが」，「よく
わかんないけど」，「現場の経験が少なくてよくわからないけど」，「恥をかくか
もしれないが」，「この歳になって恥ずかしいんですが」といった表現のように，

話し手が自分自身のことについて前もって低く評価して聞き手との人間関係に気を使う，というストラテジーによって対人的配慮を表すとともに，後続する発話行為によるフェイス・リスクを軽減する。そして，それに後続する言語行動は，聞き手の言語行動などと関わること，聞き手にとってやや受け入れにくいと予測されることが多い。

1.3. 対人配慮型—理解表明

　「理解表明」前置き表現は，後続発話に先立って，後続する発話行為をよりスムーズに受け入れてもらうために，話し手が聞き手の気持ちを受け入れて，聞き手の立場に立って同意や共感を表明することによって人間関係への配慮を表し，後続する発話行為によるフェイス・リスクを軽減する言語的配慮を表現する発話である。

(18)　村上「あなた方，まだ別れていなかった。こんなところで……」

　　　国分「……」

　　　　　　国分はベッドに腰を下ろし，うつむいている。

　　　村上「長い検事生活の中で毎回思い悩むのは……犯人の気持ちをどうしても理解できんことですよ」

　　　国分「<u>検事さんの御好意は有難いが</u>，私たちのことは私たちで考えます」　　　　　　　　　　　　　　　　（『あふれる熱い涙』田代広孝）

(19)　悦子「それが，皆んな美人なんだって，その行方不明の女の子」

　　　静江「ヘェー」

　　　悦子「彰子が云ってた話……恭子が連れてかれたって云う……その話と関係あるのかなとか思ったりしたんだけど……」

　　　静江「恭子，美人？」

　　　　　　（間）

　　　悦子「やっぱり違うか……」

　　　静江「違うわよ，絶対」

　　　　　　彰子，二人の間にヌッと顔を出し，

　　　　　　「今の話……実は私も今襲われかけたのよ」

　　　悦子「(困ったように) 彰子，話ちゃんと聞いてたの？厳しい条件があるのよ，行方不明なる人には」

静江「(彰子に) 気持ちは判るけど，嘘はイケナイよ，嘘は」

彰子「嘘じゃないって。今本当に……」(『マリアの胃袋』西岡琢也)

(20)　　　公平，洗濯しながら十津夫の恋文を読んでいる。

公平「(ブツブツと) ヤクザ殴った自慢してどうすんだ。ソープでモ
　　　テた話書くなよ。書くなってば，土佐犬と勝負した話。(しみ
　　　じみと) ばか」

　　　[屋上 (夜)] みどり一人，ぼんやり。

公平の声「如月さんの気持ちはとっても嬉しいけれど，私もまだ研
　　　修医の身です」

　　　[506号室 (深夜)] 公平がしな作って感情移入し，丸文字の手
　　　紙を捏造している。

公平「いまは力をあわせて治療に専念しましょう。退院したら，如
　　　月さんの花火を見せてくださいね……(嘆息) 泥沼」

　　　　　　　　　　　　　　　　　　　(『病院へ行こう』一色伸幸)

(21)　　　やす子がちょこちょこと遊戯場の方に歩いてゆくのを，眼を細
　　　めて見やる昭男。

怜子「やっぱり，明日お帰りになるんですか」

昭男「はい」

怜子「私たち，一週間や二週間は泊まっていただくつもりでいたん
　　　ですよ」

昭男「いや気持ちはありがたいんだども，俺，岩手の家で暮らすの
　　　が一番気楽で—気にしないで下さい。年寄りのわがままだと
　　　思って」

　　　胸をつかれるような思いで，眼を伏せる怜子。

　　　　　　　　　　　　　　　　　　(『息子』山田洋次・朝間義隆)

(22)　　　雄一，ソファに腰をおろして溜息をつく。

雄一「うん。送っていったんだ」

実加「あの人，帰ったの?」

雄一「この辺はよく知らないから……夜道じゃ迷いそうだったからな」

実加「帰ったの?本当に帰ったの!」

雄一「あの人のことを悪く思うのはわかるが，悪くいうのはよせ」

実加「勝手よ!あんな人!」

雄一「いい人なんだ。騙したり嘘をついたりしない」

実加「勝手よ。お母さんの具合が悪いのを知っててあんな話をしに
　　くるなんて！」

雄一「やめろ。もういい」　　　　　　　　　　　　（『ふたり』桂千穂）

　上の例のように，(18) では，話し手は，後続する拒否の意を表す発話を行な
う際に，「検事さんの御好意は有難いが」と前置きしている。これにより，聞き
手から自分に向けられた期待や好意が分かっていることを伝え，聞き手との既
に構築されている人間関係を崩さないように心を配っている。(19) では，話し
手は「気持ちは判るけど」を用いて聞き手の気持ちと強がる行為を理解してい
るという合図を送っている。(20) では，話し手は「如月さんの気持ちはとって
も嬉しいけれど」と聞き手の気持ちを配慮してから，断りの旨を伝えている。(21)
では，話し手は「気持ちはありがたいんだども」と前置きしてから自分の心情
を述べている。(22) では，話し手は「悪くいうのはよせ」と求める前に，「あ
の人のことを悪く思うのはわかるが」と聞き手の気持ちに対して理解を表明し
ている。

　これらの例では，話し手は聞き手のことを理解しているというメッセージを
伝えることによって聞き手と共感しようとする。これによって，聞き手のフェ
イスを配慮して，聞き手との人間関係を良好に維持する。

　以上の例のように，「理解表明」前置き表現は，「ご好意は有難いが」や「気
持ちはわかるけど」といったような表現を用いて聞き手の心理活動や言語行動
への理解を示す，というストラテジーによって聞き手との人間関係への配慮を
表すとともに，後続する発話行為によるフェイス・リスクを軽減する。そして，
それに後続する言語行動は，聞き手の言語行動などと関わること，聞き手にと
ってやや受け入れにくいと予測されることが多い。

1．4．対人配慮型―釈明提示

　「釈明提示」前置き表現は，後続発話に先立って，後続する発話行為をよりス
ムーズに受け入れてもらうために，話し手が自分の言動について解釈を行なう
ことによって人間関係への配慮を表し，後続する発話行為によるフェイス・リ
スクを軽減する言語的配慮を表現する発話である。

　(23)　10 号「無罪です」

　　　　7 号「奥さん，スリル満点だね」

　　　　4 号「同意見だな（手を上げる）」

　　　　1 号「どうぞ」

　　　　4 号「別にあなたをひどい人だとは思わないけれど，彼女はそんな
　　　　　　　冷酷な人間じゃない」

　　　　5 号「外見にまどわされてるんじゃないですか」

　　　　4 号「いや，違う。根拠がある」

　　　　　（『12 人の優しい日本人』三谷幸喜・東京サンシャインボーイズ）

(24)　フェイ「お金要らない。ただ会いたいだけ」

　　　田中「そのうち，会える機会もあると思いますよ」

　　　フェイ「本当……」

　　　田中「形式的なことですが，吉田専務があなたの父親だという証拠
　　　　　　をお見せ願えませんか」

　　　　　フェイ，バッグから写真を出す。田中，その写真を見て

　　　田中「ほかには？」

　　　フェイ「大事な写真」

　　　　　田中，急に，すべてが済んだという笑いを浮かべ，立ち上がる。

　　　田中「これだけでは吉田専務があなたの父親という証拠にはなりま
　　　　　　せんけどね……」　　　　　　　（『あふれる熱い涙』田代広孝）

(25)　　　　4 号煙草くわえる。

　　　　　ライターを差し出す 11 号。

　　　　　9 号，煙草をしまう。

　　　　　「大自然」

　　　3 号「あの，私前から気になってたんですけど」

　　　11 号「なんです」

　　　3 号「被害者は本当に酔ってたんですかね」

　　　2 号「今さら何を」

　　　3 号「居酒屋「大自然」でしたよね」

　　　5 号「そうです」

　　　　　（『12 人の優しい日本人』三谷幸喜・東京サンシャインボーイズ）

(26)　真希「だったら……今の気持ち，伝わる……？」

　　　洋平「……気持ちって？」

第3章　前置き表現の談話機能的分類　47

　　　真希「……私，恐いの。そちらの私が目覚めても，私はこっちにこ
　　　　　　のまま残ってしまうんじゃないかって……そうなったら私，
　　　　　　もう独りに耐えてゆく自信がない……」
　　　　　洋平のマンション・中
　　　洋平「ダメだって……しっかりしろよ！言わないでおこうと思った
　　　　　　けど……あいつは」
　　　　　その時，インタフォンが鳴る。
　　　洋平「あいつは根っからの…」
　　　　　インタフォン，しつこく鳴る。
　　　洋平「……クソッ！（仕方なく対応に出る）」
　　　　　ドアを開けると松原がいる。　　　　　　　　　（『ターン』村上修）
　(27)　　　見つめ合う二人に，雪が降って来る。
　　　桜井「……（空を見上げて）最悪」
　　　杉原「……ホントだ」
　　　桜井「しかもクリスマスイブ。恥ずかしい，なっちゃいないわ」
　　　杉原「……」
　　　桜井「暖かいとこ行こう，そんで今夜どこに泊るか考えよう」
　　　杉原「……（笑う）」
　　　桜井「ず～っと言おうと思ってたんだけど，歯が抜けた顔，めちゃ
　　　　　　めちゃ可愛い」
　　　杉原「……うっせえ」
　　　　　桜井，鉄扉を飛び越える。　　　　　　　　　（『GO』宮藤官九郎）
　上の例のように，(23) では，話し手は聞き手と異なる意見を述べる際に，聞
き手に不快感をもたらさないように，「別にあなたをひどい人だと思わないけれ
ど」と前もって釈明している。(24) では，話し手は自分の行動を実行する前に，
「形式的なことですが」と前置きして，自分の行動について弁解している。(25)
では，話し手は自分の疑問を打ち明ける前に，その行動について「私前から気
になってたんですけど」と解釈している。(26) では，話し手は「言わないでお
こうと思ったけど」と断ってから，自分の考えを伝えようとしている。(27) で
は，話し手は「ずっと言おうと思ってたんだけど」と説明してから，聞き手の
ことに関するコメントを出している。
　これらの例では，話し手は自分の言動をめぐって，聞き手に不快感などを与

えてしまうのを避けようと配慮して，自分の発話行為や行動などについての釈明を行なう。それによって，聞き手との人間関係の維持を図る。

　以上の例のように，「釈明提示」前置き表現は，「別にあなたをひどい人だと思わないけれど」，「形式的なことですが」，「私前から気になってたんですけど」，「言わないでおこうと思ったけど」，「ずっと言おうと思ってたんだけど」といった表現のように自分の言語行動を釈明するような表現を用いて聞き手に不快感を与えるのを避けて自分の言語行動を正当化する，というストラテジーによって聞き手との人間関係への配慮を表すとともに，後続する発話行為によるフェイス・リスクを軽減する。そして，「釈明提示」前置き表現に後続する言語行動は，話し手のこれからの発話あるいは発話効果によって，聞き手を不愉快にさせる恐れがあると予想されるものが多い。

　ここまで，「対人配慮型」前置き表現の4つの下位分類について論述してきたが，「対人配慮型」前置き表現は，聞き手に対する配慮を表すことによって聞き手との人間関係を良好に維持しながら，後続する発話行為によるフェイス・リスクを軽減し，円滑なコミュニケーションを保つ機能を有する，ということが示唆された。

2．伝達性配慮型

　前節では「対人配慮型」前置き表現の細分化を記述したが，本節では「伝達性配慮型」前置き表現の細分化を記述する。「伝達性配慮型」前置き表現は主に効率よくコミュニケーションを図るための配慮を表現するものであるが，その配慮はどうやって表現されるかによって，さらに細分化できる。具体的には，「話題提示」，「情報提示」，「様態提示」の3種類に分けられる。

2．1．伝達性配慮型―話題提示

　「話題提示」前置き表現は，後続発話に先立って，コミュニケーションがより効率よく行なわれるように，ディスコースのトピックを予め明確に提示することによって，伝達性への配慮を表す発話である。

　　(28)　　　助川，風呂から上がってくる。お茶をいれているモモ子に，浮
　　　　　　かれたように話しかける。

第3章　前置き表現の談話機能的分類　49

助川「<u>これからのことなんだけどな</u>，三助も来年から学校だし，貯
　　　金もあまり残ってないし，ここで諦めるわけにはいかないだ
　　　ろう，それで考えたんだが，渡し場をやろうと思うんだ」
モモ子「渡し場？」
助川「競輪場の近くで，十年ほど前までやってたろう，爺さんが。
　　　あの渡し場を復活させるんだ。どうだ，いい話だろ」

（『無能の人』丸内敏治）

(29)　健次「昨夜あれから，ええ事思い付いたわ」
　　　刀自「……ほう，どんな事や？」
　　　健次「<u>おばあちゃんを返したあとの話やけどな</u>……俺，おばあちゃ
　　　　　　んの家に，日雇いで雇って貰う事にしたんや」
　　　刀自「(仰天) ……へえ？」（『大誘拐—RAINBOW KIDS』岡本喜八）

(30)　　　電車の接近する音。
　　　　　笹野とエミが外を見る。窓外の鉄橋を特急（あずさ号）が通過
　　　　　していく。
　　　　　笹野，立ち上がって開いている窓をしめ，席に戻りながら，
　　　笹野「デスクとしての私の仕事は，情報を整理して現場の記者たち
　　　　　　に指示を出す」
　　　圭子「言うなれば司令塔ね」
　　　エミ「(立ち上がって) 今回は私たち放送部の番組制作にご協力くだ
　　　　　　さり，ありがとうございます」
　　　ヒロ「よろしくお願いします」
　　　浅川「(皮肉っぽく) <u>ちょっと聞くけどさ</u>，俺たちのところだけ取材
　　　　　　してんの？」
　　　エミ「ほかもお願いしました。でもだめだったんです」
　　　浅川「そんなこったろうと思ったよ。マスコミは事件の報道で神部
　　　　　　さんを犯人扱いにした。新聞社はすでに謝罪したが，テレビ
　　　　　　局はまだ謝罪していない。このところを突こうってんだから，
　　　　　　どこだって警戒するさなあ」
　　　エミ「私たちはテレビ局に謝罪してほしいとか，そういうことを言
　　　　　　ってるんじゃなくて，どうしてテレビは神部さんが犯人であ
　　　　　　るかのような報道を流したのか，そのわけを知りたいだけな

んです」

圭子「……」　　　　　　　　　　（『日本の黒い夏（冤罪）』熊井啓）

(31)　　　雄一がはいってくる。

実加「（起き上がり）なあに？お父さん」

雄一「なんだ。誰かいるのかと思ったよ」

実加「あ。いけない。またひとりごと……」

　　　雄一，勉強机の椅子に腰かける。

雄一「あのな。今日の発表会のことだけどな」

実加「うん」

雄一「（花瓶の花をこなし）誰なんだ。くれた青年」

実加「神永さんっていう人」

雄一「ふーん……どうして知ってるんだ。あんな男を」

実加「お姉ちゃんの知り合いだったんだって」　　（『ふたり』桂千穂）

(32)　　　石橋先生のアパート・中

石橋先生「石橋です……」

妙子の声「白井です。キャンプのことですけど……」

石橋先生「ああ，どうなった？」

妙子の声「みんなの都合がなかなか合わなくて，十日から一泊だけ，
　　　　　相模湖に行こうってことになったんです」

石橋先生「十日か，だったら大丈夫だ」

妙子の声「ホントはもう二，三泊したいんですけど……」

石橋先生「そうだなあ，一泊じゃ物足りないなぁ。で，どういうメ
　　　　　ンバーが行くんだ？」　　（『うちの子にかぎって』伴一彦）

　上の例のように，(28) では，話し手は「これからのことなんだけど」と前置
きして，今から展開する話のトピックを提示している。(29) では，話し手は「お
ばあちゃんを返したあとの話やけど」と前もって断って，後続の会話トピック
を提示している。(30) では，話し手は「ちょっと聞くけど」と前置きしてから，
具体的に質問を展開させようとしている。(31) では，話し手は「今日の発表会
のことだけどな」と断ってから発表会での出来事について話を進めている。(32)
では，話し手は「キャンプのことですけど」と前もって提示してこれから展開
する話のトピックを提示している。

　これらの例では，話し手は，「話題提示」前置き表現を用いることによって，

これから伝達しようとする内容の抜粋を前もって表出し，新しい話題を切り出す。これによって聞き手に発話内容を予告して伝達効果を高める。言い換えれば，「話題提示」前置き表現は伝達の内容を事前に前触れするとともに，談話の方向性を示す機能を果たしていると言える。

２.２. 伝達性配慮型—情報提示

「情報提示」前置き表現は，後続発話に先立って，コミュニケーションがより効率よく行なわれるように，会話の展開に必要な補足情報を改めて提示することによって，ディスコースの伝達性に対する配慮を表す発話である。

(33) 朋子「悟，やっぱり卒業したら植木屋の修業する？」

悟「そう思ってる，今のところ」

朋子「(有徳に) 悟んちのおじいちゃん，植木屋さんなの」

有徳「そうか」

悟「父はサラリーマンだったんすけど，最近，ぼくは植木屋もいいかなぁって……」

有徳「うん」

悟「ずっと前，もう昨年なんすけど，じいさんの手伝い，行ったんです。うちのじいさん，高いイチョウの木に登って，するするってロープ投げて，へびみたいにからめて，枝切って落とすんですよ。剪定って言うんですけど，形作っていくんですよ。そん時，なんか，これかなって思って……」

有徳「おじいさん，喜んでるか」

悟「別に。好きにしろって」 　　　　　　　　（『義父のいる風景』井上正子）

(34) 　　坂道を不満気に下る正太郎。

正太郎「(独白) 何だってんだ！」

正太郎「せめて，事前に一度くらい……」

美奈子「絶対反対するもの」

正太郎「いや，必要な物なら……」

美奈子「じゃ，ピアノ買っていい？」

正太郎「アホか！」

美奈子「ほら」

正太郎「俺は『事前に言え』と……」

美奈子「（独白・辟易）ホント，せこい」

正太郎「納得出来んわいな！」

美奈子「貴方『お金の問題』って言ってるけど，本当は違うンじゃ
　　　　ないの！」

正太郎「何よ？」

美奈子「ジメジメ考えるタイプだから……」

正太郎「（苛々）金の問題でなきゃ何だ？」

美奈子「別に，いいけど」

正太郎「話せよ，気持ち悪い」　　　　　　　　（『連弾』経塚丸雄）

（35）ユウジ「やだ女優さんなの？」

　　　朝子「もうとっくに辞めた」

　　　ユウジ「どうして，もったいない。ブスだったから？やだごめんな
　　　　　　　さい，どうしよう」

　　　直也「あの，ユウジさ……」

　　　朝子「舞台に立ったことはないよ。雑用専門で役者とできてすぐ辞
　　　　　　めたから」

　　　ユウジ「やだ朝子さん，トラブルメーカー，ステキ！」

　　　　　　直也，まともに顔を上げられなくなってきている。店の雰囲気も，
　　　　　　ユウジの悪乗り振りに気まずい。ユウジも分かっているが今更
　　　　　　止められない。

　　　ユウジ「直也に聞いたんですけど，今度お母さんになるんでしょ？
　　　　　　　おめでとうございます」

　　　朝子「……」　　　　　　　　　　　　　（『ハッシュ！』橋口亮輔）

（36）　　　農業公園のカフェテラス

　　　　　　大助が女性記者，亘の取材を受けている。

　　　記者「あの，すいません。テープ，とらせていただいていいですか？」

　　　大助「ああ，はい」

　　　記者「奥様，亡くなられて一年経ちますけど，なにかお気持ちで変
　　　　　　わったことはありますか？」

　　　　　　間。

　　　大助「……ええ……」

考えるが，出てこない。

(『ごきげんいかが？テディベア』藪内広之)

(37)　　　橋本家・居間（回想）

京子。電話している。

京子「雑誌で見たんですけど，どんなお仕事なんですか？」

コミック雑誌のテレフォンレディ募集広告。

「自宅にいたまま高収入」のキャッチフレーズ。

テレクラ受付の声「あの，基本的に男性と電話で話したり，伝言を
やりとりする簡単なお仕事なんですね」

(『ごきげんいかが？テディベア』藪内広之)

　上の例のように，(33) では，「悟んちのおじいちゃんが植木屋さんだ」を中心に会話が交わされているが，その流れの中で，話し手の悟は「じいちゃんの手伝いに行った」という話を切り出して話を展開している。その際に，「じいちゃんの手伝いに行った」という話の補足情報として「もう昨年なんすけど」と前置きしている。(34) は「ピアノを買う」問題をめぐって議論している会話であるが，話し手の美奈子は聞き手の正太郎のことを指摘しようとする際に，これからの発話をより正しく理解して受け入れてもらうために，「貴方『お金の問題』って言ってるけど」と前置きして正太郎の言葉を改めて提示している。(35) では，話し手は「直也に聞いたんですけど」と前置きして，次に出る話の出所について補足的に説明している。(36) では，話し手は「なにかお気持ちで変わったことはありますか？」と質問する前に，「奥様，亡くなられて一年経ちますけど」と前もって質問に関連する情報を付け加えている。(37) では，話し手は「どんなお仕事なんですか？」と質問しようとしているが，それに先立って「雑誌で見たんですけど」と情報源について説明をしている。

　これらの例では，話し手は，「情報提示」前置き表現を用いて後続する発話に寄与する情報を予め提示する。これによって聞き手に後続発話を理解する手助けを与える。つまり，「情報提示」前置き表現は，聞き手が後続発話をよりスムーズに理解して受け入れられるように機能すると言える。

２．３．伝達性配慮型—様態提示

　「様態提示」前置き表現は，後続発話に先立って，コミュニケーションがより

効率よく行なわれるように，話し手がどのような様態で発話するかを表現することによって，ディスコースの伝達性に対する配慮を果たす発話である。

(38) 刀自「(ニコニコと頷いて) さいだすなあ……他に出所もないよって，お国からいう事になりますんかいなあ……」

井狩「……？」

刀自「<u>細かく言えば</u>，控除分が二十七億，お目こぼし分が三十七億，何のこれぐらい，七百億も取るんやから，ほんの雀の涙ですわなあ……」

井狩「(ハッタ) そうか！……そういう事だったんですか，それが本音だったんですな？……」

（『大誘拐―RAINBOW KIDS』岡本喜八）

(39) 井狩「大奥さまは，お変りないでしょうな？」

串田「それが，また，例の気まぐれが始まりましてな」

井狩「……え？今度はどんな……？」

串田「<u>一口で申しますと</u>，信心ですがな」

井狩「信心？あの不信心なひとがねぇ……」

串田「信心いうても，あないな目におうたんは不信心やったからや言うて，雨ざらしになっとったお堂の手入れを始めはっただけでしてな，若い職人に，ここを直せ，あこを何とかぁ言うて，こき使ってはるだけで，<u>一口に申しますとな</u>……」

（『大誘拐―RAINBOW KIDS』岡本喜八）

(40) おふみ「おきみ，榮太郎がお代わりですよ」

おきみ「あ，はい……」

おきみのN「母は何も変わっていませんでした。私たちが小さい頃から，可愛がるのは榮太郎兄さんだけです―」

榮太郎の茶碗にご飯をよそうおきみ。

おきみのN「長男ですから特別扱いするのは仕方がありません。でも母の場合はそれが度を超しているのです。あたしは<u>はっきり言って</u>それが面白くありませんでした」

（『あかね空』清水有生）

(41) 絆「(ゆかに) で，何の用？」

ゆか「あー (二人見て) 西瓜，切ったんですけど」

第 3 章　前置き表現の談話機能的分類　55

同・庭

絆，基子，黙々と西瓜を食べている。

塀に『ハルマゲドン』の落書き。

ゆか（声）「正直に言うと，皆の食事を作るのはとても面倒です。毎日，今日こそやめてしまおうと思っているのですが，なぜか次の日になると，ついつい作ってしまうのです」

（『すいか』木皿泉）

(42)　ポカンと口あけ，見とれてしまう幸一。

ポーズを取る美知子。

フレームを覗く幸一，緊張しまくっている。

幸一の声「今から考えると運命なんやろうけど，その日はたまたま，店の主人が体こわして休みでな，わたしが写真撮ることになったんやけど……お母さんがあんまり綺麗なんで，もう手が震えてどうしようもなくて……」

緊張したまま，シャッターを押す幸一。

（『さとうきび畑の唄』遊川和彦）

上の例のように，(38)では「細かく言えば」を，(39)では「一口で申しますと」を用いて発話時の話し手の態度及び発話様態を表現している。(40)では「はっきり言って」を，(41)では「正直に言うと」を，(42)では「今から考えると」を用いてその後に続く発話に対する話し手の態度を前もって提示している。これらのような前置き表現を用いることによって，話し手の，次の発話に対する伝達の様態が示されている。

上にあげた例では，話し手は，「様態提示」前置き表現を用いて次にいかに発話するかということを前もって聞き手に伝えている。つまり，「様態提示」前置き表現は，その後に続く発話がどういうように伝えられるかに関する話し手の心的態度を示す機能を有するのである。

一方，次の例のように，「様態提示」前置き表現は，コンテクストによって，対人的な配慮を表す場合もある。

(43)　モモ子「これ，××亭の五百円の弁当じゃない。五百円もピンハネするんですか」

助川「お前，言葉を慎め」

モモ子「だって……」

助川「もうすぐ金が入るんだ，あと千円だせよ」

モモ子「そんなに協会に儲けさせたいの？」

たつ子「奥さん，<u>予めお断わりしておきますけれど</u>，石が売れたら，
セリ値の一割を手数料として納めてもらいますからね。その点もよろしく」　　　　　　　　　　（『無能の人』丸内敏治）

(44)　広美「(ムッと) 私だって遊んでたわけじゃないんですから」

友恵先生「……」

広美「さ，明，先生に怒られちゃうから帰ろ」

　　　と，明を抱き上げる。

友恵先生「(カチン) そういう言い方はないんじゃないですか」

広美「(睨んで) <u>言っておきますけど</u>，あんまり乱暴な遊びを子供に
教えないでください」

　　　友恵先生，何か言い返そうとするが，やめた。

（『子供が見てるでしょ！』伴一彦）

　上の例が示しているように，聞き手にとって望ましくない，あるいは受け入れにくいと予想される内容が後続する場合，「様態提示」前置き表現は話し手の態度を表明するほかに，それによって後続内容をより受け入れやすくするという緩和機能を果たすこともある。

　この緩和機能には聞き手への配慮も含まれているので，「対人配慮型」前置き表現に入れるべきではないかと言われるかもしれないが，配慮を表す機能はあくまでも話し手の態度を表明したうえで，その文脈があって働く機能であるため，「様態提示」前置き表現の根本的な性格ではないと考える。

　つまり，これらの前置き表現には話し手の発話時の心的態度が表現されるという共通性があるため，「様態提示」前置き表現と分類することができるのである。

　以上をまとめると，「伝達性配慮型」前置き表現は，コミュニケーションにおいて話し手が求められる伝達性への配慮，すなわち伝達情報がより効率よく伝わるよう伝達そのものへの配慮を表現するという機能を果たしており，コンテクストに応じて使用されていることが改めて考察できた。

3．前置き表現の談話機能的分類のまとめ

　本章では，前置き表現の談話機能について記述を進めてきた。その結果，次の図 3.1 が示しているように，前置き表現はその談話機能によって大きく「対人配慮型」と「伝達性配慮型」に2分できる。さらに，それぞれ細分化することもできる，ということがわかった。

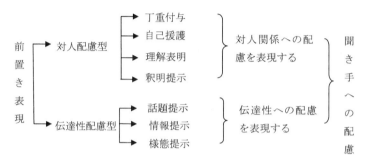

図 3.1　前置き表現の談話機能的分類

　「対人配慮型」前置き表現は，聞き手に対する配慮を表すことによって聞き手との人間関係を良好に維持しながら，後続する発話行為によるフェイス・リスクを軽減し，円滑なコミュニケーションを保つ機能を有する。「伝達性配慮型」前置き表現は，コミュニケーションにおいて話し手が求められる伝達性への配慮，すなわち伝達情報がより効率よく伝わるよう伝達そのものへの配慮を表現するという機能を果たす。

第4章　前置き表現の文体的特徴

　本章では，前置き表現の定義及び談話機能的分類に基づいて，データコーパスを利用して，前置き表現の文体的特徴を探る。具体的には，受信者が特定単数である会話文と，受信者が不特定多数である投書を調査対象に，会話文と投書の文体の違いによって前置き表現の使用傾向に相違があるか否かを調査し，その相違を記述する。

　なお，この節では文体を考慮して，話し手と書き手のことを「発信者」と，聞き手と読み手のことを「受信者」と呼ぶことにしている。

　以下，1節では前置き表現の文体的特徴の調査概要について述べる。2節では前置き表現の文体的特徴の調査結果について述べる。3節では前置き表現の文体的特徴の考察を行なう。最後に4節で本章をまとめる。

1．前置き表現の文体的特徴の調査の概要

　この節では，前置き表現の文体的特徴の調査の概要を述べる。

　まず利用するデータコーパスであるが，『'91年鑑代表シナリオ集』，『'92年鑑代表シナリオ集』，『朝日新聞記事2000データベース』(1～6月分)を使用する。そして，受信者のほとんどが特定単数であるシナリオの会話文と受信者が不特定多数である新聞の投書から前置き表現の使用例を採集して，分析のデータとして用いる。

　なお，投書に引用された会話部分に現れた前置き表現は対象外として，次の表4.1のとおり，それぞれ計112例と108例を得た。

表4.1　調査に用いられるデータコーパスと使用例の数

	『'91，'92年鑑代表シナリオ集』のシナリオ	『朝日新聞記事2000データベース』(1～6月分)の投書
データコーパスの数	20本	5382件
前置き表現の使用例の数	112例	108例

２．前置き表現の文体的特徴の調査の結果

この節では，前節で述べた前置き表現の機能分類にしたがって，会話文と投書における前置き表現の使用傾向をその機能別に考察していく。

２．１．対人配慮型—丁重付与

「丁重付与」前置き表現の，会話文と投書における使用数とその割合は次の表4.2にまとめたとおりである。

表 4.2　対人配慮型—丁重付与の使用数と割合

	会話文	投書
使用数(例)	25	0
割　　合	22%	0

表 4.2 が示しているように，「丁重付与」前置き表現は，会話文においては 23例見られたが，投書にはその使用例が 1 例も見当たらなかった。

以下では会話文の「丁重付与」前置き表現の使用例をあげる。

（１）　実加「(びっくりして受話器に) 父がですか……」

祐子の声「(受話器から) 昨日，お休みになっていたのに無理して出てらしたんですが，お昼休みにひどい熱で……アパートまでお送りしたんですけどね。もしおいでになれたら奥様にと思ったので」

実加「(受話器に) 母は急病です，今，倒れたんです，<u>ご迷惑おかけしてるのにすみませんが</u>，父にできるだけ早く連絡くれるように伝えて貰えませんか，お願いします」

祐子の声「(受話器から) まあ……お父様は夏風邪ですからあまりご心配なく。必ずお伝えします。お大事に」

実加「(受話器に) お願いします」　　　　　　　　　(『ふたり』桂千穂)

（２）　穴山「なんかね，突然，掃除がしたくなってね」

女，背伸びをするように本を探している。

穴山「川村クン，<u>申し訳ないんだけど</u>，しばらくいいかな？」

　　　　　　女「ああ，ごめんなさい」（女，脚立を降りる。）

　　　　　　　　　　　　　　　　　（『シコふんじゃった。』周防正行）

（３）　　　赤沢，怪訝に見る順一の前を通り過ぎて，枢に向かう。

　　　赤沢「ミドル級の大きな男がこんな中に入っちゃったのか……水田
　　　　　　くん！」

　　　枢が閉じられてしまう。

　　　赤沢，茫然と立ち尽くす。

　　　順一が赤沢を脇に連れ出して。

　　　順一「<u>失礼ですが</u>，どちら様で？」

　　　赤沢「赤沢と申します……」

　　　順一「赤沢……！？」（『泣きぼくろ』松本功・田部俊行・工藤栄一）

（４）　佐藤「……ずっと前，助川さん話してたでしょう，麻雀の話のプロ
　　　　　　ット。あの話，うちのデスクと相談したんですけど，描いて
　　　　　　みる気はありませんか。イケると思うんですよ。ひとつヒッ
　　　　　　トを出したら，この作品も掲載するチャンスを掴めると……」

　　　助川「描きたくないですね」

　　　佐藤「我侭が過ぎるんじゃないですか。<u>こんなこと言うの僭越です
　　　　　　けど</u>，奥さんや子供に霞を食えというんですか」

　　　助川「まいったな……」　　　　　　　　（『無能の人』丸内敏治）

　上の例のように，会話文では，聞き手に行動を求めたり，聞き手の身分を聞いたり，また自分の意見を主張したりするなど，相手に負担や不快を与えてしまうと予想される言語行動に先立って，「すみませんが」，「申し訳ないんだけど」，「失礼ですが」といった「丁重付与」前置き表現を用いて対人的配慮を直接に示すことが多い。しかし，投書の場合，このような使用は見られなかった。

２.２. 対人配慮型—自己援護

　「自己援護」前置き表現の，会話文と投書における使用数とその割合は次の表4.3にまとめたとおりである。

第4章　前置き表現の文体的特徴　61

表4.3　対人配慮型―自己援護の使用数と割合

	会話文	投書
使用数（例）	18	17
割　　　合	16%	16%

　表 4.3 が示しているように，「自己援護」前置き表現は，その割合からみれば，会話文と投書との間に差は見られないものの，その使用数からみれば，わずかに会話文のほうが高かった。

　以下では会話文と投書の使用例をそれぞれあげる。

（5）　皆「……」

　　　穴山「……出たらいい」

　　　秋平「そんなー，こいつに裸になれって言うんですか」

　　　穴山「いいじゃないか。正子も教立の相撲部員だ」

　　　堀野「オイ秋平，オレも出るぞ。いいっすよね」

　　　穴山「よし決まった。これで六人だ。熊田さん，恐をかくかもしれ
　　　　　　ないが，やらせてください」

　　　熊田「お前は監督だ。好きにすればいい」

　　　　　　　　　　　　　　　　　　　（『シコふんじゃった。』周防正行）

（6）　呼人「本日，出演者に一言ずつ，なんか言ってもらいます」

　　　高橋「私あのーもらい泣きっていうか，なんかねえ，あたし今まで
　　　　　　何回も芝居やってきて，芝居終わって泣いたん今日が初めて
　　　　　　です」

　　　長谷「皆さんに迷惑をかけたのが，僕は毎日こう言う事が変わるか
　　　　　　ら（笑），非常にみなさん迷惑かけたゆう事ですねえ」

　　　牙子「このお芝居でいろいろもう勉強さしてもろた，私も。だから
　　　　　　お店でこう，お店でショーやってるけどもショーってゆった
　　　　　　ら踊るだけやしね。こうゆう喋りながらとか歌いながらとか
　　　　　　そうゆうのないから，すごくいい勉強になったと思う。こう
　　　　　　ゆう機会を与えてくれてありがとうございました」

　　　岩瀬「ほんとにね。ちゃんと出来たんが，ほんまにみんなに支えて
　　　　　　もらったおかげなんで，ほんとにありがとうございました。
　　　　　　それだけです」

隆司「いい勉強ってゆうか，みんなとやってゆく事に関して，すご
い自分にはプラスになったと思うし，でまた今自分がこの席
に，あのおれるってことが，すごく今いいなあっていうか，
あの，ま，なんていうか，なんて言っていいかわからへんけど，
すごくあのなんていうのかな。あの自分で自分にとって一番
いい時っていうか，そうゆう感じがします」
　　　　　（拍手）　　　　　　　　　　　　　（『らせんの素描』小島康史）
（7）　素人考えですが，日ごろ疑問を持っているのはなぜ原発に頼るのか
ということです。　　　　　　　　　　　　　（朝日 [20000225183]²⁾

（8）　小学校の若い先生，私の提案する次の三つを試してみませんか。ま
だ浅い経験ですが，やってみてよかったと思ったことです。
　　　　　　　　　　　　　　　　　　　　　　　　（朝日 [20000324209]）
　上の例のように，会話文にせよ，投書にせよ，発信者が自分の考えや意見を
述べるにあたって，まず自分自身について慎ましく言及する場合，「自己援護」
前置き表現は多く使用される。

２．３．対人配慮型—理解表明

「理解表明」前置き表現の，会話文と投書における使用数とその割合は次の表
4.4 にまとめたとおりである。

表4.4　対人配慮型—理解表明の使用数と割合

	会話文	投書
使用数（例）	14	10
割　　合	13%	10%

　表 4.4 が示しているように，「理解表明」前置き表現に関して，会話文は 14 例，
投書は 10 例であり，会話文の使用割合は投書よりやや高かった。
　以下では，会話文と投書の「理解表明」前置き表現の使用例をそれぞれあげる。
　（9）　２号「僕は聞いたことがないッ」

2　『朝日新聞データベース 2000』から得た例文であることを示す。[20000225183] のよ
うな数字はその索引番号である。

12号「最低レベルのジョークなんだからね，まじになってどーすん
　　　のよ」
2号「……（やや落ちつく）」
7号「（3号に）その調子ですよ」
9号「彼らとまともにやり合ってもしょうがない」
12号「（10号，3号，4号に）あの，皆さんが被告に同情する気持
　　　はよく分かるけど，僕は彼女同情に値する人間だとは思わな
　　　いな」
10号「……」
　　　（『12人の優しい日本人』三谷幸喜・東京サンシャインボーイズ）

(10)　村上「あなた方，まだ別れていなかった。こんなところで……」
　　　国分「……」
　　　　　国分はベッドに腰を下ろし，うつむいている。
　　　村上「長い検事生活の中で毎回思い悩むのは……犯人の気持ちをど
　　　　　うしても理解できんことですよ」
　　　国分「検事さんの御好意は有難いが，私たちのことは私たちで考え
　　　　　ます」　　　　　　　　　　　　　（『あふれる熱い涙』田代広孝）

(11)　Q：ホームや車内放送がうるさい
　　　A：ご意見には同感ですが，これは乗客のマナーの低下が引き起こ
　　　　　したものだと思います。通過電車が来るのに携帯電話で話しな
　　　　　がらホームの端を歩く若者などをよく見かけます。
　　　　　　　　　　　　　　　　　　　　　　　　（朝日 [20000225340]）

(12)　景気回復を壊したくない気持ちはわかる。しかし，異常な政策には
　　　弊害が付きまとい，それは時間とともに拡大する。
　　　　　　　　　　　　　　　　　　　　　　　　（朝日 [20000204038]）

　上の例からわかるように，会話文で使用された「理解表明」前置き表現と投
書に現れたものとでは，表現自体には大きな相違が見られない。ただし，会話
文では，主に，（9）のように自分の主張や意見を述べる際に使用されるほか，
（10）のように受信者の言語行動に対して断ったり，助言したりする場合に用い
られることもある。それに対して，投書では，（11）や（12）のように，発信者
が読者から寄せられた一般的な言論と異なる，自分の主張や意見を提示すると
き使用されやすい。

２．４．対人配慮型—釈明提示

「釈明提示」前置き表現の，会話文と投書における使用数とその割合は次の表4.5にまとめたとおりである。

表4.5　対人配慮型—釈明提示の使用数と割合

	会話文	投書
使用数(例)	8	0
割　　合	7%	0%

表4.5が示しているように，「釈明提示」前置き表現に関して，会話文は8例に対して，投書は1例もなく，投書と比較して会話文の使用割合が高いことは明らかである。

次に，会話文においての使用例をあげる。

(13)　10号「無罪です」

　　　　7号「奥さん，スリル満点だね」

　　　　4号「同意見だな（手を上げる）」

　　　　1号「どうぞ」

　　　　4号「別にあなたをひどい人だとは思わないけれど，彼女はそんな
　　　　　　冷酷な人間じゃない」

　　　　5号「外見にまどわされてるんじゃないですか」

　　　　4号「いや，違う。根拠がある」

　　　　　　　（『12人の優しい日本人』三谷幸喜・東京サンシャインボーイズ）

(14)　フェイ「お金要らない。ただ会いたいだけ」

　　　田中「そのうち，会える機会もあると思いますよ」

　　　フェイ「本当……」

　　　田中「形式的なことですが，吉田専務があなたの父親だという証拠
　　　　　　をお見せ願えませんか」

　　　　　フェイ，バッグから写真を出す。田中，その写真を見て

　　　田中「ほかには？」

　　　フェイ「大事な写真」

　　　　　田中，急に，すべてが済んだという笑いを浮かべ，立ち上がる。

田中「これだけでは吉田専務があなたの父親という証拠にはなりませんけどね……」　　　　　　　　（『あふれる熱い涙』田代広孝）

（15）　　4号煙草くわえる。

ライターを差し出す11号。

9号，煙草をしまう。

「大自然」

3号「あの，<u>私前から気になってたんですけど</u>」

11号「なんです」

3号「被害者は本当に酔ってたんですかね」

2号「今さら何を」

3号「居酒屋「大自然」でしたよね」

5号「そうです」

　　　　　（『12人の優しい日本人』三谷幸喜・東京サンシャインボーイズ）

（16）　　くーちゃんの家（朝）

健次「（照れて）いや，それ程でもないがな……」

刀自「……そや，ついでの事に，あんたらも一つ名前を付けたらどうでっしゃろ？」

健次「……名前を？」

刀自「さいな，<u>一度聞こう思うとったんやけど</u>，あんたら，今の暗号名どこで思いつかはった？……ボスが雷，正義はんが風，平太はんが雨いうのん……」

健次「（仰天）ちょ，一寸待ってや………雨！お前いつ喋くったんや……！」　　　　　　（『大誘拐―RAINBOW KIDS』岡本喜八）

　上の例のように，シナリオ会話では，発信者が自分の言語行動によって受信者に負担や不快感を与えてしまうのを避けるため，自分自身の言語行動についての釈明，又は理由付けを行なう際に，「釈明提示」前置き表現が使用されやすいことが観察された。しかし，投書にはそのような使用例が見当たらなかった。

2．5．伝達性配慮型―話題提示

　「話題提示」前置き表現の，会話文と投書における使用数とその割合は次の表4.6にまとめたとおりである。

表 4.6　伝達性配慮型—話題提示の使用数と割合

	会話文	投書
使用数(例)	9	22
割　　合	8%	20%

　表 4.6 が示しているように，「話題提示」前置き表現に関して，会話文は 9 例，投書は 22 例であり，投書のほうが会話文よりその使用割合は明らかに高い。

　以下では，会話文と投書の「話題提示」前置き表現の使用例をあげる。

(17)　助川「これからのことなんだけどな，三助も来年から学校だし，貯
　　　　　　金もあまり残ってないし，ここで諦めるわけにはいかないだ
　　　　　　ろう，それで考えたんだが，渡し場をやろうと思うんだ」

　　　モモ子「渡し場？」

　　　助川「競輪場の近くで，十年ほど前までやってたろう，爺さんが。
　　　　　　あの渡し場を復活させるんだ。どうだ，いい話だろ」

　　　　　　　　　　　　　　　　　　　　　　　（『無能の人』丸内敏治）

(18)　雄一がはいってくる。

　　　実加「(起き上がり) なあに？お父さん」

　　　雄一「なんだ。誰かいるのかと思ったよ」

　　　実加「あ。いけない。またひとりごと……」

　　　　　雄一，勉強机の椅子に腰かける。

　　　雄一「あのな。今日の発表会のことだけどな」

　　　実加「うん」

　　　雄一「(花瓶の花をこなし) 誰なんだ。くれた青年」

　　　実加「神永さんっていう人」

　　　雄一「ふーん……どうして知ってるんだ。あんな男を」

　　　実加「お姉ちゃんの知り合いだったんだって」　　（『ふたり』桂千穂）

(19)　もう故人になられた私の畏友の経験談ですが，のどにお餅がつまっ
　　　て，どうにもなりません。とっさに思いつき，食卓の上にあったし
　　　ょうゆを口の中にたらし込んだのです。　　　　（朝日 [20000121382]）

(20)　以前見掛けたことですが，デパートのエスカレーターで遊んでいる
　　　子供に店員が注意すると，母親らしい人が「○○ちゃん，おばちゃ
　　　んにしかられるからやめなさい」と言うのです。これでは子供には

何が悪いのか分かりません。 （朝日 [20000229195]）

　上の例のように，シナリオ会話でも，投書でも，発信者が「これからのこと なんだけど」や「もう故人になられた私の畏友の経験談ですが」といった「話 題提示」前置き表現を用いて，これから展開するディスコースのトピックを提 示している。

　また，会話においても，投書においても，上の例のほかに，「～話しましたように」「～を申しますと」，「～についてですが」，や「～が言ったとおり」など もよく使用されることが観察された。

２．６．伝達性配慮型―情報提示

　「情報提示」前置き表現の，会話文と投書における使用数とその割合は次の表 4.7 にまとめたとおりである。

表4.7　伝達性配慮型―情報提示の使用数と割合

	会話文	投書
使用数(例)	8	15
割　　合	7％	14％

　表4.7 が示しているように，「情報提示」前置き表現は，会話文と投書におい ての使用数がそれぞれ 8 例と 15 例であるが，その割合は 7 ％と 14％で，投書 のほうが高かった。

　以下では,会話文と投書の「情報提示」前置き表現の使用例をそれぞれあげる。

　　(21)　朋子「悟，やっぱり卒業したら植木屋の修業する？」

　　　　　悟「そう思ってる，今のところ」

　　　　　朋子「(有徳に) 悟んちのおじいちゃん，植木屋さんなの」

　　　　　有徳「そうか」

　　　　　悟「父はサラリーマンだったんすけど，最近，ぼくは植木屋もいい かなぁって……」

　　　　　有徳「うん」

　　　　　悟「ずっと前,もう昨年なんすけど,じいさんの手伝い,行ったんです。 うちのじいさん，高いイチョウの木に登って，するするってロ

ープ投げて，へびみたいにからめて，枝切って落とすんですよ。
剪定って言うんですけど，形作っていくんですよ。そん時，な
んか，これかなって思って……」

有徳「おじいさん，喜んでるか」

悟「別に。好きにしろって」　　　　　（『義父のいる風景』井上正子）

(22)　　　小スタジオ

壁の時計が，七時ジャスト。チャイムが鳴って，キューが出て，

アナ「<u>全国の皆様……すでにお知らせしましたように</u>，ただ今から，
柳川刀自誘拐事件の，犯人側の放送を担当する実況中継車の，
出発の模様をお送りします」

（『大誘拐―RAINBOW KIDS』岡本喜八）

(23)　<u>最近話題を呼んだ AO 入試や「飛び入学制度」にも見られるように</u>，
二十一世紀には筆記試験が入試だという当たり前のことも覆される
時が来るのかも知れない。　　　　　　　　（朝日 [20000301191]）

(24)　加えて，政策の中身の是非はともかく，<u>「何でもあり」との宮沢蔵相
発言からもうかがえるように</u>，自自公連立も手伝って法案はまさに
フリーパスのような環境下にあった。　　　（朝日 [20000122207]）

上の例のように，シナリオ会話でも，投書でも，発信者が「もう昨年なんす
けど」，「全国の皆様……すでにお知らせしましたように」，や「最近話題を呼ん
だ AO 入試や「飛び入学制度」にも見られるように」，「よく言われる文句ですが」
といった「情報提示」前置き表現を用いている。このような前置き表現を通じ
てこれから展開するディスコースを理解するのに手助けになる情報を前もって
提示している。

また，会話文において用いられる「情報提示」前置き表現の表現形式は豊富
であるが，それに対し，投書においては，例のような「～にも見られるように」
といった表現形式に隔たりのある傾向が見られた。

2.7. 伝達性配慮型—様態提示

「様態提示」前置き表現の，会話文と投書における使用数とその割合は次の表
4.8 にまとめたとおりである。

表 4.8　伝達性配慮型―様態提示の使用数と割合

	会話文	投書
使用数(例)	30	44
割　　合	27%	41%

　表 4.8 が示しているように，「様態提示」前置き表現の会話文と投書において
の使用数はそれぞれ 30 例と 44 例であるが，その割合は 27%と 41%と大きな差
が見られ，会話文より投書のほうがずっと高かった。
　以下では，会話文と投書の「様態提示」前置き表現の使用例をあげる。
　(25)　刀自「(ニコニコと頷いて)さいだすなあ……他に出所もないよって，
　　　　　　　お国からいう事になりますんかいなあ……」
　　　　井狩「……？」
　　　　刀自「細かく言えば，控除分が二十七億，お目こぼし分が三十七億，
　　　　　　　何のこれぐらい，七百億も取るんやから，ほんの雀の涙です
　　　　　　　わなあ……」
　　　　井狩「(ハッタ) そうか！……そういう事だったんですか，それが本
　　　　　　　音だったんですな？……」

　　　　　　　　　　　　　　　　　　（『大誘拐―誘 AINBOW KIDS』岡本喜八）
　(26)　佐藤「どうしても作品的にうちの路線から外れるんで。力不足で申
　　　　　　　し訳ないんですけど……」
　　　　助川「いえ，お世話になりました」
　　　　佐藤「ほかの社に行かれるのなら，僕の後輩に話を通しておきますよ」
　　　　助川「正直言うと，おたくが最後で」
　　　　佐藤「あ……今はどこの編集部も若いのばかりですからね」
　　　　助川「はっきりダメだと言われましたよ」
　　　　佐藤「ダメなのは，あいつらの頭の方ですよ」（『無能の人』丸内敏治）
　(27)　単刀直入に言えば，「障害は個性の一つである」「真の優しさとは，
　　　　相手を『障害者』としてではなく，『一人の人間』として受け入れる
　　　　ことである」が，私の持論だ。　　　　　　　　（朝日 [20000522157]）
　(28)　単純に考えれば，現代の日本は，普通といわれる子どもにとって非
　　　　常に生きにくく，普通の者に多くのしわ寄せがくる社会だからだと
　　　　思う。　　　　　　　　　　　　　　　　　　　（朝日 [20000713191]）

70

　上の例のように，会話でも，投書でも，「細かく言えば」，「正直言うと」，「単
刀直入に言えば」，「単純に考えれば」といったような「様態提示」前置き表現
を用いて，次にどのような様態で発話するかを前もって受信者に伝えるという
使用傾向が見られた。

２．８．前置き表現の文体的特徴の調査の結果のまとめ

　以上の調査結果をまとめると，次の表4.9になる。

表4.9　会話文と投書における前置き表現の使用傾向調査の結果一覧表

前置き表現		会話文(使用数と割合)		投書(使用数と割合)	
対人 配慮型	丁重付与	65(58%)	25(22%)	27(25%)	0(0%)
	自己援護		18(16%)		17(16%)
	理解表明		14(13%)		10(9%)
	釈明提示		8(7%)		0(0%)
伝達性 配慮型	話題提示	47(42%)	9(8%)	81(75%)	22(20%)
	情報提示		8(7%)		15(14%)
	様態提示		30(27%)		44(41%)

　表4.9より，次のことが明らかとなった。
１．「対人配慮型」前置き表現に関しては，会話文と投書の使用数と割合はそれ
　　ぞれ65例対27例，58％対25％であり，会話文のほうが投書よりずっと高
　　かった。
２．「伝達性配慮型」前置き表現に関しては，会話文と投書の使用数と割合はそ
　　れぞれ47例対81例，42％対75％であり，投書のほうが会話文よりずっと
　　高かった。

３．前置き表現の文体的特徴の調査の考察

　本節では，ここまでの結果分析に基づいて，前置き表現使用の有無と多寡，
という２つの側面から考察を行なう。

３．１．前置き表現の使用の有無

　ここでは，前置き表現使用の有無から，会話文と投書において用いられる前置き表現のバリエーションを考察する。

　前節の表４．９からわかるように，会話文においては，使用割合にこそ差はあるものの７種類の前置き表現が全般で使用されている。しかし，投書の場合には，「丁重付与」と「釈明提示」の使用がなかった。

　この現象を探ってみると，それは会話文と投書の性格に加え，「丁重付与」と「釈明提示」の使用条件によるものだと考えられる。

　まず，会話文と投書の性格から考える。両者の性格には明らかに異なるところがあると思われる。

　会話文の場合，インターアクションであり，特定の受信者を相手に複雑な人間関係が絡んでくる中，その時の状況に応じて，色々な場面で様々な言語行動が行なわれ得るが，投書の場合は，一方的な発信であり，主に不特定の受信者を対象に発信者の主張や意見を発表することが多いため，会話文のような複雑な人間関係をもつこともなく，依頼や断りなどのような，受信者に負担をかけて影響を及ぼす言語行動もほとんどない。つまり，投書において行なわれ得る言語行動は限られていると言える。

　また，「丁重付与」と「釈明提示」の使用条件を考える。

　前節で掲示した使用例のように，「丁重付与」は，主に「～すみませんが」，「悪いんだけど」，「申し訳ございませんが」といった形をもって，依頼や断りといったような，発信者の発話又は発話効果により，ある特定の受信者に働きかけて負担などをかけてしまうと予想される場合に使用されやすいものである。「釈明提示」は，発信者がこれから行なう発話あるいは発話効果によって，目の前にいる受信者を不愉快にさせる恐れがあると予想した時に，受信者のことを配慮して，自分の発話行為などについて釈明，または理由付けを行なうときに使用されるものである。

　したがって，会話文においては，「丁重付与」や「釈明提示」の使用条件が満たされれば，つまり，依頼や断りなどのような受信者に負担をかけたり，発信の内容により受信者に不愉快が生じたりするという使用状況になれば，「丁重付与」や「釈明提示」が使用されることになる。しかし，投書においては，そのような言語行動が行なわれることがほとんどないため，「丁重付与」や「釈明提

示」の使用も見られないのである。

３．２．前置き表現の使用の多寡

ここでは，前置き表現使用の多寡から，会話文と投書における前置き表現の使用傾向の相違を考察する。次の表 4.10 は前置き表現を談話機能別にまとめた会話文と投書での前置き表現の使用状況を比較したものである。

表 4.10　前置き表現の使用の多寡の一覧表

前置き表現の種類		会話文		投書
対人配慮型	丁重付与	25 (22%)	>	0 (0%)
	自己援護	18 (16%)	>	17 (16%)
	理解表明	14 (13%)	>	10 (9%)
	釈明提示	8 (7%)	>	0 (0%)
伝達性配慮型	話題提示	9 (8%)	<	22 (20%)
	情報提示	8 (7%)	<	15 (14%)
	様態提示	30 (27%)	<	44 (41%)

表 4.10 からも明らかなように，前置き表現の下位分類のうち，「丁重付与」，「自己援護」，「理解表明」，「釈明提示」の 4 種類の使用はいずれも会話文のほうが投書より多いが，「話題提示」，「情報提示」，「様態提示」の 3 種類は，会話文より投書のほうが多かった，という結果が得られた。つまり，「対人配慮型」前置き表現に関しては，投書より会話文においてより多く使用されるが，「伝達性配慮型」前置き表現に関しては，逆に会話文より投書においてより多く使用されるという現象が明らかである。

その原因の根本は，上の節にも触れたように，会話文と投書との違い，すなわちその性格が異なることにあると考えられる。

言うまでもないことであるが，会話は連続発話行為としてのインターアクションであり，受信者の反応も大きく影響する中で進行していくものである。その上，対象となる相手が特定単数の受信者であるため，既成の人間関係を良好に維持しつつ，受信者のことを配慮しながら話を進めることが求められる。

それに比べて，投書は，発信者が自分の意見主張などを不特定多数の受信者

に伝えるものであり，受信者から即座に反応が返ってくることのない一方通行の発信である。もちろん，発信者は目の前にいない受信者に自分の意見などがより受け入れやすくなるように，受信者をある程度意識することもあると考えられるが，受信者が不特定多数であることから，会話のように，目の前にいる受信者のこと及び受信者との人間関係に逐一気を配りながら話を運んでいくことはないと言える。

　したがって，会話文においては，受信者との人間関係を維持する中でコミュニケーションを円滑に行なうため，「対人配慮型」前置き表現の使用が多いのに対して，投書の場合は，受信者への伝達が主たる目的であるため，受信者及び人間関係などを常に配慮しなくて済むので，その結果として，対人関係への配慮を表す働きをもつ前置き表現，すなわち「対人配慮型」前置き表現の使用が少なく，「伝達性配慮型」前置き表現の使用が目立つことになるのであろう。

　以上をまとめると，会話文のような，相手が特定単数であるインターアクションの場合，発信者は伝達性にも気を使いながら，受信者及び対人関係にも配慮を払うため，前置き表現の使用は種類を問わず豊富であるが，投書のような，相手が不特定多数で一方通行の発信の場合，対人的な配慮より伝達効果への気配りのほうが大きくなるので，対人配慮を表す前置き表現の使用はその種類も数も少なく，伝達性への配慮を表す前置き表現がより用いられやすいという傾向が推察された。

4．前置き表現の文体的特徴のまとめ

　本章では，データコーパスを用いて，受信者が特定単数である会話文と，受信者が不特定多数である投書を調査対象に，会話文と投書の文体の違いによって前置き表現の使用傾向の相違をめぐって調査を行ない，以下のような結果が得られた。

　会話文の場合，「対人配慮型」と「伝達性配慮型」前置き表現の使用例はそれぞれ 65 例と 47 例である。その使用割合はそれぞれ 58% と 42% である。一方，投書の場合，「対人配慮型」と「伝達性配慮型」前置き表現の使用例はそれぞれ 27 例と 81 例である。その使用割合はそれぞれ 25% と 75% である。この結果により，「対人配慮型」前置き表現に関しては，会話文のほうが投書より多く使用されるが，「伝達性配慮型」前置き表現に関しては，逆に投書のほうが会話文よ

り多く使用されるという現象が明らかになった。

　また，前置き表現の下位分類のうち，「丁重付与」，「自己援護」，「理解表明」，「釈明提示」の4種類の使用はいずれも会話文のほうが投書より多かったが，「話題提示」，「情報提示」，「様態提示」の3種類は，いずれも会話文より投書のほうが多かったが，「丁重付与」の場合，その差が22%対0%で最も大きかった。この結果により，「丁重付与」型前置き表現がよく用いられるのは，会話文と投書の大きな相違点であり，会話文の特徴のひとつでもあることがわかる。

　したがって，本研究では，以下の章において「丁重付与」型前置き表現を中心に記述を進めることとする。

第5章　行動実行に用いられる
前置き表現の使用条件

　本章では，行動実行が後続する場合，前置き表現の各表現形式がどのような性格の行動実行に使用されるかについて考察することによって，実行する行動の性格による各表現形式の使用条件について述べる。

　また，シナリオや Google 検索サイトなどを見ても，「恥ずかしいですが」が直接的に「行動実行」の前に使用される例は見つけられなかった。この結果は，「恥ずかしいですが」が「行動実行」が後続する発話において現れにくいということを示唆している。したがって，本章では主に「悪いけど」，「すみませんが」，「申し訳ありませんが」，「恐れ入りますが」，「恐縮ですが」，「失礼ですが」，「僭越ですが」，「勝手ですが」，「及ばずながら」を中心に考察して記述を行なう。

　以下，1節では「ワルイケド」，2節で「スミマセンガ」，3節で「モウシワケアリマセンガ」，4節で「オソレイリマスガ」，5節で「キョウシュクデスガ」，6節で「シツレイデスガ」，7節で「センエツデスガ」，8節で「カッテデスガ」，9節で「オヨバズナガラ」をそれぞれ記述し，最後に10節では本章をまとめる。

1．「ワルイケド」が行動実行に用いられる場合の使用条件

　「ワルイケド」は，「聞き手に不利益をもたらす行動実行」と，「聞き手の要求に逆らう行動実行が後続する」場合に使用される。以下，それぞれについて1．1と1．2において取り扱う。

1．1．聞き手に不利益をもたらす行動を実行する

　「ワルイケド」は，聞き手に負担や迷惑をかけ，不利益をもたらすと思われる行動を話し手自らが実行する前に使用される。たとえば，以下のようなものである。

　　（1）　作太郎「そ，今年はね，いっちゃんやまゆちゃんが山村留学センターで覚えた和太鼓をやることになってるんだ」

　　　　優「和太鼓？そんなのぼく出来ないよ」

　　一ノ瀬「大丈夫，ぼくにだって出来るんだから」

　　作太郎「俺も初めて。これから二人に教えてもらうんだ」

　　　　優「悪いけど，ぼく，パスする」

　　　まゆ「……」

　　作太郎「なんで！一人だけ参加しねえつもりかよ！」

　　一ノ瀬「サクちゃん（と，制して）じゃあ，やる気になったらいつ
　　　　　　でも来てよ。体育館で練習してるからさ」

　　　まゆ「……」　　　　　　　　　　（『楽園のつくりかた』中園健司）

（２）恵理子「なんで？」

　　　　正「電話したらしいんだ，恵理子ちゃんとこに」

　　　恵理子「……」

　　　　正「（フト怪訝に）どうして恵理子ちゃんの電話番号，判ったんだろ」

　　　恵理子「……前の番号にかければ案内してるから」

　　　　正「そうか。悪いけどさ，一旦切るから」

　　　恵理子「私の方が切られちゃうのね」

　　　　正「違うって」　　　　　　（『愛と悲しみのキャッチホン』伴一彦）

（３）　　　五輪，園田を見る。

　　　　　　園田，いつものように控えている。

　　　　　　その時，田坂真以子が入ってくる。

　　　　　　みんな，ビックリ。

　　　　　　田坂真以子，蒼褪めて──

　　田坂真以子「悪いけど，この件からは私，手を引くから」

　　　稲山「！」

　　　五輪「誰かに圧力を掛けられたんですか！？」

　　田坂真以子「──（肯定の絶句）」

　　　稲山「和泉総理ですか！？」

　　田坂真以子「そんなことより，あんたのセクハラ，マスコミに知ら
　　　　　　れたわよ」　　　　　　　（『レッツゴー！永田町』伴一彦）

（４）　操「なになに……どうしたんですか？」

　　　　直己「（ハッと我に返って）ちょっとアンタ，勝手に人のメールボッ
　　　　　　クス見ないでよね」

操「すいません，ハミ出してたもんでつい……」

直己「さっさと早番のお掃除してらっしゃい！」

操「ハーイ」

直己「(急にニッコリ) 榎木, 悪いんだけど (と, あげた腕時計外す)」

榎木「ちょっと何すんのよ。これくれたでしょう」

直己「もっぺん死にかけたらあげるからさ」

　　　必死で押さえる榎木。

榎木「一回貰ったら，あたしのもんだよコレ」

　　　無理矢理外す直己。　　(『ジューンブライド』樽谷春緒・高橋華)

（5）　天「(不満で) 菅野さん……」

　　　と，呼びかけ，演奏を中断する。

菅野「――」

　　　菅野，ミキシングルームにやって来る。

天「……」

菅野「悪いけど, 降りるわ」

　　　健太郎，ビックリ。

天「……注文，したらダメですか？」

菅野「注文はいいんだよ。だけどさ，こっちにもプライドってもん
　　　があるんだよね，ミュージシャンとしての。あんたも昔バン
　　　ドやってたなら判るだろ」

天「(判っているが) って」

健太郎「(オロオロ) 困りますよ」(『WITH LOVE』伴一彦・尾崎将也)

（1）では，二人で和太鼓をやることになっているのに，話し手は「パスす
る」と宣言し，参加をやめる。この行動実行によって聞き手たちの計画を乱す
という不利益をもたらすと予想される。（2）では，話し手は話し中の聞き手に
対して「電話を切る」という行動を実行しようとしている。この行動によって
聞き手に不愉快な思いをさせて精神的な不利益をもたらすことになる。（3）で
は，話し手が相談済みの話から手を引くと宣言した。この行動によってほかの
共同参加者に迷惑をかけることが予想される。（4）では，話し手は「悪いけど」
と前置きして聞き手にあげた腕時計を外そうとしている。例からわかるように，
この行動は聞き手に不利益をもたらすのが明らかである。（5）では，話し手は
演奏をやめようとしている。発話ペアから明らかなように，話し手のこの行動

に対して聞き手が困惑している。

　すなわち，上の例では，話し手は聞き手に迷惑や不利益をもたらすと予想される行動を実行しようとしている。これらの行動を行なう際に，いずれも「ワルイケド」を用いている。

　このような場合，Leech（1983）が提唱している「丁寧さの原則」のうちの「気配り原則（Tact Maxim）」，「他者に対する負担を最小限にせよ（Minimize cost to other）」にそって，聞き手に対する配慮が求められる。「ワルイケド」は詫びる形式をもって，聞き手に与えるフェイス侵害度を軽減しようとする配慮を表現するものであるため，このような場合に使用されやすい。

１. ２. 聞き手の要求に逆らう行動を実行する

　「ワルイケド」は，話し手が聞き手から出された要求や期待に対して断る姿勢を示し，聞き手の意思に逆らって不利益をもたらす行動を実行する際に使用される。たとえば，以下のようなものである。

（6）　永井「それじゃあな，もう会うこともないだろう」
　　　　キーチ「ちょっとつきあって欲しいんだけどな」
　　　　永井「悪いんだけどさ，帰るよ俺は。全部済んだんだ。ありがとう。
　　　　　　　もう全部わかった」
　　　　キーチ「こっちはまだなんも済んでないんだよね」

　　　　　　　　　　　　　　　　　　　　　　　　　（『月の砂漠』青山真治）
（7）　母「（エプロンで手を拭い，嬉し気に見る）あらァ」
　　　　英雄「とてもね，（ビールを飲む）とてもこの間の晩が楽しかったか
　　　　　　　ら，御礼を言いたくなってね」
　　　　母「もっと早く来るかと思ってたんだから」
　　　　英雄「（母を見詰めているうち，急に切なくなる）」
　　　　母「キュウリでもかじる？」
　　　　英雄「いえ，悪いけど，もう」
　　　　母「もうって？」
　　　　英雄「帰ります」
　　　　母「来たばかりじゃない」
　　　　英雄「用事があるんです。また来ます。よろしく言って下さい」

第5章　行動実行に用いられる前置き表現の使用条件　79

　　　　母「ほんとに？」　　　　　　　　　　　（『異人たちとの夏』市川森一）
（8）　桂「あの，（思い出したい）何て，ドラマだったかしら，もう三年く
　　　　　　らい前の，ほらダンサーが主人公のお話あったじゃない」
　　　　英雄「（無言の拒否）」
　　　　桂「駄目ね，（涙目になりかけている）思い出せない，ごめんなさい。
　　　　　　でも本当よ，感動したの……」
　　　　英雄「……」
　　　　桂「とても，いい言葉があったわ（懸命に記憶の糸をたぐり乍ら）
　　　　　　……過ぎ去ったことは，取り返しがつかないというが，そんな
　　　　　　ことはない。……誰のものでもない自分の過去なんだから……
　　　　　　（続きを言いかけシドロモドロ）」
　　　　英雄「（遮り）本当に悪いけど，仕事が途中なんで，じゃ失礼」
　　　　桂「あ，（閉じかけるドアに）じゃシャンペンだけ置いてい　……」
　　　　　　かまわずドアを閉めてしまう英雄。
　　　　　　　　　　　　　　　　　　　　　　　（『異人たちとの夏』市川森一）
（9）　一ノ瀬「え？どうして？」
　　　　作太郎「なんで！」
　　　　まゆ「……」
　　　　優「今度の日曜日は，会場模試があるんだ」
　　　　作太郎「せっかく四人で練習してきたのに」
　　　　優「悪いけど，三人で頑張って（と，帰ろうとする）」
　　　　一ノ瀬「ワンちゃん，待って。せっかく作ったから，ちょっと羽織
　　　　　　　　るだけ羽織ってみて？（と，優の肩に掛けようとする）」
　　　　優「いいよ（と，行く）」　　　　　　　（『楽園の作り方』中園健司）
（10）　　　封筒を出し，差し出す。
　　　　キーチ「じゃあ何なんだよ，離婚訴訟に俺を使うつもりか」
　　　　永井「君には関係ない」
　　　　キーチ「残念だけど俺，その金貰ったらオランダ行くんだ，アムス
　　　　　　　　にさあ，だから悪いけど証言なんかできないよ」
　　　　永井「そんなケチなこと考えてない」
　　　　　　封筒を受け取るキーチ。　　　　　　　（『月の砂漠』青山真治）
（6）では，話し手は聞き手の「つきあってほしい」の期待に反して「帰る」

という行動を実行しようとしている。（7）では，話し手は自分の母親の思いに反して「帰ります」と宣言し，帰るという行動を実行しようとする。（8）では，話し手は自分に喋り続けている聞き手の話を中断して，その場を去ろうとしている。（9）では，話し手は一緒に練習してきた仲間の思いに反して練習からおりて帰ろうとしている。（10）では，話し手は聞き手が証言してほしいと期待している，と勘違いして，証言を断ろうとしている。

　いずれも聞き手から出された求めを断ったりして，聞き手の期待に反する行動を実行する例であり，その行動実行によって聞き手に不愉快な思いをさせると予想される。

　このように聞き手の要求を断って聞き手の期待に反する行動を実行する場合には，Leech（1983）が提唱している「丁寧さの原則」のうちの「気配り原則（Tact Maxim）」，「他者に対する負担を最小限にせよ（Minimize cost to other）」にそって，聞き手に対する配慮が求められる。「ワルイケド」は言語表現上詫びる形をとることによって，話し手が聞き手に与えるフェイス侵害度を軽減しようとするという心配りを表現するものであるため，このような行動実行の前に使用されやすい。

２．「スミマセンガ」が行動実行に用いられる場合の使用条件

　「スミマセンガ」は，「聞き手に不利益をもたらす行動実行」と，「聞き手の要求に逆らう行動実行が後続する」場合に使用される。以下，それぞれについて２．１と２．２において取り扱う。

２．１．聞き手に不利益をもたらす行動を実行する

　「スミマセンガ」は，聞き手に負担や迷惑をかけ，不利益をもたらすような行動を話し手自らが実行する前に使用されやすい。たとえば，以下のようなものである。

　　（11）　康子「あ，これ……」
　　　　　　　と，伝言メモを雄介に渡す。
　　　　　雄介「（見て）！？すいません，電話借ります」
　　　　　康子「どうぞ」

第 5 章　行動実行に用いられる前置き表現の使用条件　81

雄介，メモを見ながらダイヤルする。

　　──雅子の家に行ってます。電話下さい。□□□□─□□□□。

美代子。　　　　　　（『逢いたい時にあなたはいない…』伴一彦）

(12)　　天，調整卓の前に行く。

天「……」

倉本「……（天の言葉を待つ様子）」

　　じっと見守る一同。

佳織「……」

天「<u>すみません……曲を全面的に直してみたいんです</u>」

　　「えっ」となる一同。

倉本「……（天を見る）」

天「時間をください」

英子「天，スタジオは明日までしか押さえてないのよ。倉本さんの

　　　スケジュールだって……」

天「朝までに直します。録音は何とか明日一日で済ませますから」

（『WITH LOVE』伴一彦・尾崎将也）

(13)　文子「（ホッと息をついて）もう，ビックリさせないでよ」

　　　保，眉をピクピクさせている。

文子「（竜太郎に）じゃあ，早い方がいいですね」

竜太郎「そうですね，お願いします」

保「ん？」

竜太郎「すいません，<u>ちょっと奥さんお借りします</u>」

　　　と，竜太郎と文子，連れ立って出てゆく。

保「！？あのね……」

　　　と，二人を追い掛けてゆく。

（『パパはニュースキャスター』伴一彦）

(14)　　電話で融資の勧誘をしている十文字。

十文字「社長様，いらっしゃいませんか……そうですか，こちら，

　　　　ミリオン消費者センターと申しますが，昨日がお支払いの

　　　　期限でしたので……」

　　　佐竹が入ってくる。

十文字「（佐竹に会釈して）……はい，指定口座のほうに振り込まれ

てませんでしたので，お電話さしあげました……」

佐竹，入り口の鍵をかけ，カーテンをひく。

十文字「ちょ，ちょっと，<u>すみません</u>，また後ほど，<u>お電話いたします</u>」

慌てて電話を切る十文字。　　　　　　　　　　（『OUT』鄭義信）

(15)　　　開店前の店内で電話しているスミコ。

スミコ「それじゃあのトレーラーは，無断で持ち出したもの……あ
のすいません，ちょっと忙しいんで，<u>またかけます</u>」

スミコ，急いで電話を切る。　　　　　　　　（『日輪の翼』田中晶子）

（11）では，話し手がメモを見て聞き手に電話を借りる。「借りる」という行動は多かれ少なかれ聞き手に負担をかけるものであるため，この行動実行によって聞き手に不利益をもたらすと考えられる。（12）では，話し手である天は聞き手たちに「曲を全面的に直してみたい」と申し出ている。ディスコースから明らかなように，話し手の曲を直すという行動は聞き手たちに迷惑をかけることであり，不利益をもたらす行動と見なされる。（13）では，話し手は聞き手の奥さんを連れだそうとしており，聞き手が話し手のこの行動に困惑していることがうかがえる。（14）では，話し手は通話中の電話を切ろうとしてまたあとでかけ直すと言った。この行動によって電話の向こうにいる聞き手が戸惑うことは予想される。（15）も（14）と同じように，話し手が急に忙しいと言って電話を切ろうとしている。

　これらの例では，話し手は聞き手に迷惑や不利益をもたらすと予想される行動を実行しようとしている。そして，これらの行動を行なう際に「スミマセンガ」を用いている。

　このような場合，Leech（1983）が提唱している「丁寧さの原則」のうちの「気配り原則（Tact Maxim）」，「他者に対する負担を最小限にせよ（Minimize cost to other）」にそって，聞き手に対する配慮が求められる。「スミマセンガ」は聞き手に負担や迷惑をかけることを詫びることによって，聞き手への配慮を表す言語表現である。そのため，話し手に詫びようとする気持ちがあるかどうかにかかわらず，「スミマセンガ」は聞き手に不利益をもたらすと予想される行動実行の前に使用されやすい。

２．２．聞き手の要求に逆らう行動を実行する

　「スミマセンガ」は，話し手が聞き手から出された要求に対して断る姿勢を示し，聞き手の意思に逆らって不利益をもたらす行動を実行する際にも使用されやすい。たとえば，以下のようなものである。

(16)　（「みんなで甘夏氷を食べに行こう！」という声かけに対して）
　　　　「すみませんが，不参加でお願いします。」

　　　　　　　　　　（http://ssyk.blogzine.jp/index/2005/08/post_34f4.html）

(17)　　　　同・職員室
　　　　　　と──矢野先生が慌てた様子で出て行こうとしている。
　　　小坂先生「あ，矢野先生……明日の日曜日」
　　　矢野先生「すいません，お先に失礼します」
　　　　　　と，小坂先生の横をすり抜けて出てゆく。
　　　小坂先生「！？」　　　　　　　　（『うちの子にかぎって２』伴一彦）

(18)　五輪「政務官，大人げないですよ」
　　　稲山「ウルサイ。あいつにはさんざん恥かかされてきたんだ。健太，
　　　　　　ビールなくなったぞ」
　　　江崎「政務官，適量越えてます」
　　　稲山「ウルサイよ」
　　　　　と，飲む。
　　　五輪「(ため息で) すみません，俺そろそろ」
　　　稲山「あ？東京に帰るのか？」
　　　五輪「マミーが実家にいるんで……」
　　　稲山「帰れ，帰れ」　　　　　　　　（『レッツゴー！永田町』伴一彦）

(19)　　　　木村，励ますように頷く。
　　　早苗「木村さんも大変ですね，お独りだと……」
　　　木村「まあ，なんとかやってます。(時間を気にして) すいません，
　　　　　　また今度ゆっくり……」
　　　早苗「(もっと話したいが) はい」
　　　　　木村，微笑を残して玄関を出てゆく。
　　　　　早苗，ガラス越しに木村を見送っている。
　　　　　　（『バレンタインに何かが起きる（恋はストレート)』伴一彦）

(20)　10号「……」

　　　　4号「でも，間違えたじゃないですか。最初は無罪だったんでしょう」

　　　10号「ねえ」

　　　　9号「……」

　　　　4号「申し訳ないけど」

　　　10号「すいません，やっぱり私も無罪に」

　　　12号「これだよ」

　　　　8号「私もう駄目，ハナ血出そう」

　　　　9号「評決不一致だ，それしかない」

　　　　2号「待って下さい」

　　　　9号「朝までやっても埒あかんぞ」

　　　　　　　（『12人の優しい日本人』三谷幸喜・東京サンシャインボーイズ）

　（16）では，話し手が相手からの誘いを断って，不参加という行動を実行している。（17）では，話し手が声をかけられたのに，相手せず「お先に失礼します」と断った。（18）では，お酒に盛り上がっている聞き手に対して，話し手は「そろそろ」と言い出して帰ろうとしている。（19）では，話し手は話しかけてきている聞き手の話を中断してその場を去る。（20）では，話し手は有罪だと思っている聞き手に対して，無罪に票を入れると宣言する。

　これらの行動実行はいずれも聞き手の思いや期待に逆らうものである。そして，行動を実行することによって，聞き手に不愉快な思いをさせると想像される。このように聞き手の要求を断って聞き手の思いや期待に反する行動を実行する場合には，Leech（1983）が提唱している「丁寧さの原則」のうちの「気配り原則（Tact Maxim）」，「他者に対する負担を最小限にせよ（Minimize cost to other）」にそって，聞き手に対する配慮が求められる。「スミマセンガ」は詫びることによって，話し手が聞き手に与えるフェイス侵害度を軽減しようとする心配りを表現するものであるため，このような行動実行の前に使用されやすい。

3．「モウシワケアリマセンガ」が行動実行に用いられる場合の使用条件

　「モウシワケアリマセンガ」は，「聞き手に不利益をもたらす行動実行」と，「聞き手の要求に逆らう行動実行が後続する」場合に使用される。以下，それぞれについて3．1と3．2において取り扱う。

３．１．聞き手に不利益をもたらす行動を実行する

　「モウシワケアリマセンガ」は，話し手が自らの行動で聞き手に負担や迷惑を
かけ，不利益をもたらすといった行動実行の前に使用される。たとえば，以下
のようなものである。

(21)　「申し訳ありませんが，ウェブサイトに関すること以外は掲示板への
　　　　発言対象外として削除させていただきます。」

　　　　　　　　　（http://www.rikkyo.ne.jp/grp/kankyo-15/oshirase.html）

(22)　　　　電話が鳴っている。
　　　　　　真衣が私服に着替えながらやってきて――
　　　　真衣「(出て) はい，岩崎です」
　　　　電話の声「木島です」
　　　　真衣「こんにちは」
　　　　木島の声「申し訳ありません，今日のお稽古，お休みさせていただ
　　　　　　　　　きます。先生によろしくお伝え下さい（丁寧な喋り方は
　　　　　　　　　個性である）」
　　　　真衣「(思わず畏まって) は，はい」
　　　　木島の声「失礼します」
　　　　真衣「失礼します」
　　　　　　　電話，切れる。　　　　　　　　　　　（『双子探偵』伴一彦）

(23)　「大変申し訳ありませんが，本日の行政刷新会議は半年以上前から決
　　　　まっておりました海外でのアポイントがあった為欠席させて頂きま
　　　　す。しかし，極めて重要な会議ですので私の意見を述べさせて頂き
　　　　たいと思います。」

　　　　　　　　　（http://www.cao.go.jp/sasshin/kaigi/honkaigi/d3/pdf/s2-5.pdf）

(24)　「こんばんは。現在仕事中の天野です。久しぶりの更新がこんなです
　　　　みません。明日のイベントは，申し訳ありませんが欠席させていた
　　　　だきます。体調不良というより，体力不足と睡眠不足です。３連休
　　　　から休みなしの残業だらけなので。すみませんが，次回のイベント
　　　　でよろしゅうお願いいたします。」

　　　　　　　　　（http://snob-a.sblo.jp/article/28216798.html）

(25)　「イベントの開催時間の変更をしなければならなくなりました。明日

の会場（市民広場）の隣で講演会が開かれるため，12時～フリー
マーケット会場が使用不可となりました。大変申し訳ありませんが
明日は，11時～14時開催の予定でしたが10時ごろ～12時までの
開催に変更させていただきます。」

(http://skyblueinanisland.chesuto.jp/e157029.html)

（21）では話し手が聞き手たちのコメントを削除しようとしている。聞き手た
ちにとって不利益となる行動実行である。（22）では話し手が「稽古を休む」と
連絡している。（23）では話し手は会議を欠席すると伝えた。（24）では話し手
は明日のイベントを欠席すると伝えた。（25）では話し手はイベントの開催時間
を変更するとみんなに知らせた。これらの例では，話し手が実行しようとする
いずれの行動実行も聞き手に何らかの不利益をもたらすと思われる。

このような場合，Leech（1983）が提唱している「丁寧さの原則」のうちの「気
配り原則（Tact Maxim）」，「他者に対する負担を最小限にせよ（Minimize cost to
other）」のように，聞き手に対する配慮が求められる。「モウシワケアリマセンガ」
は詫びることによって話し手の配慮を表現できるものであるため，聞き手に不
利益をもたらす行動を実行する場合に使用されやすい。

3.2. 聞き手の要求に逆らう行動を実行する

「モウシワケアリマセンガ」は，話し手が，聞き手から出された要求に対して
断る姿勢を示し，聞き手の意思に逆らって不利益をもたらす行動を実行する際
にも使用される。たとえば，以下のようなものである。

（26）　　　──島田太郎の名刺に刷り込まれた文字。
　　　　　声「副支店長だと！？俺は支店長を呼べと言ってるんだ」
　　　　　　□　□□銀行・□□支店・二階・支店長室
　　　　　かなり昂奮した中年男の前に，柔和な顔の中年男が座っている。
　　　　　──島田太郎（48）。
　　　太郎「申し訳ありません。支店長はただいま外出しておりますので，
　　　　　私が代わってお伺いいたします。どういったご用件でしょう」
　　　中年男「お前，これ見たのか」
　　　　　と，新聞をテーブルに置く。　　（『島田太郎氏の災難』伴一彦）
（27）　Q：優待券を株主登録住所以外に送ってもらうことはできますか？

A：申し訳ありませんが，優待券をはじめ送付物は，すべてご登録住所にお送りいたします。転居もしくは住所表示の変更がありましたら，すみやかにご登録住所の変更手続をお願いいたします。　　　（http://www.ana.co.jp/ir/kabu_info/yutai/dms_toiawase.html）

(28)　ワゴン車が狭い道を走ってゆく。
　　　そして，広いスペースに出て，停まる。
　　　高彦たち，降り立ち，伸びをする。
高彦「あーッ，やっとついた」
（小林）「申し訳ございません，あと10分ほど歩きます」
（啓子）「えーッ」
（小林）「車はここまでしか入れないんです」
（啓子）「あのねえ」
（真理）「（遮って）文句言ってもしょうがないでしょ？森林浴しながら行きましょう」
（俊夫）「そんなにノンビリ出来るかな」

（『かまいたちの夜』我孫子武丸）

(29)　（相互リンクの依頼の件に対して）
ブログ管理人「せっかくお誘いですが，申し訳ありませんがお断りさせていただきます。」

（http://m0nch1.blog.shinobi.jp/Entry/311/）

(30)　「12月20日〜31日の間は申し訳ありませんがご新規さん一時的にお断りします。初めてのわんこはトリミングにかかる時間が読めない為申し訳ありません。」　　　（http://laura001.cocolog-nifty.com/blog/）

　(26) では話し手である太郎は仕事の関係で支店長の代わりに中年男の話を聞くことになっているが，それは聞き手である中年男の要望に逆らう行動であり，不利益をもたらすと思われる。(27) では聞き手の「株主登録住所以外に送ってもらいたい」という要望に対して「すべて登録住所に送る」という行動が実行される。(28) では，もうたどり着いたと思っている聞き手に対して，話し手はあと10分歩くと伝えた。(29) では，話し手は聞き手から持ちかけてきた相互リンクの誘いを断った。(30) では，話し手は，新規で予約したいと思っている相手に対して，新規を一時的に断ると宣言した。

　上の例では，話し手は聞き手の思いや期待に逆らう行動を実行しようとして

いる。これらの行動実行によって，聞き手をがっかりさせたり，不愉快な思い
をさせたりすることが予想される。

　これらの例のように聞き手の要求を断って聞き手の期待に反する行動を実行
する場合には，Leech（1983）が提唱している「丁寧さの原則」のうちの「気
配り原則（Tact Maxim）」，「他者に対する負担を最小限にせよ（Minimize cost to
other）」にそって，聞き手に対する配慮が求められる。「モウシワケアリマセンガ」
は詫びることによって，聞き手に与えるフェイス侵害度を軽減しようとする話
し手の配慮を表現するものであるため，このような行動実行に先立って使用さ
れやすい。

4.「オソレイリマスガ」が行動実行に用いられる場合の使用条件

　「オソレイリマスガ」は聞き手に負担や迷惑をかけて不利益をもたらす行動を
実行する際に使用される。

　ただし，今回170近くのシナリオから収集できた「オソレイリマスガ」の使
用例には行動実行が後続する用例が見当たらなかったことは，「オソレイリマス
ガ」が日常生活の会話において，行動実行に先立って，「ワルイケド」，「スミマ
センガ」，「モウシワケアリマセンガ」ほど使用されていない，ということを示
唆していると言えよう。

　そのため，本節ではGoogle検索で見つかった「オソレイリマスガ」の使用例
を参考にした。以下に「オソレイリマスガ」の使用例をあげる。

　　(31)　「また，ご注文後7日以内に御入金の無い場合は恐れ入りますがキャ
　　　　　ンセル扱いとさせて頂きます。」

（http://kaguroom.com/haisoukessai.html）

　　(32)　「お振込みが確認されしだい商品をお送りいたします。恐れ入ります
　　　　　が，振込み手数料はお客様負担とさせていただきます。」

（http://www.ne.jp/asahi/asaya/e-shop/hyouji.htm）

　　(33)　「それでは，御講演に移らせていただきます。誠に恐れ入りますが，
　　　　　少々時間をいただきまして準備をさせていただきます。」
　　　　　（http://www.town.oshamambe.lg.jp/Shinkansen/ShinkansenMeeting/Shink-
　　　　　ansenMeetingResult07.htm）

　　(34)　「まことに恐れ入りますが6月28〜30日の間は休業日とさせていた

だきます。」　　　　　　　（http://www.off-balance.net/tocompany.html）

(35) 「恐れ入りますが，明日 1 月 28 日（水）は，16 時で閉店させて頂きます。」　　　　　　　（http://cafecoblog.exblog.jp/10258726/）

(31) では，話し手は，入金がない場合注文をキャンセルするという行動を実行すると宣言した。(32) では，話し手は振込手数料を負担してもらおうとしている。(33) では話し手は講演の準備に時間がかかると言って聞き手に待ってもらおうとしている。(34) では，話し手は 6 月 28 日から 30 日の間を休業日とする。(35) では，話し手は明日 16 時に閉店すると宣言した。これらの例では，話し手が行なおうとする行動はいずれも聞き手たちにとって不利益となるものである。

このような場合，Leech（1983）が提唱している「丁寧さの原則」のうちの「気配り原則（Tact Maxim）」，「他者に対する負担を最小限にせよ（Minimize cost to other）」により聞き手に対する配慮が求められる。「オソレイリマスガ」は自分の過ちを申し訳なく思うと表現するものであり，負担をかける際の話し手の配慮を表すことができる。そして，「オソレイリマスガ」は待遇上の丁寧さも満たしているため，話し手が社会的立場上実行しなければならない行動実行によって聞き手に不利益をもたらす場合に使用されやすい。

5．「キョウシュクデスガ」が行動実行に用いられる場合の使用条件

「キョウシュクデスガ」は，「話し手が自らの行動で聞き手に負担や迷惑をかけ，不利益をもたらすといった行動実行」の場合と，「聞き手に不利益をもたらすことはないが，話し手の立場にしては僭越だと思われる行動を実行する」場合に使用される。以下，5．1 と 5．2 においてそれぞれについて取り扱う。

5．1．聞き手に不利益をもたらす行動を実行する

「キョウシュクデスガ」は，話し手が自らの行動で聞き手に負担や迷惑をかけ，不利益をもたらすといった行動実行の前に使用される。たとえば，以下のようなものである。

(36) 「誠に恐縮ですが，郵便料はご負担をお願いいたします。」

（http://sentive.net/member-rec.htm）

(37) 「誠に恐縮ですが，巻末の付属資料「通訳を配置しているハローワーク一覧(2006年2月現在)」について，以下のとおり修正いたします。」

(http://www.mhlw.go.jp/bunya/koyou/gaikokujin12/pdf/spain-seigo.pdf)

(38) 「誠に恐縮ではございますが，再度お伺いいたします。」

(http://www.asyura.com/0406/idletalk11/msg/1099.html)

(39) 「残念ながら，今回は私の希望している条件と少々相違がありました。大変恐縮なのですが，辞退させていただきたく存じます。」

(http://www.cabrain.net/member/service/scout.vm)

(40) 「お電話・電子メール等でのお問い合わせ・サポートにつきまして，誠に恐縮ですが休校期間中は休止とさせて頂きます。」

(http://www.flexjapan.com/dc/news/2009/10/54/)

(36)では，話し手は聞き手に郵便料を負担してもらうことを伝えた。(37)では，話し手は資料を修正すると聞き手に知らせた。(38)では，話し手は再び聞き手に質問をする。(39)では，話し手は内定を辞退すると聞き手に表明した。(40)では，話し手は休校期間中の問い合わせやサポートなどを休止すると発表した。これらのような行動は，いずれも聞き手に不利益をもたらすと予想されるものである。

このような場合，Leech（1983）が提唱している「丁寧さの原則」のうちの「気配り原則（Tact Maxim）」，「他者に対する負担を最小限にせよ（Minimize cost to other)」により聞き手に対する配慮が求められる。「キョウシュクデスガ」には身も縮むほど恐れ入るという意味合いが含まれるため，負担をかける際の話し手の詫びの気持ちを表すことができる。したがって，話し手が詫びる気持ちを確実にもっているかどうかにかかわらず，「キョウシュクデスガ」は言語表現として，話し手が自分の立場で実行しなければならない行動実行によって聞き手に不利益をもたらす場合に使用することができる。

５．２．聞き手に不利益をもたらすと考えにくい行動を実行する

「キョウシュクデスガ」は，聞き手に不利益をもたらすことはないが，話し手の立場にしては僭越だと思われる行動を実行する際にも使用される。たとえば，以下のようなものである。

(41) 「こんばんは，先日三田祭の講演で初めて岩瀬さんのことを知りまし

た。小さなことにも感動することが大事，という内容の部分に感銘を受けたので，恐縮ですがコメントさせていただきます。僕は今まで，何事にも動じない心や，感情よりも論理を優先させることがカッコイイと思っていました。……ということから始めようと思います」

(http://totodaisuke.weblogs.jp/blog/2007/11/post_b8ee.html)

(42) 「それでは，私の方から財政見通しにつきまして，恐縮ですが，座って説明をさせていただきます。」

(http://www.city.kurobe.toyama.jp/contents/shinkoukeikaku/bukai2/kaigi5.pdf)

(43) 「突然ですが，久々に書き込みさせていただきます。シーホークスのＩＣＨＩＲＯです。カンガルーズの関係者の皆さんこんばんは。大変恐縮ですが，話題提供として書き込みさせていただきます。実は私こと，この４月から仕事の関係で宮城県を離れております。よって，現在ミニバスはおろかバスケットボールそのものから離れた生活をしております。」

(http://kangaroos2.sakura.ne.jp/joyful/joyful.cgi?page=20)

(44) 「恐縮ですけど，皆様から頂いたお祝い CG を紹介させていただきます〜」 (http://www.mirai.ne.jp/~gotop/oiwai.htm)

(45) 「今頃で恐縮ですけど，ファンクラブ一同ということで，花輪か生花をあげたいと思います。」

(http://www5.piedey.co.jp:8085/log.html?MLID=ctml&N=18+64)

（41）では話し手はコメントしようとしている。(42) では話し手は座って説明しようとしている。(43)では話し手はエッセイを書き込もうとしている。(44)では話し手はお祝いの CG を紹介しようとしている。(45) では話し手は花輪か生花をあげようとしている。これらの行動を実行するにあたって，話し手は「恐縮ですが」を使用している。

これら「コメントする」，「座って説明する」，「書き込む」，「お祝い CG を紹介する」，「花輪か生花をあげる」といった行動が聞き手に不利益などをもたらすとは考えにくい。このような場合には，普通なら，前置き表現は不要と思われるが，話し手が聞き手や場の要素も含めて考慮すると，Leech (1983) が提唱している「丁寧さの原則」のうちの「謙遜の公理（Modesty Maxim）」のごとく，自分への賞賛を最小限にして，非難を最大限にするように配慮しなければならない。また，これらの行動実行は聞き手に対して礼儀に欠けたり，不利益をも

たらしたりはしないものの，自分自身の立場をわきまえていないものであると意識され，前もって断る必要が生じてくる。

また，話し手が自分の職務や何らかの規則ルールに従って履行すべき行動を実行するというような状況での発話で，(3) と (42) のように，「恐縮ですが」の使用が見られる。

(3)　村野教育長職務代理者：おはようございます。けさほど，新たに 2 名の教育委員さんが，市長より任命辞令をお受け取りいただいたところですが，教育委員長，委員長職務代理者，教育長がまだ決定されておりませんので，委員長が選挙されるまでの間，大変恐縮ですが私の方で会議の進行を務めさせていただきたいと思います。

(http://www.city.nishitokyo.lg.jp/kyoiku/kaigiroku/rinnjikai/files/h17_02r.pdf)

話し手は，(3) では「会議の進行を務める」という行動を実行しようとしている。これは話し手が職務上，また所属する組織の規則ルールに従ってとる行動である。このような行動は話し手の個人的意志によるものではなく，聞き手に何らかの影響を及ぼすとは考えにくいものの，聞き手の前で行動を起こすため，聞き手に対する配慮が求められることもある。「恐縮ですが」は対人関係上で自己を卑下して聞き手との距離を遠隔化することによって聞き手のネガティブ・フェイスに対する配慮を表す表現である。このような場合には「僭越ですが」の使用も可能である。これらの表現は聞き手の前で行動を実行するための気配りを表現し，その行動によるフェイス侵害度を軽減するために用いられると考えられる。

6．「シツレイデスガ」が行動実行に用いられる場合の使用条件

「シツレイデスガ」は「聞き手に対して礼儀を欠く行動を実行する」場合，すなわち，聞き手に不利益をもたらすと考えにくいものの，礼儀に欠けると見なされる行動を実行する際に使用されやすい。たとえば，以下のようなものである。

(46)　「なぜか，本名をばらすと，スパムメールがやたらときますので，大変失礼ですが，ハンドルネームでご勘弁させていただきます。」

(http://www.dukatyan.net/172.html)

(47)　「だから，会社や世間に病気のことを言いたくないのですよ。失礼ですが，伝える人をこっちも選びます。」

第 5 章　行動実行に用いられる前置き表現の使用条件　93

（http://d.hatena.ne.jp/Yosyan/20071125）

(48)　「2度こちらからメールを送ったのですが，お返事を頂けなかったた
め届いていないものと判断しました。そのため，<u>失礼ですがここで
呼びかけさせて頂きます。</u>どうか宜しくお願い致します。」

（http://8013.teacup.com/kintarotoson/bbs/4019）

(49)　「先日実家の母親から「いよかん」が1箱届いた。箱をあけると，次
のように書かれた紙に，10円玉がはりつけられていた。

もしもしカード
〇〇様（＝母の名前）からのご注文の品をお届けします。
さっそく元気なお声やうれしいお声をお伝えしてはいかがでし
ょう。
<u>失礼ですが電話代を添付いたします。</u>

いまどき電話に10円玉でもないのだけれど，あったかいメッセ
ージとシンボリックな物体とが人を行動へとかりたてるのだと
思う。
こういうさりげない演出は記憶にしっかりと刻まれる。送って
くれたお店の名前を思わずメモしてしまった。言葉のごちそう
をありがとう！」　　　　　（http://hiroc.blog.drecom.jp/archive/109）

(50)　「馬渕です。
レスありがとうございます。
ただ，残念ながら，本質的なことをみなさんがはずしています。
<u>失礼ですが，まとめてレスさせて頂きます。</u>」

（http://ml.tietew.jp/b2search/becky-ml/article/23140）

（46）では話し手がハンドルネームで名乗ろうとしている。（47）では伝える
相手を選ぶと宣言している。（48）では話し手は掲示板で呼びかけをしようとし
ている。（49）では話し手は商品とともに電話代として10円玉を送る。（50）で
は話し手は届いたメッセージをまとめて返事している。これらの行動は，聞き
手に何らかの不利益をもたらすとは言えないにしても，礼儀に欠けていると見
なされる恐れはある。

　このような行動を実行する場合，コミュニケーションを円滑に運ぶために，

まず非礼な行動を実行するということに対する配慮が求められる。このような行動を行なうのは聞き手に対して失礼なことだと意識されるのである。「シツレイデスガ」はこれまで述べてきた「ワルイケド」，「スミマセンガ」，「モウシワケアリマセンガ」，「オソレイリマスガ」，「キョウシュクデスガ」などと異なり，礼儀に欠けることにあたって使用されることが多い。したがって，上の例のように，聞き手に非礼だと見なされる行動を実行する際に，「ワルイケド」，「スミマセンガ」，「モウシワケアリマセンガ」，「オソレイリマスガ」，「キョウシュクデスガ」などではなく，「シツレイデスガ」が使用されることが多い。

　また，次の例のように，「シツレイデスガ」のほかに，「シツレイナガラ（モ）」，「シツレイトハゾンジマスガ」なども用いられることがある。

(51)　「本来ならトップページに記載すべきなのですが，それをする元気もなく，失礼ながら日記で報告させていただきます。あくまで休止であって，閉鎖ではありません。」

（http://bbookworm.blog61.fc2.com/blog-entry-532.html）

(52)　「本来なら天野先生のほうから御訂正があるところですが，ただいま，別件でメールがかなわないそうでございます。失礼とは存じますが，私のほうから訂正メールを出させていただきます。」

（http://phase.hpcc.jp/phase/swopp-announce/archives/msg00612.html）

7．「センエツデスガ」が行動実行に用いられる場合の使用条件

　「センエツデスガ」は，話し手が自分自身の立場をわきまえないで何らかの行動を実行する場合に使用される。この行動によって聞き手に不利益をもたらすとは思われない。たとえば，以下のような例である。

(53)　司会：それでは，本日の講演のまとめを大学評価・学位授与機構理事の川口昭彦よりさせていただきたいと思います。

　　　川口：ただいまご紹介いただきました川口でございます。誠に僭越ではございますが，本日の講演のまとめを簡単にさせていただきたいと思います。

（http://www.niad.ac.jp/n_kenkyukai/no13_chinaseminar_report-5.pdf）

(54)　富塚陽一会長：「次に，規約に基づきまして副会長さんのご選任をお願いいたしたいと思います。これにつきましてはど

のように取り図らいましょうか。」

佐藤正明委員：「こういう案件でありますので，私は会長一任がいいのではないかと思いますがいかがでしょうか。」

富塚陽一会長：「そのようなご意見もございますが，他に何か意見ございますでしょうか。」

（異議なし）

富塚陽一会長：「ご異議がないようでありますので，大変僭越でありますが私のほうからご提案をさせていただきたいと思います。副会長さんには御三人お願いをしたらいいのではないかと思いましてご提案いたしますが，まず荘内地方町村会の副会長さんであられる佐藤三川町長さん，それから市町村議会議長会会長さんの鶴岡市議会の本城昭一議長さん，市町村議会議長会副会長さんで荘内地方町村議会議長会会長さんの遠藤櫛引町議会議長さんにお願いをしたいと思いますがいかがでしょうか。」

（http://www.city.tsuruoka.lg.jp/gappei/shonainanbu/jyouho/minutes/m01th.html）

(55) 「私は，当初，「凡人はプロフェッショナルに対して静観するのみ」と考え，この件についてコメントを控えました。（笑）が，不肖私も，同様の事態に陥ることが多々あるため，僭越ですが，人生の先輩として（笑）ひと言のみコメントさせていただきます。」（http://www.studio-corvo.com/blog/karasu/archives/2006/10/eoraptor_scene.html）

(56) 「僭越ですが，わたしが知り得た裏技をご紹介します。といっても，まったくの素人ですので，ご質問には応じられません。専門用語は，使いません。というより，知らないので使えません。」

（http://www2.ocn.ne.jp/~toppy/technique.htm）

(57) 「これから司法書士になろうとお考えの皆さんに，少しでも参考になればと思い，大変僭越ですが，一個人の私の体験談を述べさせて頂きます。」　（http://is-is.jp/iframe/voice01_02.html）

(53) では，話し手は講演会において「講演を簡単にまとめる」という行動を実行しようとしている。(54) では，話し手は協議会において「提案する」という行動を実行しようとする。(55) では，話し手はコメントをしようとする。(56)

では，話し手は裏技を紹介しようとする。（57）では，話し手は自分の体験談を述べようとする。

　これらの行動は，聞き手に不利益などをもたらすとは考えにくいものである。しかし，聞き手の目の前でこれらの行動を行なうには，聞き手，及びその場に配慮を払う必要が出てくる。このような場合，Leech（1983）が提唱している「丁寧さの原則」のうちの「謙遜の公理（Modesty Maxim）」にそって，自分への賞賛を最小限にして，非難を最大限にするように配慮するのが普通である。したがって，聞き手に迷惑や非礼などをかけるとは考えにくいこともあって，話し手は聞き手の前でこれらの行動を行なうのが自分自身の立場をわきまえていないことだと意識しがちである。「センエツデスガ」は自分自身の立場を越えた，差し出がましいということをストレートに表現するものであるため，謝罪の形をとる「ワルイケド」，「スミマセンガ」，「モウシワケアリマセンガ」，「オソレイリマスガ」などと比べ，このような場合において用いられやすい。

　また，次の例のように，「センエツデスガ」のほかに，「センエツナガラ（モ）」,「センエツナヨウデスガ」，「センエツカモシレマセンガ」も用いられることがある。

(58)　「たくさんのご来賓がいらっしゃる中，たいへん僭越に存じますが，ご指名ですので，ひとことごあいさつを申し上げます。」

　　　　　　　　　　　　　　（http：//blog.goo.ne.jp/kyoiku6000/m/200803）

(59)　「僭越ながら，自己紹介をさせていただきます。」

　　　　　　　　　　　　　　（http://www.relnet.co.jp/relnet/brief/une5.htm）

(60)　「また，私の母はこの会の聞き手として精勤賞をいただいてもいいほどの出席率を永年誇っておりますので，大変僭越のような気もいたしますが，とても光栄なことと思い，お話をさせていただきます。」

　　　　　　　　　　　　（http://www.ken-ohashi.jp/contents/2b/topic/seikei.html）

(61)　「僭越かもしれませんが，少しでも参考になればと思い投稿させていただきます。」　　　　　　（http://www.gem-land.com/melma/190.txt）

　上にあげた例では，（58）の場合話し手はあいさつをする。（59）の場合話し手は自己紹介をする。（60）の場合話し手は話をする。（61）の場合話し手は投稿する。これらの行動実行はいずれも聞き手に不利益をもたらすなどとは考えにくいが，それぞれの前に，「たいへん僭越に存じますが」，「僭越ながら」，「大変僭越のような気もいたしますが」，「僭越かもしれませんが」が使用されている。これらの例を通して，「センエツデスガ」のバリエーションが察せられる。

8．「カッテデスガ」が行動実行に用いられる場合の使用条件

「カッテデスガ」は,「聞き手に不利益をもたらす行動を実行する」場合と,「聞き手に不利益をもたらすと考えにくい行動を実行する」場合に使用されることがある。以下,それぞれについて8．1と8．2において取り扱う。

8．1．聞き手に不利益をもたらす行動を実行する

「カッテデスガ」は話し手が自分の意志どおりに何らかの行動を行なう際に使用される。この行動実行により聞き手に負担や迷惑をかけて不利益をもたらすことが予想される。たとえば,以下のような例である。

(62) 「誠に勝手ですが明日の更新はこちらの都合によりお休みさせていただきます。申し訳ありません。」

(http://www.tokuto-seki.com/index2.cgi)

(63) 「ブラックダイヤモンドの入札条件ですが！！！評価が2以上悪い方は誠に勝手ですが削除いたします。」

(http://ps02.aucfan.com/aucview/yahoo/n74026927/)

(64) 「ご注文商品が急遽生産完了になってしまった場合など,商品手配が不可能な際,誠に勝手ですが,キャンセルさせていただきます。」

(http://www.enet-japan.com/shop/contents3/crm-nouki.aspx)

(65) 「本日8月1日（土）は,「是方博邦」氏の京都「RAG」でのライブのギター用務員の為,誠に勝手ですが臨時休業とさせていただきます。」 (http://evguitars.com/bbs/bbs.cgi)

(66) 「掲示板でお知らせしておりますが,.wsドメインの2回の値上げにより無料での運営が困難な状況になりましたので,誠に勝手ですが以下のドメインを9月頃に廃止させていただきたく思います。」

(http://www.beyondnetwork.com/backinfo.html)

（62）では,話し手は自分の都合により,店を休みにすると知らせている。（63）では,話し手は入札を削除すると宣言した。（64）では,話し手は商品の注文をキャンセルすると知らせた。（65）では,話し手は自分の都合で店を臨時休業とする。（66）では,話し手は自分の都合によりいくつかのドメインを廃止すると決めた。いずれの例でも,これらの行動が行なわれる際に「カッテデスガ」が

使用されている。

　上の例のように，話し手が個人的都合のために何らかの行動を行なう際に，「謙遜の公理（Modesty Maxim）」にそって，自分への賞賛を最小限に，非難を最大限にする心配りが求められることもある。上の例では，いずれも「カッテデスガ」が使用されている。これによって，「カッテデスガ」は自分のことを勝手だと評価していることにより，自分への非難を最大限にしたうえで，自らの都合で行動を実行するに当たって使用されることができる，ということがわかる。

　もちろん，これらの行動実行はすべて話し手の個人的都合によるものであり，聞き手に不利益をもたらすと予想されるものであるため，Leech（1983）が提唱している「丁寧さの原則」のうちの「気配り原則（Tact Maxim）」の「他者に対する負担を最小限にせよ（Minimize cost to other）」にそってポライトネスが求められることもあり，「ワルイケト」や「スミマセンガ」などのように，詫びる形をとる前置き表現の使用も見られる。

　また，次の例のように，「カッテデスガ」のほかに，このような場合には，「自分勝手ですが」，「勝手ながら」の使用も見られる。

（67）　「<u>自分勝手ですが</u>少しブログはお休みか閉鎖をします。」

（http://0000501ys.blog.shinobi.jp/Entry/107/）

（68）　「ご注文者のお名前と使用カードの登録者名が異なるときは，<u>誠に勝手ながら</u>ご注文をキャンセルとさせていただきます。」

（http://item.rakuten.co.jp/a-price/4719331841195/）

　上の例では，（67）の場合，話し手はブログを閉鎖しようとしている。（68）の場合，話し手は注文者の名前と使用カードの登録者名が異なると，注文をキャンセルすると宣言した。これらの行動の実行は聞き手に不利益をもたらすと想定される。2つの例では，それぞれ「自分勝手ですが」と「勝手ながら」が用いられている。これらの例によって，上にあげた例のような場合，「カッテデスガ」，「ジブンカッテデスガ」，「カッテナガラ」が使用されやすい，という傾向がうかがえる。

８．２．聞き手に不利益をもたらすと考えにくい行動を実行する

　「カッテデスガ」は，聞き手に不利益をもたらすとは考えにくい行動でも，話し手の個人的意志どおりに行動する際に使用されることがある。たとえば，以

第 5 章 行動実行に用いられる前置き表現の使用条件　99

下のような例である。

(69) 「ほんとに勝手ですが見つけたらブログします。」

（http://ameblo.jp/max-ichimiya/）

(70) 「誠に勝手ですが，またまた問題が発生したため Part. 3 として再出
発します」　　　　（http://oshiete1.goo.ne.jp/kotaeru.php3?q=617184）

(71) 「誠に勝手ですが，勇気を与えてくれた先達の kuma-o さんと nyajira
さんにポイントを発行させていただきます。今後も，なにかありま
したら宜しくお願い致します。」

（http://kaiketsu.athome.jp/qa123455.html）

(72) 「ポイントですが，今回，皆様の意見が大変分かりやすかったので誠
に勝手ですが，回答順とさせて頂きます。これからもお願い致しま
す。ありがとうございました。」

（http://oshiete1.watch.impress.co.jp/qa1611118.html）

(73) 「そのウィルス感染者について少し情報が手に入りましたのでどうし
ようかと考えました結果，誠に勝手ですが公開させていただきます。」

（http://hp.vector.co.jp/authors/VA018389/imp1.html）

　(69) では，話し手は面白いものを見つけたらブログに載せると宣言した。(70)
では，話し手は part.3 として再出発する。(71) では，話し手はポイントを発行
することに決めた。(72) では，話し手は回答順でポイントをつけようとする。(73)
では，入手したウイルスの情報を公開しようとする。

　これらの行動によって聞き手に何らかの不利益をもたらすとは考えにくい。
しかし，これらの行動を実行することはいずれも話し手自らの意志によって決
められている。この際に，Leech（1983）が提唱している「丁寧さの原則」のう
ちの「謙遜の公理（Modesty Maxim）」のごとく，自分への賞賛を最小限に，非
難を最大限にするようにポライトネスが求められやすい。上の例では，いずれ
も「カッテデスガ」が用いられている。これらの例によって，「カッテデスガ」
は話し手が自分の行動などを「勝手だ」と自らマイナス的に評価することによ
って，自分への賞賛を最小限に，非難を最大限にし，話し手の意志で聞き手に
大きく影響を及ぼすとは考えにくい行動を行なう際に使用されやすい，という
ことが示唆されている。

　また，次の例のように，このような場合には，「カッテデスガ」のほかに，「自
分勝手ですが」，「勝手ながら」の使用も見られる。

(74) 「明日からの土日は天気が悪そうですが，土曜日の昼間くらいは「き
　　　もの」が着られるかもしれません。またまた自分勝手ですが，もし
　　　着れたら初の写真掲載したいと思います。」

　　　　　　　　　　　　　(http://nyaro180.at.webry.info/200905/article_8.html)）

(75) 「勝手ながら，提案させていただきます。」

　　　　　(http://profile.allabout.co.jp/pf/my-jinji-hadama/column/list/series/6370/?p=1)

　上の例では，(74) の場合，話し手は「きもの」が着られたら，その写真を掲
載しようとする。(75) の場合，話し手は提案をしようとする。これらの行動実
行はいずれも聞き手に不利益などをもたらすとは考えにくい。それぞれの前に，
「自分勝手ですが」と「勝手ながら」が使用されている。これらの例を通して，「カ
ッテデスガ」のバリエーションが察せられる。

9.「オヨバズナガラ」が行動実行に用いられる場合の使用条件

　「オヨバズナガラ」は，話し手が聞き手のために，聞き手に利益をもたらすと
思える行動を実行するというような情報が後続する場合に使用されやすい。た
とえば，以下のような例である。

(76) 加茂「昨夜はよく眠れましたか」
　　　市谷「それが，あんまり」
　　　加茂「無理もありませんよ。純朴な地方の文学青年を連れて行く店
　　　　　　ではなかったようですね」
　　　市谷「いいえ，どうせ遅かれ早かれ知らなければならない世界です
　　　　　　から」
　　　加茂「それは見事直本賞を射とめてからでしょう。ぼくも及ばずな
　　　　　　がら力になります」
　　　　「よう，待たせたな」と手をあげて初老の貧相な男が現れる。
　　　加茂「紹介しよう，直本賞世話人の多聞伝伍さんだ」

　　　　　　　　　　　　　　(『文学賞殺人事件・大いなる助走』筒井康隆)

(77) 「公式サイトに「MHF のプログラムを早めにダウンロードするよう
　　　に呼びかけてください」って書いてあったので及ばずながら協力さ
　　　せていただきます。」　　　　(http://tompo.blog.so-net.ne.jp/2007-06-07)

(78) 村山「あの，ほれ安井の御大が，一度会うてみる価値があるて，言

第5章　行動実行に用いられる前置き表現の使用条件　101

　　　われたさかいね」

　良明「安井さんから？」

　村山「ハイな。ワシ，確かに二代目のボンボンですわ，せやけど，
　　　　たかがディスコと言われても命張ってんねん」

　　　良明，うなずく。

　村山「商売の事，安井さんに色々教えて貰うた。せやけどその結果
　　　　が今のワシが有りまんねん（良明を見つめて）腹割って話し
　　　　まっせ。ワシあんたの業界の事，少しは知ってるつもりだ。
　　　　あんたの持ってはる夢，やり方一つで，みんなで絶対あかん
　　　　思うてた事，やれん事ない。及ばずながら，力貸したいんだ」

　良明「力貸して下さるんなら，商売とは言えないでしょう」

　　　　　　　　　　　　　　　（『宇宙の法則』旭井寧・井筒和幸）

(79)　「追加：及ばずながら，私もツッコミを入れさせてもらいます。「つ
　　　ぶやき」ってのは，そういう狙いがあるんですよね」（http://tsublog.
　　　excite.co.jp/mumble/244b33cef98c6c57496b30c713b3e4a5）

(80)　「及ばずながらこの計画に賛同し，ご協力させて頂きたいです。」
　　　　　　　　　　　　（http://6502.teacup.com/dreamix/bbs/69）

　(76)では，話し手は聞き手の力になろうとしている。(77)では，話し手は
聞き手に協力しようとしている。(78)では，話し手は聞き手に力を貸そうとする。
(79)では，話し手は聞き手を手伝ってツッコミを入れようとする。(80)では，
話し手は協力しようとする。これらの行動実行によって聞き手に何らかの利益
をもたらすと思えるため，ストレートに発話すると，話し手が自分のことを聞
き手より優位に置くことになり，恩着せがましく聞こえてしまう恐れがあると
思われる。聞き手のポジティブ・フェイスを侵害することになる。

　そこで，Leech（1983）が提唱している「丁寧さの原則」のうちの「謙遜の公
理（Modesty Maxim）」にそって，自分への賞賛を最小限にして，聞き手のポジ
ティブ・フェイスに対する配慮が求められる。「オヨバズナガラ」は話し手が自
分の外的能力すなわち実際に何かを実行する能力を自らマイナスに評価するこ
とによって聞き手のことを高めることができる。したがって，「オヨバズナガ
ラ」は自分への賞賛を最小限にして，聞き手のポジティブ・フェイスへの侵害
度を軽減するために使用されやすい。

　また，このような場合には，次の例のように，「お役に立てるか分かりません

が」や「お役に立てないかもしれませんが」のような表現も見られる。

(81) お役に立てるか分かりませんが，一応僕のオススメの古着屋を書い
ておきますね！　　　　　　　　　　(http:mfj2.exblog.jp/9495620/)

(82) （聞き手の質問に答えるとき）
「あまりお役に立てないかもしれませんが，気がついた点を書いてお
きます。」　　　　　　　　　(http://knowledge.livedoor.com/36998)

　上の例では，（81）の場合，話し手はお勧めの古着屋に関する情報を書こうと
する。（82）の場合，話し手は気付いた点を聞き手に伝えている。これらの行動
実行はいずれも聞き手のために行なうものと見なせるが，それぞれの前に「お
役に立てるか分かりませんが」と「お役に立てないかもしれませんが」が使用
されている。これらの例を通して，聞き手に利益をもたらすと想定される行動
を実行する際には，「オヨバズナガラ」だけでなく，「お役に立てるか分かりま
せんが」や「お役に立てないかもしれませんが」のような前置き表現も使用で
きる，ということがわかった。

10.　行動実行に用いられる前置き表現の諸形式の使用条件のまとめ

　以上各前置き表現がどのような行動実行の前に使用されるかをめぐって考察
を行なってきた。その結果により，行動実行における「ワルイケド」，「スミマ
センガ」，「モウシワケアリマセンガ」，「オソレイリマスガ」，「キョウシュクデ
スガ」，「シツレイデスガ」，「センエツデスガ」，「カッテデスガ」，「オヨバズナ
ガラ」の，後続情報による前置き表現の使用条件を，次の表5.1のようにまと
めることができる。

第5章　行動実行に用いられる前置き表現の使用条件　103

表5.1　行動実行が後続する場合の前置き表現の諸形式の使用条件

使用条件／表現形式	① 聞き手に不利益をもたらす行動実行	② 聞き手の要求に逆らう行動実行	③ 聞き手に対して礼儀を欠く行動実行	④ 聞き手に不利益をもたらさない行動実行	⑤ 聞き手に利益をもたらす行動実行
ワルイケド	○	○	×	×	×
スミマセンガ	○	○	×	×	×
モウシワケアリマセンガ	○	○	×	×	×
オソレイリマスガ	○	×	×	×	×
キョウシュクデスガ	○	×	×	○	×
シツレイデスガ	×	×	○	×	×
センエツデスガ	×	×	×	○	×
カッテデスガ	○	×	×	○	×
オヨバズナガラ	×	×	×	×	○

（「○」は通常使用されやすいことを意味する。「×」は通常使用されにくいことを意味する。以下は同様である。）

第6章　行動実行が後続する場合の同一使用条件における前置き表現の使い分け

　第5章では，行動実行の性格から各前置き表現の使用条件について述べたが，本章では，丁寧さの観点から，同じ性格の行動実行に使用される前置き表現の間にはどのような相違があるかを考察し，記述する。

　また，第5章の考察によって次のような結論が得られた。

　「使用条件①：聞き手に不利益をもたらす行動実行」の前には，「ワルイケド」，「スミマセンガ」，「モウシワケアリマセンガ」，「オソレイリマスガ」，「キョウシュクデスガ」，「カッテデスガ」が使用される。

　「使用条件②：聞き手の要求に逆らう行動実行」の前には，「ワルイケド」，「スミマセンガ」，「モウシワケアリマセンガ」が使用される。

　「使用条件③：聞き手に対して礼儀を欠く行動実行」の前には，「シツレイデスガ」が使用される。

　「使用条件④：聞き手に不利益をもたらさない行動実行」の前には，「キョウシュクデスガ」，「センエツデスガ」，「カッテデスガ」が使用される。

　「使用条件⑤：聞き手に利益をもたらすと思える行動実行」の前には，「オヨバズナガラ」が使用される。

　本章は同じ使用条件において用いられる前置き表現の諸形式の間にはどのような相違があるかを考察するものである。したがって，上に述べたように，「使用条件③：聞き手に対して礼儀を欠く行動実行」の前には「シツレイデスガ」のみが使用されやすく，「使用条件⑤：聞き手に利益をもたらすと思える行動実行」の前には「オヨバズナガラ」が使用されるため，本章では「使用条件①：聞き手に不利益をもたらす行動実行」が後続する，「使用条件②：聞き手の要求に逆らう行動実行」が後続する，「使用条件④：聞き手に不利益をもたらさない行動実行」が後続する，この3つの使用条件を中心に記述する。

　以下では，上に述べた結論を踏まえて論を進める。まず1節では，「聞き手に不利益をもたらす行動実行」に使用される前置き表現，2節で「聞き手の要求に逆らう行動実行」に使用される前置き表現，3節で「聞き手に不利益をもたらさない行動実行」に使用される前置き表現の各表現形式の相違をそれぞれ考

第6章　行動実行が後続する場合の同一使用条件における前置き表現の使い分け　105

察し，記述を行なう。最後に4節で本章をまとめる。

1．聞き手に不利益をもたらす行動実行に用いられる場合

　聞き手に不利益をもたらす行動を実行する際には，「ワルイケド」，「スミマセンガ」，「モウシワケアリマセンガ」，「オソレイリマスガ」，「キョウシュクデスガ」，「カッテデスガ」が使用されやすいという結果が出ているが，この節では，後続する行動実行に違いがほとんど見られない「ワルイケド」，「スミマセンガ」，「モウシワケアリマセンガ」，「オソレイリマスガ」，「キョウシュクデスガ」，「カッテデスガ」がどのような対人関係において使用されるかを考察し，これらの表現形式の使い分けを探る。以下，それぞれについて1．1，1．2，1．3，1．4，1．5，1．6において取り扱い，最後に1．7で本節をまとめる。

1．1．「ワルイケド」

　「ワルイケド」は，基本的にインフォーマルな場面において家族や親しい友達，すなわち親しい関係をもつ相手との間で使用される。たとえば，以下のようなものである。

　（1）　作太郎「そ，今年はね，いっちゃんやまゆちゃんが山村留学センター
　　　　　　　　　で覚えた和太鼓をやることになってるんだ」
　　　　　優「和太鼓？そんなのぼく出来ないよ」
　　　　　一ノ瀬「大丈夫，ぼくにだって出来るんだから」
　　　　　作太郎「俺も初めて。これから二人に教えてもらうんだ」
　　　　　優「<u>悪いけど</u>，ぼく，<u>パスする</u>」
　　　　　まゆ「……」
　　　　　作太郎「なんで！一人だけ参加しねえつもりかよ！」
　　　　　一ノ瀬「サクちゃん（と，制して）じゃあ，やる気になったらいつ
　　　　　　　　　でも来てよ。体育館で練習してるからさ」
　　　　　まゆ「……」　　　　　　　　　　　　　（『楽園のつくりかた』中園健司）

　（2）　恵理子「なんで？」
　　　　　正「電話したらしいんだ，恵理子ちゃんとこに」
　　　　　恵理子「……」

　　　　正「（フト怪訝に）どうして恵理子ちゃんの電話番号，判ったんだろ」
　　　　恵理子「……前の番号にかければ案内してるから」
　　　　正「そうか。悪いけどさ，一旦切るから」
　　　　恵理子「私の方が切られちゃうのね」
　　　　正「違うって」　　　　　　　　（『愛と悲しみのキャッチホン』伴一彦）
　（３）　操「なになに……どうしたんですか？」
　　　　直己「（ハッと我に返って）ちょっとアンタ，勝手に人のメールボッ
　　　　　　クス見ないでよね」
　　　　操「すいません，ハミ出してたもんでつい……」
　　　　直己「さっさと早番のお掃除してらっしゃい！」
　　　　操「ハーイ」
　　　　直己「（急にニッコリ）榎木，悪いんだけど（と，あげた腕時計外す）」
　　　　榎木「ちょっと何すんのよ。これくれたでしょう」
　　　　直己「もっぺん死にかけたらあげるからさ」
　　　　　　必死で押さえる榎木。
　　　　榎木「一回貰ったら，あたしのもんだよコレ」
　　　　　　無理矢理外す直己。　　（『ジューンブライド』樽谷春緒・高橋華）
　上の例はすべて日常生活の場面のものである。（１）では，話し手は決まった
行事から抜けようとしている。（２）では，話し手は一旦電話を切ろうとする。
（３）では，話し手は聞き手にあげた腕時計を取り返そうとしている。その前に
いずれも「ワルイケド」が使用されている。そして，これらの例では，話し手
と聞き手は親しい友達である。したがって，上の例により，「ワルイケド」はイ
ンフォーマルな場において，話し手と聞き手が親しい場合に使用されやすいと
示唆されている。
　一方，聞き手との関係が疎である場合においても，話し手が感情的になって
いるという前提のもとでは聞き手との上下関係にかかわらず「ワルイケド」を
使用することがある。たとえば，以下のようなものである。
　（４）　天「（不満で）菅野さん……」
　　　　　　と，呼びかけ，演奏を中断する。
　　　　菅野「——」
　　　　　　菅野，ミキシングルームにやって来る。
　　　　天「……」

第6章　行動実行が後続する場合の同一使用条件における前置き表現の使い分け　107

　　　　　　菅野「<u>悪いけど，降りるわ</u>」

　　　　　　　　健太郎，ビックリ。

　　　　　　天「……注文，したらダメですか？」

　　　　　　菅野「注文はいいんだよ。だけどさ，こっちにもプライドってもん
　　　　　　　　　があるんだよね，ミュージシャンとしての。あんたも昔バン
　　　　　　　　　ドやってたなら判るだろ」

　　　　　　天「(判っているが) ……」

　　　　　　健太郎「(オロオロ) 困りますよ」(『WITH LOVE』伴一彦・尾崎将也)
　　(5)　　　五輪，園田を見る。

　　　　　　　　園田，いつものように控えている。

　　　　　　　　その時，田坂真以子が入ってくる。

　　　　　　　　みんな，ビックリ。

　　　　　　　　田坂真以子，蒼褪めて——

　　　　　　田坂真以子「<u>悪いけど，この件からは私，手を引くから</u>」

　　　　　　稲山「！」

　　　　　　五輪「誰かに圧力を掛けられたんですか！？」

　　　　　　田坂真以子「——(肯定の絶句)」

　　　　　　稲山「和泉総理ですか！？」　　　　　　(『レッツゴー！永田町』伴一彦)

　(4) では，聞き手の天と話し手の菅野は同じく楽団の一員であるが，天が作曲者であり，菅野がメンバーの一人である。天に不満そうに声をかけられて，演奏を中断された菅野は，不機嫌になって演奏から脱退すると宣言した。(5) では，田坂真以子，稲山，五輪は仕事仲間である。話し手となっている田坂真以子は蒼褪めた顔をして，話し合っていた仕事から手を引くと宣言した。例からわかるように，この2例の場合，「ワルイケド」と発したとき，話し手はすでに何らかの原因で感情的になっている。これらの例により，「ワルイケド」は，話し手が聞き手と親しくない場合においても，何らかの原因で感情的になったとき，使用されることがあるということが察せられる。

1．2．「スミマセンガ」

　「スミマセンガ」は基本的にはインフォーマルな場面において，話し手が聞き手と初対面，またはそれほど親しくない関係をもつ場合に使用される。つまり，

親疎関係からいうと，疎の関係である相手との間で上下関係を問わずに使用されやすい。たとえば，以下のようなものである。

（6）　康子「あ，これ……」

　　　　　　と，伝言メモを雄介に渡す。

　　　　雄介「（見て）！？すいません，電話借ります」

　　　　康子「どうぞ」

　　　　　　雄介，メモを見ながらダイヤルする。

　　　　　　──雅子の家に行ってます。電話下さい。□□□□－□□□□。

　　　　　　美代子。　　　　　　（『逢いたい時にあなたはいない…』伴一彦）

（7）　　　電話で融資の勧誘をしている十文字。

　　　　十文字「社長様，いらっしゃいませんか……そうですか，こちら，

　　　　　　　　ミリオン消費者センターと申しますが，昨日がお支払いの

　　　　　　　　期限でしたので……」

　　　　　　佐竹が入ってくる。

　　　　十文字「（佐竹に会釈して）……はい，指定口座のほうに振り込まれ

　　　　　　　　てませんでしたので，お電話さしあげました……」

　　　　　　佐竹，入り口の鍵をかけ，カーテンをひく。

　　　　十文字「ちょ，ちょっと，すみません，また後ほど，お電話いたします」

　　　　　　慌てて電話を切る十文字。　　　　　　　　（『OUT』鄭義信）

（8）　　　開店前の店内で電話しているスミコ。

　　　　スミコ「それじゃあのトレーラーは，無断で持ち出したもの……あ

　　　　　　　　のすいません，ちょっと忙しいんで，またかけます」

　　　　　　スミコ，急いで電話を切る。　　　　　（『日輪の翼』田中晶子）

（9）　文子「（ホッと息をついて）もう，ビックリさせないでよ」

　　　　　　保，眉をピクピクさせている。

　　　　文子「（竜太郎に）じゃあ，早い方がいいですね」

　　　　竜太郎「そうですね，お願いします」

　　　　保「ン？」

　　　　竜太郎「すいません，ちょっと奥さんお借りします」

　　　　　　と，竜太郎と文子，連れ立って出てゆく。

　　　　保「！？あのね……」

　　　　　　と，二人を追い掛けてゆく。

第 6 章　行動実行が後続する場合の同一使用条件における前置き表現の使い分け　109

（『パパはニュースキャスター』伴一彦）

（10）　　　　天，調整卓の前に行く。

天「……」

倉本「……（天の言葉を待つ様子）」

　　　じっと見守る一同。

佳織「……」

天「<u>すみません……曲を全面的に直してみたいんです</u>」

　　「えっ」となる一同。

倉本「……（天を見る）」

天「時間をください」

英子「天，スタジオは明日までしか押さえてないのよ。倉本さんの
　　　スケジュールだって……」

天「朝までに直します。録音は何とか明日一日で済ませますから」

（『WITH LOVE』伴一彦・尾崎将也）

　上の例はすべて日常生活場面のものである。（6）では，話し手がメモを見て
聞き手に電話を借りる。（7）では，話し手は通話中の電話を切ろうとしてまた
あとでかけ直す。（8）も（7）と同じように，話し手が急に忙しいと言って電
話を切ろうとしている。（9）では，話し手は聞き手の奥さんを連れだそうとし
ている。（10）では，話し手である天は仕事グループのスタッフである聞き手た
ちに「曲を全面的に直してみたい」と申し出ている。

　これらの例では，話し手は聞き手に迷惑や不利益をもたらすと予想される行
動を実行しようとしている。そして，これらの行動を行なう際に「スミマセンガ」
を用いている。また，これらの例の場合，ディスコースからうかがえるように，
話し手は聞き手とそれほど親しくなく，またはっきりとした上下関係は見られ
ない。

　これらの例により，「スミマセンガ」は，初対面やそれほど親しくない聞き手
に対して，はっきりとした上下関係が存在しない場合，聞き手に不利益をもた
らす行動を実行する際に用いられやすい，ということが示唆されている。

1．3．「モウシワケアリマセンガ」

　「モウシワケアリマセンガ」はインフォーマルな場においても，フォーマルな

場においても使用される。フォーマルな場で使用される場合，不特定多数の受信者を対象に公開する掲示板などでの発信が多い。たとえば，以下のような例である。

(11)　「申し訳ありませんが，ウェブサイトに関すること以外は掲示板への発言対象外として削除させていただきます。」

（http://www.rikkyo.ne.jp/grp/kankyo-15/oshirase.html）

(12)　「大変申し訳ありませんが，本日の行政刷新会議は半年以上前から決まっておりました海外でのアポイントがあった為欠席させて頂きます。しかし，極めて重要な会議ですので私の意見を述べさせて頂きたいと思います。」

（http://www.cao.go.jp/sasshin/kaigi/honkaigi/d3/pdf/s2-5.pdf）

(13)　「イベントの開催時間の変更をしなければならなくなりました。明日の会場（市民広場）の隣で講演会が開かれるため，12時〜フリーマーケット会場が使用不可となりました。大変申し訳ありませんが明日は，11時〜14時開催の予定でしたが10時ごろ〜12時までの開催に変更させていただきます。」

（http://skyblueinanisland.chesuto.jp/e157029.html）

　上の例では，(11)では，話し手は対象外の発言を削除すると宣言した。(12)では，話し手は会議を欠席すると伝えた。(13)では，話し手はイベントの開催時間を変更すると伝えた。これらの例では，話し手は聞き手に迷惑や不利益をもたらすと予想される行動を実行しようとしている。そして，これらの行動を行なう際に「モウシワケアリマセンガ」を使用している。

　また，これらの例はすべて不特定多数の受信者を対象に発せられたものと思われる。すなわち，公に公開されたものである。これらの例により，「モウシワケアリマセンガ」は公に向かってフォーマルな場において使用されることがわかる。そして，この場合，聞き手にあたる者は不特定多数の受信者の場合が多い。一方，インフォーマルな場において使用されるとき，話し手と聞き手はそれほど親しくなく，聞き手が話し手より目上の人物である場合が多い。たとえば，以下のような例である。

(14)　　　電話が鳴っている。

　　　　真衣が私服に着替えながらやってきて——

　　　　真衣「（出て）はい，岩崎です」

第6章　行動実行が後続する場合の同一使用条件における前置き表現の使い分け　111

　　　　　電話の声「木島です」

　　　　　真衣「こんにちは」

　　　　　木島の声「<u>申し訳ありません</u>，今日のお稽古，お休みさせていただ
　　　　　　　　　きます。先生によろしくお伝え下さい（丁寧な喋り方は
　　　　　　　　　個性である）」

　　　　　真衣「（思わず畏まって）は，はい」

　　　　　木島の声「失礼します」

　　　　　真衣「失礼します」

　　　　　　電話，切れる。　　　　　　　　　　　　（『双子探偵』伴一彦）

　（15）「こんばんは。現在仕事中の天野です。久しぶりの更新がこんなです
　　　　　みません。明日のイベントは，<u>申し訳ありませんが欠席させていた</u>
　　　　　<u>だきます</u>。体調不良というより，体力不足と睡眠不足です。3連休
　　　　　から休みなしの残業だらけなので。すみませんが，次回のイベント
　　　　　でよろしゅうお願いいたします。」

　　　　　　　　　　　　　（http://snob-a.sblo.jp/article/28216798.html）

　（14）では，話し手は稽古を休みにすると聞き手に伝えた。（15）では，話し
手は明日行なわれるイベントに欠席すると伝えている。これらの行動を行なう
際に，どちらも「モウシワケアリマセンガ」を用いている。また，この2つの
例を見ると，話し手と聞き手とが親しいとは思えない。聞き手とそれほど親し
くない場合，言葉づかいが一層丁寧になるのは自然なことだと思われるので，
例のような行動実行を行なう際に，「ワルイケド」や「スミマセンガ」の代わり
に，「モウシワケアリマセンガ」が使用されやすいのである。

　上にあげた例により，「モウシワケアリマセンガ」はインフォーマルな場にも，
フォーマルな場にも使用でき，話し手と聞き手がそれほど親しくない場合に現
れやすい，ということがわかる。

1．4．「オソレイリマスガ」

　「オソレイリマスガ」は改まった場面において使用されることが多い。改まっ
た場面というのはたとえば客とのやり取りや，公の場での講演や演説などであ
る。このような場合，話し手は聞き手と距離を置いて，聞き手を自分より目上
だと認識することが多い。

しかし，今回170近くのシナリオから収集できた「オソレイリマスガ」の使用例に行動実行が後続する用例が見当たらなかったということは，「オソレイリマスガ」が日常生活の会話において，行動実行に先立って，「ワルイケド」，「スミマセンガ」，「モウシワケアリマセンガ」ほど使用されていない，ということを示唆していると言えよう。

そのため，本節ではGoogle検索で見つかった「オソレイリマスガ」の使用例を参考にした。以下に「オソレイリマスガ」の使用例をあげる。

(16)　「また，ご注文後7日以内に御入金の無い場合は<u>恐れ入りますがキャンセル扱いとさせて頂きます</u>。」

(http://kaguroom.com/haisoukessai.html)

(17)　「お振込みが確認されしだい商品をお送りいたします。<u>恐れ入りますが，振込み手数料はお客様負担とさせていただきます</u>。」

(http://www.ne.jp/asahi/asaya/e-shop/hyouji.htm)

(18)　「それでは，御講演に移らせていただきます。<u>誠に恐れ入りますが，少々時間をいただきまして準備をさせていただきます</u>。」(http://www.town.oshamambe.lg.jp/Shinkansen/ShinkansenMeeting/Shinkansen-MeetingResult07.htm)

(19)　「<u>まことに恐れ入りますが6月28～30日の間は休業日とさせていただきます</u>。」　　　　(http://www.off-balance.net/tocompany.html)

(20)　「<u>恐れ入りますが，明日1月28日（水）は，16時で閉店させて頂きます</u>。」　　　　(http://cafecoblog.exblog.jp/10258726/)

(16)では，話し手は，入金がない場合注文をキャンセルするという行動を実行すると宣言した。(17)では，話し手は振込手数料を負担してもらおうとしている。(18)では話し手は講演の準備に時間がかかると言って聞き手に待ってもらおうとしている。(19)では，話し手は6月28日から30日の間を休業日とする。(20)では，話し手は明日16時に閉店すると宣言した。これらの例では，話し手がおこなおうとする行動はいずれも聞き手にとって不利益となるものと思われる。そのような行動実行に先立って「オソレイリマスガ」が使用されている。

また，これらの例から明らかなように，いずれも公に発信したメッセージである。すなわち，その相手は不特定多数の受信者である。そして，それは客の場合がほとんどである。これらの例のように公開の場で発話する際は，客といった不特定の受信者を自分より目上と見なすのが普通である。

第 6 章　行動実行が後続する場合の同一使用条件における前置き表現の使い分け　113

　したがって，上の例から，行動実行が後続する場合，「オソレイリマスガ」は
フォーマルな場において，聞き手を話し手より目上だと見なされる際に使用さ
れやすいことがうかがえる。

1．5．「キョウシュクデスガ」

　「キョウシュクデスガ」は，フォーマルな場において，聞き手が話し手より目
上だと見なされる際に使用されやすい。
　しかし，今回シナリオから集めた「キョウシュクデスガ」の使用例には行動
実行が後続する用例が見当たらなかったことにより，「キョウシュクデスガ」は
日常生活の会話において，行動実行の前に使用されにくいことが示唆されてい
る。
　そのため，本節では Google 検索で見つかった「キョウシュクデスガ」の使用
例を中心に考察した。以下にその使用例をあげる。

(21)　「誠に恐縮ですが，郵便料はご負担をお願いいたします。」

(http://sentive.net/member-rec.htm)

(22)　「誠に恐縮ですが，巻末の付属資料「通訳を配置しているハローワー
ク一覧(2006 年 2 月現在)」について，以下のとおり修正いたします。」

(http://www.mhlw.go.jp/bunya/koyou/gaikokujin12/pdf/spain-seigo.pdf)

(23)　「お電話・電子メール等でのお問い合わせ・サポートにつきまして，
誠に恐縮ですが休校期間中は休止とさせて頂きます。」

(http://www.flexjapan.com/dc/news/2009/10/54/)

(24)　「誠に恐縮ではございますが，再度お伺いいたします。」

(http://www.asyura.com/0406/idletalk11/msg/1099.html)

(25)　「残念ながら，今回は私の希望している条件と少々相違がありました。
大変恐縮なのですが，辞退させていただきたく存じます。」

(http://www.cabrain.net/member/service/scout.vm)

　(21)では，話し手は聞き手に郵便料を負担してもらおうとしている。(22)では，
話し手は資料を修正すると聞き手に知らせた。(23)では，話し手は休校期間中
の問い合わせやサポートなどを休止すると発表した。(24)では，話し手は再び
聞き手に質問をする。(25)では，話し手は内定を辞退すると聞き手に表明した。
これらのような行動は，いずれも聞き手に不利益をもたらすと予想されるもの

であり，その前に「キョウシュクデスガ」が使用されている。

　また，例からうかがえるように，(21)，(22)，(23) はいずれも不特定の受信者を相手に公に発せられたものである。それに対して，(24) と (25) は特定の相手に対する，改まった発話である。(21)，(22)，(23) の場合，公の場で不特定の受信者を聞き手として発話する際には，特別な事情がなければ，話し手は聞き手を自分より目上だと見なす傾向がある。(24) や (25) では，話し手が聞き手に謙譲語を用いて発話していることが示しているように，話し手は聞き手を自分より目上だと意識している。

　これらの例により，行動実行が後続する際に，「キョウシュクデスガ」はフォーマルな場において，聞き手が話し手より目上だと見なされる際に用いられやすいことがわかる。

１.６.「カッテデスガ」

　「カッテデスガ」は，フォーマルな場において，聞き手が話し手より目上だと見なされる際に使用されやすい。

　しかし，今回シナリオから集めた「カッテデスガ」の使用例から行動実行が後続する用例を見つけることができなかったことにより，「カッテデスガ」は日常生活の会話において，行動実行の前に使用されにくいことが示唆されている。そのため，本節では Google 検索で見つかった「カッテデスガ」の使用例を中心に考察した。以下にその使用例をあげる。

(26) 「誠に勝手ですが明日の更新はこちらの都合によりお休みさせていただきます。申し訳ありません。」

(http://www.tokuto-seki.com/index2.cgi)

(27) 「ブラックダイヤモンドの入札条件ですが！！！評価が２以上悪い方は誠に勝手ですが削除いたします。」

(http://ps02.aucfan.com/aucview/yahoo/n74026927/)

(28) 「ご注文商品が急遽生産完了になってしまった場合など，商品手配が不可能な際，誠に勝手ですが，キャンセルさせていただきます。」

(http://www.enet-japan.com/shop/contents3/crm-nouki.aspx)

(29) 「本日８月１日（土）は，「是方博邦」氏の京都「RAG」でのライブのギター用務員の為，誠に勝手ですが臨時休業とさせていただきま

す。」 （http://evguitars.com/bbs/bbs.cgi）

(30) 「掲示板でお知らせしておりますが，.ws ドメインの 2 回の値上げに
より無料での運営が困難な状況になりましたので，誠に勝手ですが
以下のドメインを 9 月頃に廃止させていただきたく思います。」

（http://www.beyondnetwork.com/backinfo.html）

（26）では，話し手は自分の都合により，店を休みにすると知らせている。（27）
では，話し手は評価が悪い方の入札を削除すると宣言した。（28）では，話し手
は商品の注文をキャンセルすると知らせた。（29）では，話し手は自分の都合で
店を臨時休業とする。（30）では，話し手は自分の都合によりいくつかのドメイ
ンを廃止すると決めた。いずれの例でも，これらの行動が行なわれる際に「カッ
テデスガ」が使用されている。

また，例からうかがえるように，これらの例はいずれも不特定の受信者を相
手に公に発せられたものである。公の場で不特定の受信者を聞き手として発話
する際には，特に相手が客である場合，聞き手のほうが目上だと見なされやすい。
いずれの例でも「いただきます」や「いたします」といった謙譲語が用いられ
ていることからも，話し手は聞き手を自分より目上だと意識しているというこ
とがうかがえる。

これらの例により，行動実行が後続する際に，「カッテデスガ」はフォーマル
な場において，聞き手が話し手より目上だと見なされる際に用いられやすいこ
とがわかる。

１．７．「聞き手に不利益をもたらす行動実行に用いられる場合」のまとめ

以上により，聞き手に不利益をもたらす行動実行に使用される場合，「ワルイ
ケド」，「スミマセンガ」，「モウシワケアリマセンガ」，「オソレイリマスガ」，「キョ
ウシュクデスガ」，「カッテデスガ」は次の表 6.1 のように使用されることがわかっ
た。

表6.1 聞き手に不利益をもたらす行動実行に用いられる場合のまとめ

| | インフォーマル | | | | フォーマル | | |
| | 親 | 疎 | | | 親 | 疎 | |
		聞き手が目下	上下関係を持たず	聞き手が目上		上下関係を持たず	聞き手が目上
ワルイケド	○	○	○	×	×		
スミマセンガ	×	○	○	○	×		
モウシワケアリマセンガ	×	×	×	○	×	○	○
オソレイリマスガ	×				×	×	○
キョウシュクデスガ	×				×	×	○
カッテデスガ	×				×	×	○

２．聞き手の要求に逆らう行動実行に用いられる場合

聞き手の要求に逆らう行動実行の前には、「ワルイケド」、「スミマセンガ」、「モウシワケアリマセンガ」が使用される。「ワルイケド」、「スミマセンガ」、「モウシワケアリマセンガ」には後続する行動実行に違いがほとんど見られないが、本節では「ワルイケド」、「スミマセンガ」、「モウシワケアリマセンガ」がどのような対人関係において使用されるかを考察し、これらの表現形式の使い分けを探る。以下、それぞれについて２．１，２．２，２．３において取り扱い、最後に２．４で本節をまとめる。

２．１．「ワルイケド」

「ワルイケド」は、基本的にインフォーマルな場面において家族や親しい友達、すなわち親しい関係をもつ相手との間で使用される。たとえば、以下のような例である。

(31) 母「(エプロンで手を拭い、嬉し気に見る) あらァ」
英雄「とてもね、(ビールを飲む) とてもこの間の晩が楽しかったか

第6章　行動実行が後続する場合の同一使用条件における前置き表現の使い分け　117

　　　　　　　ら，御礼を言いたくなってね」
　　　　母「もっと早く来るかと思ってたんだから」
　　　英雄「(母を見詰めているうち，急に切なくなる)」
　　　　母「キュウリでもかじる？」
　　　英雄「いえ，悪いけど，もう」
　　　　母「もうって？」
　　　英雄「帰ります」
　　　　母「来たばかりじゃない」
　　　英雄「用事があるんです。また来ます。よろしく言って下さい」
　　　　母「ほんとに？」　　　　　　　　　　(『異人たちとの夏』市川森一)
(32)　一ノ瀬「え？どうして？」
　　　作太郎「なんで！」
　　　まゆ「……」
　　　優「今度の日曜日は，会場模試があるんだ」
　　　作太郎「せっかく四人で練習してきたのに」
　　　優「悪いけど，三人で頑張って (と，帰ろうとする)」
　　　一ノ瀬「ワンちゃん，待って。せっかく作ったから，ちょっと羽織
　　　　　　るだけ羽織ってみて？ (と，優の肩に掛けようとする)」
　　　優「いいよ (と，行く)」　　　　　　　(『楽園の作り方』中園健司)

　(31) では，話し手は自分の母親の思いに反して「帰ります」と言って，帰ろうとする。(32) では，話し手は一緒に練習してきた仲間の思いに反して練習からおりて帰ろうとしている。これらの行動が行なわれる前に，「ワルイケド」が使用されている。

　例からわかるように，(31) の場合は母と息子のやり取りであり，(32) の場合は親しい仲間同士の間の会話である。どちらも日常生活場面でのやり取りであり，話し手と聞き手が親しい場合の例である。つまり，「ワルイケド」は話し手と聞き手が親しい場合に使用されやすいのである。

　一方で，「ワルイケド」は，話し手と聞き手がそれほど親しくない場合でも，話し手と聞き手との間に上下関係が見られなければ，使用されることもある。たとえば，以下のようなものである。

　(33)　永井「それじゃあな，もう会うこともないだろう」
　　　キーチ「ちょっとつきあって欲しいんだけどな」

永井「悪いんだけどさ，帰るよ俺は。全部済んだんだ。ありがとう。
　　　もう全部わかった」

キーチ「こっちはまだなんも済んでないんだよね」

（『月の砂漠』青山真治）

（34）　　封筒を出し，差し出す。

キーチ「じゃあ何なんだよ，離婚訴訟に俺を使うつもりか」

永井「君には関係ない」

キーチ「残念だけど俺，その金貰ったらオランダ行くんだ，アムス
　　　にさあ，だから悪いけど証言なんかできないよ」

永井「そんなケチなこと考えてない」

　　　封筒を受け取るキーチ。　　　　　　（『月の砂漠』青山真治）

（35）　桂「あの，（思い出したい）何て，ドラマだったかしら，もう三年
　　　くらい前の，ほらダンサーが主人公のお話あったじゃない」

英雄「（無言の拒否）」

桂「駄目ね，（涙目になりかけている）思い出せない，ごめんなさい。
　　でも本当よ，感動したの……」

英雄「……」

桂「とても，いい言葉があったわ（懸命に記憶の糸をたぐり乍ら）
　　……過ぎ去ったことは，取り返しがつかないというが，そんな
　　ことはない。……誰のものでもない自分の過去なんだから……
　　（続きを言いかけシドロモドロ）」

英雄「（遮り）本当に悪いけど，仕事が途中なんで，じゃ失礼」

桂「あ，（閉じかけるドアに）じゃシャンペンだけ置いていき……」
　　かまわずドアを閉めてしまう英雄。

（『異人たちとの夏』市川森一）

　（33）では，話し手は聞き手の「つきあってほしい」という期待に反して「帰
る」と宣言した。（34）では，話し手は聞き手が証言してほしいと期待している
と勘違いして，証言を断ろうとしている。（35）では，話し手は自分に喋り続け
ている聞き手の話を中断して，その場を去ろうとしている。これらの行動実行
に先立って，「ワルイケド」が用いられている。

　また，これらの例はいずれも日常生活場面の会話であるが，話し手と聞き手
が親しくなく，話し手と聞き手の間にはっきりとした上下関係も見られない。

第6章　行動実行が後続する場合の同一使用条件における前置き表現の使い分け　119

これらの例により，「ワルイケド」は，話し手と聞き手が疎である場合でも，上下関係が存在していなければ，使用することができるということが導き出される。

　以上をまとめると，「ワルイケド」は，話し手と聞き手が親である場合に使用されやすい一方，疎の場合でも話し手と聞き手の間には上下関係が認められなければ，使用することもできるということである。

２.２.「スミマセンガ」

　「スミマセンガ」は，インフォーマルな場面において，話し手が聞き手と親しくない場合に使用されやすい。この場合，話し手と聞き手の間には上下関係が存在しないのがほとんどである。たとえば，以下のような例である。

(36)　(「みんなで甘夏氷を食べに行こう！」という声かけに対して)
　　　「すみませんが，不参加でお願いします。」

　　　　　　　　　(http://ssyk.blogzine.jp/index/2005/08/post_34f4.html)

(37)　10号「……」
　　　4号「でも，間違えたじゃないですか。最初は無罪だったんでしょう」
　　　10号「ねえ」
　　　9号「……」
　　　4号「申し訳ないけど」
　　　10号「すいません，やっぱり私も無罪に」
　　　12号「これだよ」
　　　8号「私もう駄目，ハナ血出そう」
　　　9号「評決不一致だ，それしかない」
　　　2号「待って下さい」
　　　9号「朝までやっても埒あかんぞ」

　　　　　　　　　(『12人の優しい日本人』三谷幸喜・東京サンシャインボーイズ)

(38)　五輪「政務官，大人げないですよ」
　　　稲山「ウルサイ。あいつにはさんざん恥かかされてきたんだ。健太，
　　　　　　ビールなくなったぞ」
　　　江崎「政務官，適量越えてます」
　　　稲山「ウルサイよ」

と，飲む。

五輪「(ため息で) <u>すみません，俺そろそろ</u>」

稲山「あ？東京に帰るのか？」

五輪「マミーが実家にいるんで……」

稲山「帰れ，帰れ」　　　　　　　（『レッツゴー！永田町』伴一彦）

(39)　　　同・職員室

と──矢野先生が慌てた様子で出て行こうとしている。

小坂先生「あ，矢野先生……明日の日曜日」

矢野先生「<u>すいません，お先に失礼します</u>」

と，小坂先生の横をすり抜けて出てゆく。

小坂先生「！？」　　　　　　　（『うちの子にかぎって2』伴一彦）

(40)　　　木村，励ますように頷く。

早苗「木村さんも大変ですね，お独りだと……」

木村「まあ，なんとかやってます。(時間を気にして) <u>すいません，また今度ゆっくり……</u>」

早苗「(もっと話したいが) はい」

木村，微笑を残して玄関を出てゆく。

早苗，ガラス越しに木村を見送っている。

（『バレンタインに何かが起きる (恋はストレート)』伴一彦）

(36)では，話し手が相手からの誘いに対して不参加と言って断った。(37)では，話し手は有罪だと思っている聞き手に反して，無罪だと主張している。(38)では，話し手はお酒に盛り上がっている聞き手に対して，「そろそろ」と言い出して帰ろうとしている。(39)では，話し手が声をかけられたのに，相手せず「お先に失礼します」と断った。(40)では，話し手は話しかけてきた聞き手の話を中断してその場を去った。これらの行動実行の前に，「スミマセンガ」が用いられている。

また，上の例からわかるように，いずれの例も日常生活場面でのやり取りである。(36)の場合，話し手と聞き手はほぼ初対面に近い関係だと思われる。(37)の場合，話し手も聞き手も集まってきた裁判員のひとりであり，お互い知り合ったばかりである。(38)も(39)も，話し手と聞き手は同じ職場の同僚であるが，親しい関係に見えない。(40)の場合，話し手は聞き手と普段から付き合いがあるものの，それほど親しくない。そして，いずれの例でもはっきりとした上下

第6章　行動実行が後続する場合の同一使用条件における前置き表現の使い分け　121

関係が見られない。これらの例により，「スミマセンガ」はインフォーマルな場面において，話し手と聞き手はそれほど親しくなく，上下関係も見られない場合に使用されやすいということがわかる。

２．３．「モウシワケアリマセンガ」

「モウシワケアリマセンガ」はインフォーマルな場においても，フォーマルな場においても使用される。インフォーマルな場において使用されるとき，聞き手が話し手より目上の人物である場合が多い。たとえば，以下のような例である。

(41)　　　　——島田太郎の名刺に刷り込まれた文字。

　　　声「副支店長だと！？俺は支店長を呼べと言ってるんだ」

　　　　□　□□銀行・□□支店・二階・支店長室

　　　　かなり昂奮した中年男の前に，柔和な顔の中年男が座っている。

　　　　——島田太郎（48）。

　　　太郎「申し訳ありません。支店長はただいま外出しておりますので，私が代わってお伺いいたします。どういったご用件でしょう」

　　　中年男「お前，これ見たのか」

　　　　と，新聞をテーブルに置く。　　　（『島田太郎氏の災難』伴一彦）

(42)　　　ワゴン車が狭い道を走ってゆく。

　　　　そして，広いスペースに出て，停まる。

　　　　高彦たち，降り立ち，伸びをする。

　　　高彦「あーッ，やっとついた」

　　　小林「申し訳ございません，あと10分ほど歩きます」

　　　啓子「えーッ」

　　　小林「車はここまでしか入れないんです」

　　　啓子「あのねえ」

　　　真理「（遮って）文句言ってもしょうがないでしょ？森林浴しながら行きましょう」

　　　俊夫「そんなにノンビリ出来るかな」

　　　　　　　　　　　　　　　　　　　　　（『かまいたちの夜』我孫子武丸）

(43)　　　Ｑ：優待券を株主登録住所以外に送ってもらうことはできますか？

　　　　Ａ：申し訳ありませんが，優待券をはじめ送付物は，すべてご登

録住所にお送りいたします。転居もしくは住所表示の変更が
ありましたら，すみやかにご登録住所の変更手続をお願いい
たします。

(http://www.ana.co.jp/ir/kabu_info/yutai/dms_toiawase.html)

(44) （相互リンクの依頼の件に対して）
ブログ管理人「せっかくお誘いですが，申し訳ありませんがお断り
させていただきます。」

(http://m0nch1.blog.shinobi.jp/Entry/311/)

(45) 「12月20日〜31日の間は申し訳ありませんがご新規さん一時的に
お断りします。初めてのわんこはトリミングにかかる時間が読めな
い為申し訳ありません。」　　（http://laura001.cocolog-nifty.com/blog/)

(41) では，話し手は仕事の関係で支店長の代わりに中年男の話を聞くことに
なっているが，それは聞き手である中年男の要望に逆らう行動であり，不利益
をもたらすと思われる。(42) では，もうたどり着いたと思っている聞き手に対
して，話し手はあと10分歩くと伝えた。(43) では，聞き手の「株主登録住所
以外に送ってもらいたい」という要望に対して「すべて登録住所に送る」とい
う行動が実行される。(44) では，話し手は聞き手から持ちかけられた相互リン
クの誘いを断った。(45) では，話し手は，新規で予約したいと思っている相手
に対して，新規を一時的に断ると宣言した。これらの行動実行の前に，「モウシ
ワケアリマセンガ」が使用されている。

また，例が示しているように，(41) の場合，話し手と聞き手は職員と客の関
係であり，客である聞き手は話し手より目上だと見なされる。(42) の場合，話
し手の言葉づかいからうかがえるように，聞き手は話し手より目上の人物であ
る。この2つの例はいずれもインフォーマルな場面でのやり取りである。一方，
(43)，(44)，(45) の場合，いずれも公に発せられたものであり，不特定多数の
受信者を相手にしている。こういう場合，話し手より聞き手のほうが目上に見
なされるのが普通である。

これらの例により，「モウシワケアリマセンガ」は，インフォーマルな場でも，
フォーマルな場でも使用され，話し手と聞き手がそれほど親しくない場合や，
話し手より聞き手のほうが目上だと見なされる場合に使用されやすい，という
ことが示唆されている。

２．４．「聞き手の要求に逆らう行動実行に用いられる場合」のまとめ

　以上により，聞き手の要求に逆らう行動実行に使用される場合，「ワルイケド」，「スミマセンガ」，「モウシワケアリマセンガ」は次の表 6.2 のように使用されることがわかった。

表6.2　聞き手の要求に逆らう行動実行に用いられる場合のまとめ

	インフォーマル				フォーマル		
	親	疎			親	疎	
		聞き手が目下	上下関係を持たず	聞き手が目上		上下関係を持たず	聞き手が目上
ワルイケド	○	○	×	×		×	
スミマセンガ	×	×	○	×		×	
モウシワケリマセンガ	×	×	×	○	×	×	○

３．聞き手に不利益をもたらさない行動実行に用いられる場合

　不利益をもたらさないものの，立場をわきまえない行動実行の前には，「キョウシュクデスガ」，「センエツデスガ」，「カッテデスガ」が使用される。本節では「キョウシュクデスガ」，「センエツデスガ」，「カッテデスガ」がどのような対人関係において使用されるかを考察し，その相違を探る。以下，それぞれについて３．１，３．２，３．３において取り扱い，最後に３．４で本節をまとめる。

３．１．「キョウシュクデスガ」

　今回 170 近くのシナリオからは「キョウシュクデスガ」が直接，行動実行の前に使用された用例が見られなかった。このことにより，「キョウシュクデスガ」が日常生活の会話において使用されにくい，ということが示唆されていると言えよう。そのため，Google 検索で集めた用例を参考に考察を行なった結果,「キョウシュクデスガ」はやや改まった場面において使用されることが多いというこ

とがうかがえた。たとえば，以下のような例である。

(46) 「こんばんは，先日三田祭の講演で初めて岩瀬さんのことを知りました。小さなことにも感動することが大事，という内容の部分に感銘を受けたので，<u>恐縮ですが</u>コメントさせていただきます。僕は今まで，何事にも動じない心や，感情よりも論理を優先させることがカッコイイと思っていました。でもその結果，冷静さを保つばかりで，熱くなれることがなく悩んでいました。今回の講演で，「知ってる知ってる。」と思うのではなく，何かしら感じ取るのが大切で，小さなことにも心を動かすのは素晴らしいことだと知って，無性に嬉しい気分になれました。これからは，感動する！ということから始めようと思います」

（http://totodaisuke.weblogs.jp/blog/2007/11/post_b8ee.html）

(47) 「それでは，私の方から財政見通しにつきまして，<u>恐縮ですが</u>，<u>座って説明をさせていただきます。</u>」

（http://www.city.kurobe.toyama.jp/contents/shinkoukeikaku/bukai2/kaigi5.pdf）

(48) 「突然ですが，久々に書き込みさせていただきます。シーホークスのＩＣＨＩＲＯです。カンガルーズの関係者の皆さんこんばんは。<u>大変恐縮ですが</u>，<u>話題提供として書き込みさせていただきます。</u>実は私こと，この４月から仕事の関係で宮城県を離れております。よって，現在ミニバスはおろかバスケットボールそのものから離れた生活をしております。」

（http://kangaroos2.sakura.ne.jp/joyful/joyful.cgi?page=20）

(49) 「<u>恐縮ですけど</u>，<u>皆様から頂いたお祝い CG を紹介させていただきます〜</u>」　　　　　（http://www.mirai.ne.jp/~gotop/oiwai.htm）

(50) 「<u>今頃で恐縮ですけど</u>，ファンクラブ一同ということで，<u>花輪か生花をあげたいと思います。</u>」

（http://www5.piedey.co.jp:8085/log.html?MLID=ctml&N=18+64）

(46) では話し手はコメントしようをする。(47) では話し手は座って説明しようとする。(48) では話し手はエッセイを書き込もうとする。(49) では話し手はお祝いの CG を紹介しようとする。(50) では話し手は花輪か生花をあげようとする。これらの行動が実行される前に，「キョウシュクデスガ」が用いられている。

第 6 章　行動実行が後続する場合の同一使用条件における前置き表現の使い分け　125

　上の例はいずれも公の場において発話されたものである。そして，話し手の発話をうける聞き手はいずれも話し手と初対面の人物であるか，または話し手より目上の人物と見なされる者である。これらの例により，「キョウシュクデスガ」は基本的にはフォーマルな場において，聞き手が話し手と初対面または目上の人物である際に使用されやすい，ということがうかがえる。

３.２.「センエツデスガ」

　今回シナリオから「センエツデスガ」が直接に行動実行の前に使用された用例が見られなかった。このことは，「センエツデスガ」が日常生活の会話において使用されにくい，ということを示唆していると言えよう。そのため，Google 検索で集めた用例を参考に考察を行なった。その結果，「センエツデスガ」は，「キョウシュクデスガ」と似ており，やや改まった場面において使用されやすいことがわかった。たとえば，以下のような例である。

(51)　司会：それでは，本日の講演のまとめを大学評価・学位授与機構理
　　　　　　事の川口昭彦よりさせていただきたいと思います。

　　　川口：ただいまご紹介いただきました川口でございます。<u>誠に僭越</u>
　　　　　　<u>ではございますが</u>，<u>本日の講演のまとめを簡単にさせていた</u>
　　　　　　<u>だきたいと思います。</u>

　　　　　（http://www.niad.ac.jp/n_kenkyukai/no13_chinaseminar_report-5.pdf）

(52)　富塚陽一会長：「次に，規約に基づきまして副会長さんのご選任をお
　　　　　　　　　　願いいたしたいと思います。これにつきましてはど
　　　　　　　　　　のように取り図らいましょうか。」

　　　佐藤正明委員：「こういう案件でありますので，私は会長一任がいい
　　　　　　　　　　のではないかと思いますがいかがでしょうか。」

　　　富塚陽一会長：「そのようなご意見もございますが，他に何か意見ご
　　　　　　　　　　ざいますでしょうか。」

　　　（異議なし）

　　　富塚陽一会長：「ご異議がないようでありますので，<u>大変僭越であり</u>
　　　　　　　　　　<u>ますが私のほうからご提案をさせていただきたいと</u>
　　　　　　　　　　<u>思います。</u>副会長さんには御三人お願いをしたらい
　　　　　　　　　　いのではないかと思いましてご提案いたしますが，

まず荘内地方町村会の副会長さんであられる佐藤三川町長さん，それから市町村議会議長会会長さんの鶴岡市議会の本城昭一議長さん，市町村議会議長会副会長さんで荘内地方町村議会議長会会長さんの遠藤櫛引町議会議長さんにお願いをしたいと思いますがいかがでしょうか。」

（http://www.city.tsuruoka.lg.jp/gappei/shonainanbu/jyouho/minutes/m01th.html）

(53) 「私は，当初，「凡人はプロフェッショナルに対して静観するのみ」と考え，この件についてコメントを控えました。（笑）が，不肖私も，同様の事態に陥ることが多々あるため，<u>僭越</u>ですが，<u>人生の先輩として（笑）ひと言のみコメントさせていただきます</u>。」（http://www.studio-corvo.com/blog/karasu/archives/2006/10/eoraptor_scene.html）

(54) 「<u>僭越</u>ですが，<u>わたしが知り得た裏技をご紹介します</u>。といっても，まったくの素人ですので，ご質問には応じられません。専門用語は，使いません。というより，知らないので使えません。」

（http://www2.ocn.ne.jp/~toppy/technique.htm）

(55) 「ただ今ご紹介に預かりました〇〇です，<u>僭越</u>ではございますが<u>ご指名を頂きましたので乾杯の音頭を取らせて頂きます</u>。皆様ご唱和宜しくお願い致します。」

（http://detail.chiebukuro.yahoo.co.jp/qa/question_detail/q1110889351）

(51) では，話し手は講演会において講演を簡単にまとめようとする。(52) では，話し手は協議会において提案しようとする。(53) では，話し手はコメントをしようとする。(54) では，話し手は裏技を紹介しようとする。(55) では，話し手は乾杯の音頭をとる。いずれも聞き手に不利益などをもたらすとは考えにくい行動の前に「キョウシュクデスガ」が使用されている。

例から明らかなように，(51) も (52) も講演会での発話である。(53)，(54)，(55) はいずれも公に公開されたものである。このような場合，話し手は聞き手を自分より目上と見なす傾向がある。これらの例により，「センエツデスガ」はやや公式の場面，いわばフォーマルな場面において，聞き手が話し手より目上と見なされる場合に使用されやすい，という傾向がうかがえる。

第6章　行動実行が後続する場合の同一使用条件における前置き表現の使い分け　127

３．３．「カッテデスガ」

　「カッテデスガ」が直接に行動実行の前に使用された用例はシナリオから見つけられなかったため，Google 検索で集めた用例を中心に，考察を行なった。その結果，「カッテデスガ」はインフォーマルな発話において聞き手との間には上下関係が存在しない場合に使用されやすい，という傾向がうかがえた。たとえば，以下のようなものである。

（56）　「ほんとに勝手ですが見つけたらブログします。」

（http://ameblo.jp/max-ichimiya/）

（57）　「誠に勝手ですが，またまた問題が発生したため Part. 3 として再出発します」　　　　（http://oshiete1.goo.ne.jp/kotaeru.php3?q=617184）

（58）　「誠に勝手ですが，勇気を与えてくれた先達の kuma-o さんと nyajira さんにポイントを発行させていただきます。 今後も，なにかありましたら宜しくお願い致します。」

（http://kaiketsu.athome.jp/qa123455.html）

（59）　「ポイントですが，今回，皆様の意見が大変分かりやすかったので誠に勝手ですが，回答順とさせて頂きます。これからもお願い致します。ありがとうございました。」

（http://oshiete1.watch.impress.co.jp/qa1611118.html）

（60）　「そのウィルス感染者について少し情報が手に入りましたのでどうしようかと考えました結果，誠に勝手ですが公開させていただきます。」　　　　（http://hp.vector.co.jp/authors/VA018389/imp1.html）

　（56）では，話し手は面白いものが見つけたらブログに載せることにした。（57）では，話し手は part. 3 として再出発する。（58）では，話し手はポイントを発行することに決めた。（59）では，話し手は回答順でポイントをつけようとする。（60）では，入手したウイルスの情報を公開しようとする。

　これらの例からわかるように，いずれの例もインフォーマルな場において，みんなに公開する発話である。そして，話し手の言葉づかいが示唆しているように，この際には聞き手との間にはっきりとした上下関係が見られない，または聞き手を目上の人物と想定することが多い。つまり，これらの例により，「カッテデスガ」は，インフォーマルな場において，上下関係が見当たらない場合，または聞き手が目上と見なされる場合に使用されやすいと言えよう。

3．4．「聞き手に不利益をもたらさない行動実行に用いられる場合」の まとめ

　以上により，「キョウシュクデスガ」，「センエツデスガ」，「カッテデスガ」は， 聞き手に不利益をもたらさない行動実行が行なわれる際に用いられる場合，次 の表6.3にまとめているように，使用されることがわかった。

表6.3　聞き手に不利益をもたらさない行動実行に用いられる場合のまとめ

	インフォーマル				フォーマル		
		疎				疎	
	親	聞き手が目下	上下関係を持たず	聞き手が目上	親	上下関係を持たず	聞き手が目上
キョウシュクデスガ		×			×	×	○
センエツデスガ		×			×	×	○
カッテデスガ	×	×	○	○		×	

4．行動実行の各使用条件における前置き表現の諸形式の使い分けのま とめ

　本章では，同じ行動実行の使用条件において使用される前置き表現の各表現 形式の使い分けをめぐって，場，親疎関係，上下関係から考察を行なって記述 を進めた。

　その結果，「ワルイケド」，「スミマセンガ」，「モウシワケアリマセンガ」，「オ ソレイリマスガ」，「キョウシュクデスガ」，「シツレイデスガ」，「センエツデスガ」， 「カッテデスガ」，「オヨバズナガラ」は次の表6.4にまとめたように使い分けら れることが明らかになった。

第6章　行動実行が後続する場合の同一使用条件における前置き表現の使い分け　129

表6.4　行動実行の各使用条件における前置き表現の諸形式の使い分けのまとめ

	インフォーマル				フォーマル		
	親	疎			親	疎	
		聞き手が目下	上下関係を持たず	聞き手が目上		上下関係を持たず	聞き手が目上
「聞き手に不利益をもたらす行動実行」が後続する場合							
ワルイケド	○	○	○	×	×	×	×
スミマセンガ	×	○	○	○	×	×	×
モウシワケアリマセンガ	×	×	×	○	×	○	○
オソレイリマスガ	×	×	×	×	×	×	○
キョウシュクデスガ	×	×	×	×	×	×	○
カッテデスガ	×	×	×	×	×	×	○
「聞き手の要求に逆らう行動実行」が後続する場合							
ワルイケド	○	○	×	×	×	×	×
スミマセンガ	×	×	○	×	×	×	×
モウシワケアリマセンガ	×	×	×	○	×	○	○
「聞き手に不利益をもたらさない行動実行」が後続する場合							
キョウシュクデスガ	×	×	×	×	×	×	○
センエツデスガ	×	×	×	×	×	×	○
カッテデスガ	×	×	○	○	×	×	×

第7章　行動要求に用いられる前置き表現の使用条件

　本章では，行動要求が後続する場合，前置き表現の各表現形式がどのような性格の行動要求に使用されるかについて考察することによって，行動要求の性格による各表現形式の使用条件について述べる。

　また，シナリオや Google 検索サイトなどを見ても，「及ばずながら」や「恥ずかしいですが」といった前置き表現が直接的に「行動要求」の前に使用される例は見当たらなかった。この結果は，「及ばずながら」や「恥ずかしいですが」は「行動要求」が後続する発話において使用されにくいということを示唆している。したがって，本章では，主に「悪いけど」，「すみませんが」，「申し訳ありませんが」，「恐れ入りますが」，「恐縮ですが」，「失礼ですが」，「僭越ですが」，「勝手ですが」を中心に考察して記述を行なう。

　以下，1 節では「ワルイケド」，2 節で「スミマセンガ」，3 節で「モウシワケアリマセンガ」，4 節で「オソレイリマスガ」，5 節で「キョウシュクデスガ」，6 節で「シツレイデスガ」，7 節で「センエツデスガ」，8 節で「カッテデスガ」をそれぞれ記述し，最後に 9 節で本章をまとめる。

1．「ワルイケド」が行動要求に用いられる場合の使用条件

　「ワルイケド」は，「話し手が利益を得る行動の要求が後続する」場合と，「聞き手の行動に対する修正または禁止を要求する」場合に使用される。以下，それぞれについて 1．1 と 1．2 において取り扱う。

1．1．話し手が利益を得る行動の実行を聞き手に要求する

　「ワルイケド」は話し手が聞き手にある行動の実行を要求してその行動の実行により何らかの利益を得るといったような行動要求の前に使用されやすい。たとえば，以下のようなものである。

　　（1）　希望「（ムッと）……」

洋子「(ニコッと)冗談だ，って」

希望「(ジトッと)……私，そういう冗談言いません」

洋子「(目が点になって)……」

　　　希望，純にミルクを飲ませる洋子を心配そうに見ている。

洋子「あ，悪いけど，お金貸してくれない？5万円ぐらい」

希望「そんなお金ありません……」

洋子「じゃ，親から借りてよ」

希望「そんなこと……200万円のこともあるのに」

洋子「(あっさり)そう。じゃ，いい」

　　　と，純にミルクを飲ませる。(『おヒマなら来てよネ！』伴一彦)

（2）　　派手な格好をした八郎青年がモーターボートの手入れをしてい
　　　る。八郎のモーターボートに駆け寄る伝助。

伝助「八っちゃん，こないだ女の子乗せたんだって？　沖に出てキ
　　　スまでしたっていうじゃない。バッチシ決めちゃってんだか
　　　ら，色男！」

　　　おだてに乗って照れる八郎。

伝助「いまの職場でね，すっごい可愛いのいるんだよ。今度紹介す
　　　るからさア，悪いけど会社までちょこっと乗っけてってくれ
　　　る？」

八郎「しょうがねえなあ」

　　　ニヤつきながらともづなを解く八郎。飛び乗る伝助。

伝助「大至急頼むわ」

　　　八郎，モーターボートを発進させる。

　　　　　　　　　　　　　　　　　(『釣りバカ日誌』山田洋次・桃井章)

（3）　　［正木家・台所（夕方）］君子と美紀，夕飯の仕度をしている。
　　　君子，ネギをたんざくに切りながら，思い出したように，

君子「(美紀に)悪いけど，酒屋に行ってきてくれん？」

美紀「お醤油だったらあったわよ」

美紀「まったく，母さんにも困ったもんだ」

　　　　　　　　　　　　　　　　　(『宇宙の法則』旭井寧・井筒和幸)

（4）　　実家の二階で話している智子。

智子「悪いけど，早く振り込んで頂戴。今月から恭平の塾の月謝も

　　　　　　　あるし，いろいろ大変なの」
　　　陽介の声「わかった。……恭平は元気か」
　　　智子「元気よ。就職の方はどう？」
　　　陽介の声「駄目だ。先週も三回面接に行ったけど」
　　　恭平「ただいま」
　　　　　陽介の息子の恭平が帰って来てすぐに出かける。
　　　　　　　　　（『赤い橋の下のぬるい水』冨川元文・天願大介・今村昌平）
（５）　　　　耕作，電話をかけている。
　　　　　　呼び出し音，途切れて——
　　　電話の声「はい，スマイルレコードです」
　　　耕作「作曲家の巽だが……」
　　　電話の声「あ，日高です」
　　　耕作「日高くん，悪いけど手伝いに来てくれないか？」
　　　日高の声「手伝うって……」
　　　耕作「買物を頼みたいんだ」　　　（『パパは年中苦労する』伴一彦）
（１）では話し手である洋子が聞き手である希望に対して「お金貸してくれな
い？」と要求している。（２）では話し手である伝助が聞き手である八郎に対し
て「会社までちょこっと乗っけてってくれる？」と要求している。（３）では話
し手が聞き手に対して酒屋へ行ってくるように頼んでいる。（４）では話し手が
聞き手にお金を早く振り込むように要求している。（５）では話し手が聞き手で
ある日高くんに「手伝いに来てくれないか？」と求めている。

　これらの例のディスコースからわかるように，話し手が要求した「お金を貸
してくれない？」，「会社までちょこっと乗っけてってくれる？」，「酒屋に行っ
てきてくれん？」，「早く振り込んで頂戴」，「手伝いに来てくれないか？」とい
った行動要求は，聞き手にとっては必ずしも従わなければならないものでもな
い。いずれも話し手の個人的都合によるものである。そして，話し手は聞き手
にこれらの行動を実行してもらうことによって直接的に利益を得る。つまり，
いずれの例でも，話し手は聞き手の行動を制限する権限をもっていないのに，
自らの利益のために，個人的都合によって聞き手にある行動の実行を要求して
いるのである。

　このような行動要求が行なわれる場合，話し手が聞き手の行動を制限する権
限を有していないにもかかわらず自分の利益を得るために聞き手に行動の実行

を要求するため，明らかに聞き手に負担がかかることになる。そのため，Leech（1983）が提唱している「丁寧さの原則」のうちの「気配り原則（Tact Maxim）」の「他者に対する負担を最小限にせよ（Minimize cost to other）」にそって，聞き手に対する配慮が求められる。上の例ではこれらの行動要求が行なわれる前に，いずれも「悪いけど」が使用されている。このことにより，「ワルイケド」は言語表現上詫びる形をとることによって，聞き手に対する話し手の心遣いを表現し，聞き手に負担などをかける際に使用されやすい，ということがうかがえる。

１．２．聞き手の行動に対する修正・禁止を要求する

「ワルイケド」は，聞き手が行なっている行動，あるいは行なおうとする行動に対して話し手が修正または禁止するというような行動要求をする前にも使用されやすい。たとえば，以下のようなものである。

（６）　耕作「キミが絡んできたんだよ」
　　　　　　と，バーへ戻ってゆく。
　　　　　黎「なに言ってんのよ，酔っぱらいの女ったらし！」
　　　　　　耕作，立ち止まって振り向く。
　　　　　黎「（言い過ぎたと思うが，強気で）何よ」
　　　　　耕作「<u>悪いけど</u>，<u>もう少し静かに飲んでくれないか</u>？」
　　　　　黎「──」
　　　　　　耕作，バーへ入ってゆく。　　　（『パパは年中苦労する』伴一彦）
（７）　佳織「天のラブソングも聞きたいな」
　　　　　天「……まだだよ」
　　　　　　天，！？佳織，仕事部屋を覗き込んでいる。
　　　　　天「<u>悪いけど</u>，<u>仕事部屋には入らないでくれ</u>」
　　　　　佳織「何かヤバいものでもあるの？」
　　　　　天「機械をいじられたくないんだ」
　　　　　佳織「（首を竦め）……」　　　（『WITH LOVE』伴一彦・尾崎将也）
（８）　　　和美はガイドブックを見ながら〝女ひとり〟を歌っている。
　　　　　いづみ「素敵なめぐりあい……期待しちゃおう」
　　　　　朋子「年上の人がいいなあ……」
　　　　　絵里「優しくて包容力のある……」

和美，"女ひとり"の最初の部分（京都，大原，三千院，恋に疲
　　　れた女がひとり）を何度も繰り返して歌っている。そこしか知
　　　らないのだ。
　いづみ「（ムッと）海老沢さん，悪いけど歌，やめてくれる？」
　　　和美，！？と顔を上げて三人を見る。
　　　　　　　　　　　　　　　　　　　（『うちの子にかぎって』伴一彦）
（9）　伊藤「ＣＤの件，一枚噛ませてよ」
　　　天「……」
　　　伊藤「関東電鉄にもコネあるし，騙せる企業，色々知ってるからさ」
　　　天「（キッと）騙す？」
　　　伊藤「女もスポンサーもうまく騙していい気持ちにさせりゃいいのよ」
　　　天「……悪いけど，この件には首を突っ込まないでほしいな」
　　　伊藤「いいの？健太郎ちゃんもいい曲書くし，ウカウカしてらンな
　　　　　　いんじゃないの？」
　　　天「（ブ然と）……」　　　　（『WITH LOVE』1998年フジテレビ放送）
（10）　雅子「美代子ォ」
　　　　と，困った顔で見送る。
　　　千秋「いいじゃない，放っとけば」
　　　男1「そうだよ，22になったわけだし，もっと派手なとこ行こうよ」
　　　千秋「（ジロッと睨んで）悪いけど消えてくれる？女同士で飲みたい
　　　　　　から」
　　　男2「え？あれ……？」
　　　　千秋，男たちを無視して雅子に話しかける。
　　　　　　　　　　　　　　　（『逢いたい時にあなたはいない…』伴一彦）
　（6）では，話し手である耕作はうるさくしている聞き手，黎に対して「もう
少し静かに飲んでくれないか？」と要求している。（7）では，話し手である天
は仕事部屋を覗き込んでいる聞き手，佳織に対して「仕事部屋には入らないで
くれ」と要求している。（8）では，話し手は繰り返して歌っている聞き手に「歌，
やめてくれる？」と求めている。（9）では，話し手は聞き手に「この件には首
を突っ込まないでほしい」と求めている。（10）では，話し手は目の前にいる聞
き手に対して「消えてくれる？」と要求している。
　これらの例のディスコースから，（6）では聞き手である黎がうるさく飲んで

第7章　行動要求に用いられる前置き表現の使用条件　135

いるため，話し手である耕作が不利益をうけており，（7）では聞き手の佳織が
仕事部屋に入ると，話し手の天には何らかの不都合が生じるとうかがえる。そ
して，（8）では聞き手が繰り返して歌っているため，話し手は不愉快な思いを
させられた。（9）では「この件」に突っ込まれると，話し手は何らかの迷惑を
かけられる。（10）では聞き手がずっと付きまとっていると，話し手は不愉快に
なるといった状況がうかがえる。話し手は自分の不利益をなくす，あるいは不
利益を防ぐために，「もう少し静かに飲んでくれないか？」，「仕事部屋には入ら
ないでくれ」，「歌，やめてくれる？」，「この件には首を突っ込まないでほしい」，
「消えてくれる？」とそれぞれ要求して，聞き手に対し，今行なっている行動を
改善するように，あるいは，これから行なう行動を中止するように求めている。

　上の例では，話し手は自分の都合により，聞き手の行動に対して改善または
禁止を求めている。このような行動要求は，明らかに聞き手に迷惑や負担をか
けることになる。そして聞き手のフェイスを侵害する恐れもある。このような
場合，Leech（1983）が提唱している「丁寧さの原則」のうちの「気配り原則（Tact
Maxim）」，「他者に対する負担を最小限にせよ（Minimize cost to other）」にそって，
聞き手に対する配慮が求められる。ここではいずれの例でも「ワルイケド」が
用いられている。これらの例により，「ワルイケド」は話し手が聞き手に与える
フェイス侵害度を軽減しようとする配慮を表現し，聞き手に対して行動の改善
や禁止を求める場合に使用されやすい，ということがわかる。

２．「スミマセンガ」が行動要求に用いられる場合の使用条件

　「スミマセンガ」は，「話し手が利益を得る行動の実行を要求する」場合や，「聞
き手の行動に対する修正または禁止を要求する」場合に使用されやすい。以下，
それぞれについて２．１と２．２において取り扱う。

２．１．　話し手が利益を得る行動の実行を聞き手に要求する

　「スミマセンガ」は，話し手自身の利益のために聞き手に何らかの行動の実行
を要求するとき，前置きとして使用されやすい。たとえば，以下のようなもの
である。
　　（11）　　　堤に支払いする菊地，領収書を貰う。

菊地「ごちそうさま」

堤「ありがとうございました」

　　出て行く菊地。続いて佐和子，自動ドアが閉まり，また開く。

堤「？」

　　佐和子が戻って来て，堤に丁寧に折り畳んだ紙ナプキンを渡す。

佐和子「すみませんけど，これ，シェフの方にお渡し願えませんか」

堤「かしこまりました」　　　　　　　　（『さわこの恋』斎藤博）

(12)　　空を飛ぶ JAL 機（国際線）

N「そして，瑠璃ちゃんも……」

　　瑠璃，ビジネスマンに訊ねられている。

ビジネスマン「すいません，パソコンのバッテリー借りたいんだけ
　　　　　　　ど……」

瑠璃「シェルフラットには電源が付いていますのでお使い下さい」

　　と，教える。

ビジネスマン「ありがとう」　　（『スチュワーデス刑事1』伴一彦）

(13)　　同・秘書課

　　草森と課員たち，静かに執務している。

　　佐々木課長，更に緊張して入ってくる。

佐々木「室長，お呼びですか」

草森「（立ち上がり）すみませんが，これも代表で持っていってくれ
　　　ますか」

　　と，手にした香典袋を渡す。（『釣りバカ日誌』山田洋次・桃井章）

(14)　　一之助の顔が紅潮している。

一之助「船頭さん，釣りました！」

　　伝助，そのカレイを差し上げて善吉に見せる。

善吉「ああ，いい型だ」カレイから鉤をはずし，エサを付けてやる伝助。

　　一之助，カレイを手にして嬉しそうに笑う。

一之助「すみません，ちょっと写真を」

　　伝助，カメラで写してやる。（『釣りバカ日誌』山田洋次・桃井章）

(15)　水口「わたくしはこれから死にます」

　　母と娘，えっ，となる。

水口「わたくしは，きょう家を出て，水口家ご先祖の墓に参って，

第7章　行動要求に用いられる前置き表現の使用条件　137

　　　　　お父さまお母さまにお別れを告げました。母は二年前に亡く
　　　　　なりましたし，わたくしはただいま天涯孤独です。（嬉しそう
　　　　　に）父の犯した罪を詫び，わたくしの至らなさを恥じ，潔く
　　　　　命を絶つつもりです。ご心配くださいますな，あなた方にご
　　　　　迷惑はおかけいたしません」
　　　ユミエ「それは安心しました」
　　　水口「しかも，男として童貞を破ることができ，もはやこの世に思
　　　　　い残すことはありません。青森港から函館に向かう連絡船に
　　　　　乗って海に投じるか，或いは日光華厳の滝へ飛び込むか，い
　　　　　ずれにしても完全に目的を果たします。あ，<u>すみませんが，
　　　　　その中から二万円貸してください</u>。途中の交通費です」
　　　ユミエ「はい，では三万円」　　　　　　　　（『ふくろう』新藤兼人）
　（11）では，話し手の佐和子が「丁寧に折り畳んだ紙ナプキンをシェフに渡す」
ように聞き手の堤に頼んでいる。（12）では，話し手のビジネスマンが見知らぬ
聞き手である瑠璃に「パソコンのバッテリー借りたいんだけど」と求めている。
（13）では，話し手が香典を代表でもっていくように頼んでいる。（14）では，
話し手が聞き手に写真を撮ってもらうように頼んでいる。（15）では，話し手が
「二万円貸してください」と求めている。

　これらの行動要求はディスコースから明らかなように，いずれも話し手の個
人的都合によるものであり，聞き手は実行しなければならないというわけでは
ない。そして，聞き手が要求された行動を実行すると，話し手が利益を得る。
つまり，いずれの例でも，話し手は聞き手の行動を制限する権限をもっていな
いが，自らの利益のために，自分の都合によって聞き手にある行動の実行を要
求している。

　このような場合，「スミマセンガ」が前もって使用される。話し手が聞き手の
行動を制限する権限を有していないにもかかわらず自分の利益を得るために聞
き手に行動の実行を要求しているため，明らかに聞き手に負担をかけることに
なる。そのため，Leech（1983）が提唱している「丁寧さの原則」のうちの「気
配り原則（Tact Maxim）」，「他者に対する負担を最小限にせよ（Minimize cost to
other）」にそって，聞き手のフェイスに対する配慮が求められる。「スミマセンガ」
は予め詫びることにより，なるべくその負担を軽減しようという話し手の心遣
いを表現するもののひとつである。「スミマセンガ」を用いることによって，言

語表現上での話し手の配慮が表現される。したがって,「スミマセンガ」は,話し手が自らの利益を得るための行動要求を行なう際に用いられやすいのである。

また,「すみません」という単独形式は,「呼びかけ」という機能も兼ねており,注文依頼の情報が後続することが多い。

(16) みどり「ねえ,元ちゃん」

元「もう一杯だけ,飲もうよ,ネ」

みどり「(不満そうに) えーッ」

元「(バーテンに) すいません,もう一杯」

(『君の瞳に恋してる!』伴一彦)

(17) 1号「オレンジスカッシュもないですね」

3号「オレンジジュースならありますけど」

11号「……いらないです」

6号「すみません,バナナジュースを」

3号「(1号に),バナナジュース」

1号「はい(メモする)」

(『12人の優しい日本人』三谷幸喜・東京サンシャインボーイズ)

(16) と (17) では,話し手はそれぞれバーテンにもう一杯くださいと,バナナジュースを注文している。「すみません」という表現形式自体には「呼びかけ」機能があるため,人の注意を引き起こすことができる。例のような注文情報が後続する場合,注文するには,相手の注意を引き起こすことも必要であるため,「呼びかけ」にも機能する前置き表現を使用しなければならない。しかし,その他の「丁重付与」前置き表現は「呼びかけ」の表現として使用されにくいため,(16) や (17) のように,「すみません」が多く使用されるのである。

２．２．聞き手の行動に対する修正・禁止を要求する

「スミマセンガ」は,聞き手が行なっている行動,あるいは行おうとする行動に対して,話し手が修正または禁止するように要求する前に使用されやすい。たとえば,以下のようなものである。

(18) 後部座席に,紀子。殺人放火事件の資料を膝に上に置いているが,ため息で窓の外を見ている。

紀子「……」

運転手（徳永育郎）「(ニコニコ) 白石さん, いつも見てるよ」

紀子「……どうも (うざったい)」

徳永「ヒドい事件だよねえ, 二つになったばっかりの子まで焼き殺
　　　して……可哀相にねえ」

紀子「(苛立ち) すみません, ちょっと黙っててもらえます？」

徳永「あ, 資料に目通してるんだ」

紀子「……」　　　　　　　　　　　　（『ストレートニュース』伴一彦）

(19)　　　官邸・階段下

　　　　朋子ほか取材陣が和泉総理の到着を待っている。

　　　　　手塚が階段を降りてきて――

　　手塚「えー, すいません, みなさん。今日は重大な発表がありますので,
　　　　　プライバシーに関する質問はご遠慮願います」

　　記者1「今一番聞きたいのはジョアンナちゃんのことじゃないですか」

　　手塚「(記者1を睨んで) その話題, 出したらその場で会見は打ち切
　　　　　りますよ」

　　　　「冗談じゃないよ」

　　　　　などと不満の声があがるが――

　　　　　　　　　　　　　　　　　　　　　（『レッツゴー！永田町』伴一彦）

(20)　日本のアニメ／漫画史上, あなたが傑作だと思う作品の「タイトル」
　　　と「理由」を教えて下さい。万人受けしなくても大丈夫です。

　　　　・1回答に1作品

　　　　・傑作だと思う理由もお願いします

　　　　・漫画版は傑作だけど映画版は違う等の場合は, タイトルのとこ
　　　　　ろに「〇〇漫画版」など記載をお願いいたします

　　　　・同じ作品で違う理由の場合は返信でご回答をお願いします

　　　　・同じ作品で理由も同じ場合は, すみませんがご回答をご遠慮く
　　　　　ださい

　　　ご不明な点がありましたら質問欄をご利用ください。

　　　　　　　　　　　　　　　　　　（http://q.hatena.ne.jp/1197442092）

(21)　　　ご注意：①開始前はトイレが混みます。できれば駅でお済ませく
　　　　　　　　　ださい。

　　　　　　　　②すみませんが, お子様のご同伴は, ご遠慮ください。

中学生以下の方のお申し込みもおことわりします。

③イス7席，ベンチ7席，その他の方はたたみに座布団，
またはベッドに腰掛けてのご受講となります。

（http://www.takasakamiki.com/seminar8.html）

(22) 「………あんたが………コバちゃんの？」少女が用心深く言う。

「……コバちゃん？……父さんのこと？？」芳雄が問うと，少女は軽
く頷いた。

「…………そうか……あんたがコバちゃんの？」

「コバチャンテ，アンタノオトーサンカ？」マリアが一歩遅れて会話
に入ってくる。

「すみませんが，ちょっと静かにしてください」芳雄はマリアの方を
見ずに言った。

「…………」少女はしばらく黙って何かを考えていた。

（http://www.geocities.jp/saburounishida/doutei6.html）

(18) では，話し手の紀子は，喋りつづけている聞き手，徳永に対して「ちょ
っと黙っててもらえます？」と要求している。(19) では，話し手の手塚は聞き
手である記者たちに対して「プライバシーに関する質問はご遠慮願います」と
要求している。(20) では，話し手は聞き手に対して回答するのを禁止するとい
う旨を伝えた。(21) では，話し手は子供を連れてこないように要求した。(22)
では，話し手は会話に口を挟んできた聞き手に黙ってもらうように要求した。

これらの例のディスコースから，(18) では聞き手の徳永がしゃべり続けてい
るため，話し手である紀子が邪魔されており，(19) では聞き手の記者たちがプ
ライバシーに関する質問をすると，話し手側には何らかの不都合が生じるとい
うことがうかがえる。そして，(20) も (21) も禁止事項を破られると話し手の
迷惑になると察せられる。(22) では聞き手が会話に割り込んだことによって話
し手が不愉快な思いをしたのは明らかである。そのため，話し手は自分，また
は自分側の不利益をなくす，あるいは不利益を防ぐために，「ちょっと黙ってて
もらえます？」，「プライバシーに関する質問はご遠慮願います」，「ご回答をご
遠慮ください」，「お子様のご同伴は，ご遠慮ください」，「静かにしてください」
とそれぞれ要求して，聞き手が行なっている行動を修正するように，またはこ
れから行なう行動を控えるように求めている。

上の例では，話し手は聞き手の「しゃべる」，「聞く」，「回答する」，「子供を

つれていく」，「会話を展開する」といった行動を制限する権限を有していないにもかかわらず，自分あるいは自分側の都合により，聞き手に行動の修正や禁止の要求を行なっている。このような行動要求は聞き手の行動に対して干渉して迷惑や負担をかけることであり，聞き手のフェイスを侵害する恐れもある。このような場合，Leech（1983）が提唱している「丁寧さの原則」のうちの「気配り原則（Tact Maxim）」，「他者に対する負担を最小限にせよ（Minimize cost to other）」にそって，聞き手に対する配慮が求められる。「スミマセンガ」は詫びることを通して，修正や禁止の要求がもたらす押しつけがましさを緩和し，聞き手に与えるフェイス侵害度を軽減するといった話し手の配慮を言語上で表現するストラテジーの一種であるため，このような場合において使用されやすい。

3．「モウシワケアリマセンガ」が行動要求に用いられる場合の使用条件

「モウシワケアリマセンガ」は，「話し手が利益を得る行動の実行を聞き手に要求する」場合と，「聞き手の行動に対する修正または禁止を要求する」際に使用される。以下，それぞれについて3．1と3．2において取り扱う。

3．1．話し手が利益を得る行動の実行を聞き手に要求する

「モウシワケアリマセンガ」は，話し手がある行動の実行を聞き手に要求してその行動の実行により何らかの利益を得るといったような行動要求の前に使用されやすい。たとえば，以下のようなものである。

 (23) 樋口家・玄関（夕）
    扉の前に立つ旅装の結城先生。
   結城先生「一週間ほど出張してまいります。<u>申し訳ありませんが，</u>
     <u>BB の世話，よろしくお願いします</u>」
   見送っているのは修造。
   修造「（奥を気にして）母さんも浩介もなにやってるんだ」
   結城先生「あ，結構です。じゃ，行ってきます」
   修造「気をつけて……」
    と，送り出す。   （『なまいき盛り』伴一彦）
 (24) 犀川「（も，見せて）犀川です」

八尾警部補「清水元雄さんと以前結婚なさってましたよね？」

富子「だから，あいつとは関係ないって，こっちの刑事さんにも説明してたとこなのよ」

八尾警部補「刑事？（と，楷を見る）」

　　楷，首を竦める。

八尾警部補「昨日，隅田川で清水元雄さんと思われる死体が発見されました。申し訳ありませんが，確認をお願いしたいのですが」

富子「――！」　　　　　　　　　　（『サイコドクター』伴一彦）

(25)　大岡「（部下に）キミたちは何をやってたんだ。（天に）いや，お手間を取らせました」

天「（表情を変えず）……いえ。ではこれで具体的な作業にかかっていいんですね」

大岡「よろしくお願いします」

　　と，天に握手を求める。

天「（握手して）……」

大岡「申し訳ありませんが，今度の日曜日時間を作っていただけませんか？」　　　　（『WITH LOVE』伴一彦・尾崎将也）

(26)　　電話口へ行く千春，和枝の席の横を通ってゆく。

　　二人，目が合ってしまう。

　　慌てる和枝。しかし千春は和枝とは気付かずに行ってしまう。

　　和枝，ホッ。

千春「（電話に）もしもし……」

電話の声「木田です。申し訳ないですけど，部屋まで来てくれないかな」

千春「（怪訝に）部屋にですか？」

木田の声「1303号室。じゃ……（と，切れる）」

千春「……」　　　　　　　　　（『結婚ごっこ』東海林のり子）

(27)　雨音「お預かりします」

　　と，受け取り，通帳の印影と判子を確認する。

　　二つは同一のように見えるが――

　　雨音，更に検証しようとする。

その時，めぐみが笑顔で声をかけてくる。

めぐみ「失礼します。お客様，解約の手続きは私の方で承りますので，申し訳ございませんが，こちらへお願いいたします」

雨音，怪訝にめぐみを見ると，出入口の方を見ろ，と目配せする。

（『WITH LOVE』伴一彦・尾崎将也）

　（23）では，話し手である結城先生が聞き手である修造に「BB の世話」を頼んでいる。（24）では，話し手である八尾警部補が聞き手である富子に「死体の確認」を要求している。（25）では，話し手が時間を作ってほしいと聞き手に頼んでいる。（26）では，話し手が聞き手に部屋まできてもらうように要求している。（27）では，話し手が聞き手に移動してもらうようにお願いしている。

　これらの例のディスコースから，話し手には聞き手の行動を制限する権限をもっていないことがわかる。（23）で話し手が要求した「BB の世話」は話し手の個人的都合によるものであり，話し手自らその利益を受けるものである。（24）で話し手が要求した「死体の確認」は話し手の個人的都合によるものではないが，仕事上の都合によるものであり，その実行により話し手の仕事が進むという利益が得られる。（25）の場合，聞き手が時間を作ることによって話し手の希望がかなう。（26）の場合，聞き手が部屋に来ることによって話し手が助かる。（27）の場合，聞き手が移動することによって話し手の仕事が順調に進む。いずれも聞き手に負担をかけることによって話し手が利益を得る行動要求である。

　このような場合，話し手が聞き手の行動を制限する権限を有していないにもかかわらず自分あるいは自分側の利益を得るために聞き手に行動の実行を要求しているため，聞き手に負担をかけるのは明らかである。そのため，Leech（1983）が提唱している「丁寧さの原則」のうちの「気配り原則（Tact Maxim）」，「他者に対する負担を最小限にせよ（Minimize cost to other）」にそって，聞き手に対する配慮が求められる。「モウシワケアリマセンガ」は予め詫びることにより，なるべくその負担度を軽減しようという話し手の心遣いを言語表現上で表すもののひとつである。したがって，「モウシワケアリマセンガ」は，話し手が自分あるいは自分側の利益のために聞き手に行動要求を行なう際に用いられやすい。

３．２．聞き手の行動に対する修正・禁止を要求する

　「モウシワケアリマセンガ」は，聞き手が行なっている行動，あるいは行なお

うとする行動に対して，話し手が修正または禁止するように要求する際に使用
されやすい。たとえば，以下のようなものである。

(28)　　　　そこへ，喪服姿の矢島が厳しい表情でやってくる。

　　　　　矢島，受付へ──

　　　　受付の人間「申し訳ありません，マスコミの方はご遠慮下さい」

　　　　矢島「……」

　　　　　矢島，一礼して，境内に向かう。

　　　　受付の人間「困ります」

　　　　　紀子，はるか，矢島を追うが，警備の人間たちに制止される。

　　　　　　　　　　　　　　　　　　　（『ストレートニュース』伴一彦）

(29)　西尾愛「何回行っても面白いもん」

　　　康子「愛，まだ行ったことないんです」

　　　安達愛「いきたい」

　　　古賀愛「日本のディズニーランドって面白いらしいね」

　　　　竜太郎を除く全員の意見が一致。

　　　竜太郎「（ブ然と）申し訳ないが仕事をしなければならないんだ，あ
　　　　　っちの部屋に来ないでくれ」

　　　　強い口調で言ってLDKを出てゆく。

　　　　シラけるみんな。　　　（『パパはニュースキャスター』伴一彦）

(30)　「申し訳ありませんが部外者の方の登録はご遠慮ください。」

　　　　　　　　　　　　　　　　　　　（http://www.freeml.com/habanero）

(31)　「世界で一つだけの，計算プリントをお届けします。申し訳ありませ
　　　んが，保護者が採点できない方は，購入しないでください。」

　　　　　　　　　　　　　　　　　　　（http://ke-pri.ocnk.net/product/6）

(32)　「申し訳ありませんが，ココにコメントは入れないでくださいナ。読
　　　むだけ〜何か言いたい事があれば，BBSの方にど〜ぞ」

　　　　　　　　　　　　　　　　　　（http://8707.teacup.com/coz3/bbs/38）

　(28)では，受付の人間が仕事として，聞き手である矢島に「ご遠慮下さい」
と要求している。(29)では，話し手である竜太郎は，仕事を理由に聞き手たち
に対して「あっちの部屋に来ないでくれ」と発話している。(30)では，部外者
にあたる聞き手は登録が禁止されている。(31)では，保護者が採点できない聞
き手は計算プリントを購入しないように明示されている。(32)では，聞き手は

コメントを入れることを禁止されている。

　これらの例のディスコースから，（28）では聞き手の矢島に中へ入られると，話し手側には何らかの不都合が生じ，（29）では聞き手が部屋に入ると，話し手の竜太郎が邪魔されることがうかがえる。そして，（30），（31），（32）も聞き手の「登録」，「購入」，「コメントを入れる」ことで話し手に不都合なことが起きると推測できる。そのため，話し手は予想される不利益をなくすため，あるいは不都合が起こらないように，「ご遠慮下さい」，「あっちの部屋に来ないでくれ」，「登録はご遠慮ください」，「購入しないでください」，「コメントを入れないでください」と発話して，聞き手が行なっている行動を改善するように，またはこれから行なう行動を控えるように要求している。

　これらの例では，話し手は聞き手の行動を制限する権限を有していないにもかかわらず，自分あるいは自分側の都合により，聞き手の行動に対して修正や禁止の要求を行なっている。このような行動要求は聞き手への干渉であり，迷惑をかけることである。そして聞き手のフェイスを侵害する恐れもある。このような場合，Leech（1983）が提唱している「丁寧さの原則」のうちの「気配り原則（Tact Maxim）」，「他者に対する負担を最小限にせよ（Minimize cost to other）」にそって，聞き手に対する配慮が求められる。「モウシワケアリマセンガ」は詫びることを通して，言語表現上において，改善や禁止の行動要求がもたらす傲慢な印象を緩和し，聞き手のフェイスへの侵害度を軽減するといった話し手の配慮を表現するストラテジーの一種であるため，このような場合に使用されることが多い。

４．「オソレイリマスガ」が行動要求に用いられる場合の使用条件

　「オソレイリマスガ」の使用例は，シナリオから数例しか出なかったため，Google 検索で出た使用例を参考に考察を行なった。その結果，「オソレイリマスガ」は，「話し手が利益を得る行動の実行を聞き手に要求する」場合と，「話し手が自分の職務を遂行するために聞き手に行動の実行を要求する」際に使用される，ということが明らかになった。以下，それぞれについて４．１と４．２において取り扱う。

４．１．話し手が利益を得る行動の実行を聞き手に要求する

「オソレイリマスガ」は，聞き手に何らかの行動を行なうことによって話し手が利益を得る行動要求が後続する場合には使用される。たとえば，以下のようなものである。

(33)　　　ミシンで婦人服を縫っているみち子。

　　　　　電話のベルが嶋る。

　　　みち子「はい――あ，おじいさん。元気？からだ大丈夫？――いいのよ，
　　　　　　そんなこと，他人行儀な口きいちゃって。何か用事？」

　　　　　鈴木建設本社・社長室

　　　　　楽しそうに電話をかけている一之助。

　　　一之助「実は先日の写真が出来たのでお渡ししたいと思いまして。
　　　　　　おそれいりますがお勤め先のお電話番号を」

　　　みち子の声「000のxxxxよ。電話して営業三課の浜崎といえばいいわ。
　　　　　　もう一回いうね。000 の xxxx 番よ」

　　　　　メモ用紙に電話番号を走り書きする一之助。

　　　　　　　　　　　　　　　　　　　（『釣りバカ日誌』山田洋次・桃井章）

(34)　「以前，一度リコールでメンテナンスで来られた後に床の温度が上が
　　　らなくなり床暖房としては使えなくなってしまいました。その後倒
　　　産と知り驚いた次第です。恐れ入りますが，メンテナンスいただけ
　　　る連絡先を教えていただけませんでしょうか？

　　　　　　　　　　　　　（http://ricotas55.blog56.fc2.com/blog-entry-4.html）

(35)　「つきましては，大変恐れ入りますが，PC と同じキー位置を選択で
　　　きるようにはお願いできませんでしょうか。」

　　　（http://www.adamrocker.com/blog/268/publish-simeji-for-cupcake-in-an-
　　　droid-market.html）

(36)　「恐れ入りますが，マクロの作成をお願いいたします。」

　　　　　　　　　　　　　　　　　　　（http://q.hatena.ne.jp/1256673835）

(37)　「大変恐れ入りますがそういうことはメッセージでお願いします。」

　　　　　　　　　　　　　　　　　　　（http://kotonoha.cc/no/106748）

　（33）では，話し手が電話の向こうにいる聞き手に番号を教えるように頼んでいる。(34)では，話し手がメンテナンスの連絡先を教えるように頼んでいる。(35)

第7章　行動要求に用いられる前置き表現の使用条件　147

では，話し手がPCの操作について聞き手に助けを求めている。(36) では，話し手はマクロの作成を頼んでいる。(37) では，話し手は聞き手にメッセージでの連絡を要求している。

　また，例のディスコースから明らかなように，話し手には聞き手の行動を制限する権限がない。いずれの例においても話し手が自分の都合によって聞き手に行動を要求している。そして，聞き手の行動実行を通して何らかの利益を得ると見られる。このように，話し手が聞き手の行動を制限する権限を有していないにもかかわらず聞き手に行動の実行を要求するのは聞き手に負担をかけることになる。そのため，Leech (1983) が提唱している「丁寧さの原則」のうちの「気配り原則 (Tact Maxim)」，「他者に対する負担を最小限にせよ (Minimize cost to other)」にそって，聞き手に対する配慮が求められる。上の例ではいずれも「オソレイリマスガ」が使用されていることにより，「オソレイリマスガ」は予め詫びるというストラテジーを通して，聞き手に行動要求を行なう際に用いられやすい，ということがわかる。

４．２．話し手が職務を遂行するために聞き手に行動の実行を要求する

　「オソレイリマスガ」は話し手が自分の職務を遂行するために聞き手に行動の実行を要求する際に用いられやすい。たとえば，以下のようなものである。

　　(38)　Q：先払いした，残高で (JPY ￥161,000) を返金してください。
　　　　　　　2009-8-3 払い戻し請求したが，半年待ちますが，返金がない。
　　　　　　　連絡したが，数週待ち，返信もない。再度こちらに連絡します。
　　　　　　　早めに手続きして下さい。
　　　　　A：恐れ入りますが，お客様のプライバシーやセキュリティの都合
　　　　　　　もございますので，今回のように個別の対応が必要な場合はフ
　　　　　　　ォーラム上にお客様情報を記入せずに，下記 URL より AdWords
　　　　　　　サポート窓口まで直接お問い合わせ下さい。
　　　　　（http://www.google.com/support/forum/p/adwords/thread?tid=5e6c-
　　　　　　be0bedf4c489&hl=ja)
　　(39)　警察官「救急隊の方を案内してきました」
　　　　　　留置所内の警察官「了解，あれ？救急隊さんって３名ですよね？」
　　　　　　救急隊長「今，１名は搬送資機材を持ってきます」

留置所の警察官「でしたら3名そろってからこのドアを開けます。
恐れ入りますけど救急隊長さんお名前教えていただけますか」
すぐに救急機関員がサブストレッチャーを持ってきました。

（http://www.paramedic119.com/shocking/case009.htm）

(40) 「恐れ入りますが，もう一度，座席のベルトをお確かめ下さいますよう，お願いします。」　　　　　　（http://jlex.org/dictionary/2192560）

(41) 「恐れ入りますが，下記にご記入の上，使用申請書と合わせて本様式もご送付願います。」

（http://www.juen.ac.jp/contents/attache/n_satellite/pdf/shinseisyo.pdf）

(42) 「ニュース」の発信をご希望されない方は，恐れ入りますが当課までご連絡ください。　　（http://www.chisan-chisho.com/new/news01.pdf）

　(38) では，話し手は返金の手続きについてサポート窓口まで直接問い合わせるように，聞き手に要求している。(39) では，話し手は救急隊長の名前を教えてもらうように求めている。(40) では，話し手は聞き手に座席ベルトを確かめるように要求している。(41) では，話し手は使用申請書と様式の送付を要求している。(42) では，話し手は「ニュース」を希望しない聞き手に連絡を求めている。

　いずれの例でも話し手は仕事のために聞き手に行動を要求している。しかし，仕事のためといっても，話し手が聞き手の行動を制限する権限を有していないにもかかわらず聞き手に行動の実行を要求するのには違いがないため，このような行動要求が聞き手に負担をかけることには変わりがない。そのため，Leech (1983) が提唱している「丁寧さの原則」のうちの「気配り原則 (Tact Maxim)」，「他者に対する負担を最小限にせよ (Minimize cost to other)」にそって，聞き手に対する配慮が求められる。上の例ではいずれも「オソレイリマスガ」が使用されていること。このことにより，「オソレイリマスガ」は話し手が職務を遂行するため聞き手に行動要求を行なう際に用いられやすいということがうかがえる。

5．「キョウシュクデスガ」が行動要求に用いられる場合の使用条件

　「キョウシュクデスガ」は，「話し手が利益を得る行動要求や，聞き手の行動に対する修正または禁止を要求する」際には使用されにくく，「話し手が自分の

第7章　行動要求に用いられる前置き表現の使用条件　149

職務を遂行するために，聞き手に行動の実行を要求する」際に使用されやすい。たとえば，以下のようなものである。

(43)　「郵便局以外からのお支払いにつきましては，恐縮ですが振込手数料はお客様にてご負担ください。」

　　　　　　　　　　　　　　　（http://pub.maruzen.co.jp/realize/howtobuy.html）

(44)　（出版提案書についての話である。）

　　　「1週間以内にお返事さしあげますので，もし，こちらからの返事がありません場合には，恐縮ですが，再度メールをお送り下さい。」

　　　　　　　　　　　　　（http://www.hituzi.co.jp/hituzi-ml/proposal-index.html）

(45)　「特定の IP アドレスのブロックは通常 24 時間で解除されます。恐縮ですが，それまでお待ちいただきますようお願いいたします。」

　　　　　　　　　　　　（http://markmail.org/message/nshqgmxd3gyxlxab）

(46)　「大変恐縮ですが，承諾の可否を本書面到達後 2 週間程度で回答いただきますようお願い申し上げます。」

　　　　　　　　　　　　（http://ocw.kyoto-u.ac.jp/copyright/pdf_file/ATT00184.pdf/）

(47)　「応募のメールを送付された方は大変恐縮ですが上記アドレスへ再度送信ください。昨日，会員各位に送付しました在特会緊急メルマガにおいて，本部・各支部運営大募集をお伝えしましたが，その中で在特会運営募集メールアドレスが間違って記載されていました。」

　　　　　　　　　　　　（http://yhn8.iza.ne.jp/blog/entry/1063416/）

　(43) では，聞き手であるお客様に対して「振込手数料をご負担ください」と要求している。(44) では，出版提案書を送ってきた聞き手に対して「返事がありません場合には，再度メールをお送りください」と要求している。(45) では，IP アドレスがブロックされた聞き手に対して解除するまで待ってもらうように伝えている。(46) では，書面到着後 2 週間程度で回答してくれと聞き手に求めている。(47) では，応募のメールを送付した聞き手に対して，指定したアドレスへ再び送信するように要求している。

　これらの例はいずれも話し手自身の利益のために聞き手に行動を要求しているわけではなく，職務のために，聞き手に行動の実行を要求しているのである。このような行動要求を行なう際に，話し手は，聞き手に負担をかけることよりこのように行動を要求するのが僭越だと認識しやすい傾向がうかがえる。

　上の例ではいずれも「キョウシュクデスガ」が使用されていることにより，「キ

ョウシュクデスガ」は例のように，話し手が自分の職務を遂行するため聞き手に何らかの行動を要求する場合に用いられやすい，ということが明らかである。

6.「シツレイデスガ」が行動要求に用いられる場合の使用条件

「シツレイデスガ」は，「話し手が利益を得る行動要求」や，「話し手が自分の職務を遂行するための行動要求」が行なわれる際には使用されにくいが，「聞き手の行動に対して修正または禁止を要求する」場合と，行動の修正や禁止以外の，「聞き手の私的領域に踏み込むような行動要求」の前に使用される。以下，それぞれについて６.１と６.２において取り扱う。

6.1. 聞き手の行動に対する修正・禁止を要求する

「シツレイデスガ」は，聞き手が行なっている行動，あるいは行なおうとする行動に対して，話し手が修正または禁止するように要求する際に先立って使用されやすい。たとえば，以下のようなものである。

(48) 藤村「……怒ったんですか？」

芳彦「当たり前です。あんたたちもどうかしてますね。よりによってこんな人を――」

綱島「参ったな。これだからインテリは困るんだ」

そっと襖を閉める澄子。

けわしい芳彦の表情。

芳彦「失礼ですが，あなた方は今回の選挙から手を引いていただきたい」

藤村「何ですって？」　　　　　　　　　　　　　　　（『誘惑者』島吾郎）

(49) 「失礼ですが全員をひとくくりにしないで欲しいものですが確信も無いのに勝手にトナメや対人をやってないと思わないでほしい」

（http://www.ntv.co.jp/sho-ten/04_mail/060723.html）

(50) 「それが出ないから聞いていたんですけど。自分の調べ不足なのかもしれません。いえ，そうだと思います。ですが，時間が無いのでココで聞いたんです。それは悪い事でしょうか？それと失礼ですが，そういう言い方をなさるのは止めては戴けませんでしょうか。」

第 7 章　行動要求に用いられる前置き表現の使用条件　151

（http://www.10ch.tv/bbs/test/read.cgi?bbs=question&key=154948536&st=1&to=50）

(51)　「失礼ですが，問題解決とはなんらかかわりない議論ごっこに付き合うヒマはさすがにありませんのでご勘弁願います。もう私はそんなに若くないので。そういうことが好きなお友達同士でお願いします。」

（http://ja.wikipedia.org/wiki/Wikipedia:%E4%BA%95%E6%88%B8%E7%AB%AF/subj/%E6%AD%BB%E5%88%91%E5%AD%98%E5%BB%83%E5%95%8F%E9%A1%8C%E3%81%AE%E5%88%86%E5%89%B2%E3%81%AE%E6%98%AF%E9%9D%9E）

(52)　CA：「お客様，まことに失礼ですが，機内は禁煙となっておりますので，おタバコはご遠慮ください」

　　　　客：「うるさいな。1本くらいいいだろう」

（http://ww3.enjoy.ne.jp/~ikumim/kokorohakimagure/okyakusama.htm）

　(48) では，話し手は，選挙に出ている聞き手に対して「選挙から手を引いていただきたい」と発話して，選挙に出るのをやめてくれと要求している。(49) では，聞き手の行動をめぐって「シナイデホシイ」という希望表現の形でその行動を控えるように要求している。(50) では，話し手は聞き手にそういう言い方をやめるように求めている。(51) では，話し手は聞き手に議論をやめるように求めている。(52) では，話し手は聞き手に機内での喫煙を遠慮するように要求している。いずれも聞き手の行動に対して修正や禁止を求めている。

　これらの例のように，聞き手の行動に対して改善や禁止を要求するのは，聞き手に迷惑をかける一方，聞き手の私的領域に踏み込み，聞き手を非難する行動の一種だと見なされやすい。すなわち，このような行動要求は非礼な行為でもある。このような場合，Leech (1983) が提唱している「丁寧さの原則」のうちの「是認の原則（Approbation Maxim）」，「他者の非難を最小限にせよ（Minimize dispraise of other）」にそって，聞き手のフェイスへの配慮が求められる。「シツレイデスガ」は聞き手の私的領域に侵入することに対して，「こんなことして礼を失っているとはわかっているのだが……許してくれ」といったような気持ちを表現するものである。前もって「シツレイデスガ」を用いることによって，聞き手に与えるフェイス侵害度を軽減しようとする話し手の気遣いが表現される。したがって，聞き手の行動に対して改善や禁止を要求する場合，「シツレイデスガ」の使用が可能となる。

６．２．聞き手の私的領域に踏み込むような行動要求をする

「シツレイデスガ」は，聞き手の私的領域に踏み込むような行動要求が行なわれる際に使用されやすい。たとえば，以下のようなものである。

(53) 「先生，失礼ですが，委任状を御持参でしたら，拝見したいのですが。」
理香子がそう切り出すと，三十代後半に見受けられる穂高が，エッという顔をした。

(http://www.hyogo-shihoushoshi.jp/html/novel.html)

(54) 「ホームページを何を利用して作っているか分かりませんが，例えばテキストエディタで作っているとき，最後に名前を付けて保存しますよね，そのときに漢字コードを選ばなければなりません。失礼ですが，ホームページ作成環境を教えていただけませんか？」

(http://sb.xrea.com/archive/index.php/t-1309.html)

(55) 「私，今日は源司さんにアナ大工についてお話しをうかがいたいなと思ってやってきたわけなんですけど，船大工とか宮大工というのは，知らないわけでもないわけなんすけど，アナ大工というのは，大変失礼ですけど全く初耳なので，まず最初に，簡単に教えてもらえないかなと。」

(56) 「湘南学園は，どんな学校生活ですか？進学校なので，クラブの練習は少ないですか？失礼ですが，大学受験の浪人が少し多い理由教えてください。また偏差値45ぐらいで，入学すればついていくのが大変でしょうか？それと学校の始業時間がはっきりわかりませんので教えてください。よろしくお願い致します。」

(www.inter-edu.com/forum/read.php?17,82563)

(57) 「こんな感じのデザイン，どうでしょ。えっ？前回に引き続き，和風っぽくないって？まあ，まあ，それもヨシってことで（笑）あ，そうそう，こういう素材が欲しいとかっていうリクエストとかってありますかねえ？いや，作るかどうかはわかんないですが…って，聞いておいて，失礼ですが（笑）なんかあったら教えてください。」

(http://www.asahi-net.or.jp/~FV6M-OKD/)

(53) では，話し手が「先生」と呼ばれている聞き手に対して「委任状を見せてください」と要求している。(54) では，ディスコースからわかるように，話

し手が聞き手のホームページの作業プロセスについて疑問に思っているので，聞き手に質疑するかのように「作成環境を教える」という行動を求めている。(55)では，アナ大工のひとりである聞き手に「アナ大工のことについて教えてもらえないかと聞いている。(56)では，学校側に受験の生徒には浪人が多い理由について教えてくださいと頼んでいる。(57)では，デザインについて指摘してきた聞き手に対してリクエストしてくださいと伝えている。

　例からわかるように，(53)の場合，委任状は先生の私物であるため，話し手の理香子が先生の委任状を見せるように要求するのは先生の私的領域に踏み込む行動であり，礼儀に欠ける行動と見なされる。(54)の場合，ホームページを作成する環境はあくまでも聞き手の個人的事柄であるため，それを聞かせてくれるように要求するのは聞き手にとって非礼なことであり，聞き手のフェイスを侵害することと思われる。(55)の場合は，アナ大工である聞き手にアナ大工について尋ねるのは聞き手の個人情報を聞くような行動であり，礼儀に欠ける行動だと思われる。(56)では学校の受験生に浪人が多い理由を尋ねるのはその学校のフェイスを侵害するような行動と見なされやすい。いずれも聞き手の私的領域に踏み込むような行動要求であり，聞き手のフェイスを侵害するものと見なされる。

　このような行動要求を行なう際に，話し手は，聞き手に負担をかけることより，このような行動を要求するのが非礼なものだと認識しやすいので，非礼の行動要求に対するフォローを先に考慮しなければならない。「シツレイデスガ」は礼儀に欠けることに対する心配りを表現するものであるため，負担をかけることを詫びる「悪いけど」，「すみませんが」，「申し訳ありませんが」，「恐れ入りますが」，あるいは立場をわきまえていないことに対して気遣う「恐縮ですが」より，このような場合において用いられやすいのである。

7．「センエツデスガ」が行動要求に用いられる場合の使用条件

　「センエツデスガ」が直接行動要求の前に用いられた使用例はシナリオから見つけられなかったため，Google 検索で出た用例を参考に考察を行なった。その結果，「センエツデスガ」は，「話し手が利益を得る行動要求」や，「話し手が自分の職務を遂行するための行動要求」が行なわれる際には使用されやすいことがわかった。以下，それぞれについて7．1と7．2において取り扱う。

７．１．話し手が利益を得る行動の実行を聞き手に要求する

「センエツデスガ」は，行動要求が後続する例は多く見られないが，話し手が自分の願望や期待どおりに，聞き手に何らかの行動の実行を要求する際には使用される。たとえば，以下のような例である。

(58) 「僭越ですが，この「介助員の役割」のスレッドをとおして皆様に少しでもご意見をいただけたら幸いです。」
(http://www.zenkokuren.com/cgi-local/cbbs/cbbs.cgi?mode=one&number=1358&type=0&space=0&no=0 -)

(59) 「大変僭越ですが，私どものサイト内に JJ さんのコーナーを設けさせて頂きたいと思うのですがご検討頂けないでしょうか。」
(http://kimonobijin.livedoor.biz/archives/50154102.html)

(60) 「大変僭越ですが，大きな笑顔の似顔絵名刺をどうぞお使い下さい。」
(http://www.omeisi.com/2006-03/egaonotikara.htm)

(61) 「大変僭越ですが，私の HP ブログを見てやってください。 もしお会い出来ることがあれば，大変楽しみにしています。」
(http://plaza.rakuten.co.jp/musameji/diary/200602060000/)

(62) 「何人かのご希望が有りましたが，飼育環境・家族構成・犬に対する考え方などを総合的に考慮して，ジャック君に一番適していると思われるご家庭を選ばせて頂きました。大変，僭越ですが，どうぞ，ご理解のほど，お願いいたします。」
(http://imam.blog16.fc2.com/page-2.html)

(58) では，話し手は聞き手に意見をくれるようお願いしている。(59) では，話し手はコーナーの開設について検討してくれることを期待している。(60) では，話し手は似顔絵名刺を使ってくれるように望んでいる。(61) では，話し手は自分の HP を見てくれるように頼んでいる。(62) では，話し手は家庭を選んだことに対する理解を聞き手に求めている。

例では，話し手は自分の望みや願望の実現のために聞き手に行動の実行を求めているが，このような行動要求を何も断らずに行なうと，話し手が自分のことを聞き手より優位な位置に置くことになる。そのため，Leech (1983) が提唱している「丁寧さの原則」のうちの「謙遜の公理（Modesty Maxim）」にそって，自分への賞賛を最小限に，非難を最大限にするように配慮することが必要とさ

れる。上の例ではいずれも「センエツデスガ」が用いられている。これらの例によって，「センエツデスガ」は人間関係において自分のことを卑下して立場に対する慎み深さを表し，話し手が自分の願望や期待どおりに聞き手に行動の実行を求める際に使用されやすいということが示唆されている。

　また，この場合には，次の例のように，「僭越かもしれませんが」や「僭越に存じますが」が用いられることもある。

　　(63)　「<u>僭越ながら先輩に頑張って欲しい</u>…。」

　　　　　　　　　　　　　　　　　(http://mistta.blog.so-net.ne.jp/2009-02-19-1)

　　(64)　「<u>ここで私ごときがお願いするのは僭越にすぎるが</u>，桃山をはじめ水
　　　　　族館の自律的な役者たちは，さらに伸びやかで柔軟な舞台を展開し，
　　　　　調和をも権力をも超越した危険（クリティカル）な地平を<u>目指して</u>
　　　　　<u>ほしい</u>。」　　　　　　(http://www.apa-apa.net/kok/news/kok265.htm)

　(63)では，話し手は「先輩に頑張ってほしい」と求めている。(64)では，話し手は聞き手に対して「さらに伸びやかで柔軟な舞台を展開し，調和をも権力をも超越した危険な地平を目指してほしい」と要求している。話し手はこのような行動要求を通して何らかの利益を得るとは考えにくい。むしろ，この行動要求は，聞き手に対する期待の表れだと思える。つまり，話し手の聞き手に対する期待や応援のようなものである。

７．２．話し手が職務を遂行するために聞き手に行動の実行を要求する

　「センエツデスガ」は，話し手が自分の職務のために，聞き手に何らかの行動の実行を要求する際にも使用される。たとえば，以下のような例である。

　　(65)　富塚陽一会長：「甚だ抽象的な項目の列挙でありますが，１番と２番
　　　　　目につきまして法定協議会が設立するまでの間の課題として時間を
　　　　　かけて検討させていただくという性質のものであろうと思いますし，
　　　　　３番，４番，その他５番につきましては事務方で，皆様方も含めて
　　　　　住民の皆様にも合併問題を深く理解をするために，必要な資料の整
　　　　　備，提供ということになろうかと思いますので当面の協議事項につ
　　　　　きましては，３番，４番が先行するのではないかと思われますし，
　　　　　<u>大変僭越でありますけれども</u>，３番，４番に絡めて事務方でもっと
　　　　　積極的に勉強して提供してほしいというご注文がありましたら，ご

指導いただくことも含めてご発言をお願いしたいと思います。」

（http://www.city.tsuruoka.lg.jp/gappei/shonainanbu/jyouho/minutes/m01th.html）

(66) 「<u>大変僭越ですが，是非，全実行委員の方に粘っていただきたいと思います</u>。送付された名簿と別紙を熟読されご確認をお願いします。」

（http://www.suzaka-h.ed.jp/teizi/sub45.htm）

(67) 「お客様画像アップ後，各事務所から「不可」の連絡がありましたら，弊社でその画像を削除させていただく場合があります。<u>大変僭越ですがご理解のほど，お願いいたします</u>。」

（http://sugisugi.net/ott/log/eid169.html）

(68) 「近況はと申しますと，お陰様で弊社開発のウィンパスへのお問い合わせなど，その販売やら営業，そして導入指導やらで，……責任者の方には全体の総アウトの推移を掴んでおいて頂きたいものです。<u>僭越ですが，御一考下さいませ</u>。」

（http://archive.mag2.com/0000184751/20080810162318000.html）

(69) 「はじめまして。本書をさっそく購入させて頂きました。知っているようで知らないことが多く，とても勉強になります。さて，たまたま72ページの「25 新幹線の線路の幅が広い理由」を読んでいたのですが，標準軌と狭軌の差（寸法）が極端に少ないような気がします。標準軌（1435mm）－狭軌（1067mm）＝ 368mm（36.8cm）なので，記載内容よりもはるかに大きな値になると思います（それに伴い，解説内容に多少ギャップが生じるような印象があります）。<u>大変僭越に存じますが，念のためご確認頂けますと幸いです</u>。」

（http://sugisugi.net/ott/log/eid169.html）

(65) では，話し手である富塚陽一会長が「ご指導いただくことも含めてご発言をお願いしたい」と求めており，(66) では，話し手は委員の方に粘ってもらうように求めている。(67) では，話し手が削除することに対する理解を聞き手に求めている。(68) では，話し手が聞き手に検討するように頼んでいる。(69) では，話し手が本の著者である聞き手に内容の確認を要求している。

　これらの例では，話し手は自分の利益のために聞き手に行動を要求していると考えにくい。いずれも話し手が自分の職務のために，聞き手に行動の実行を要求している。

　このような行動要求を行なう際は，聞き手に負担をかけるということよりそ

のような行動を要求すること自体が僭越だと見なされやすい。上の例ではいずれも「センエツデスガ」が使用されていることにより，「センエツデスガ」は例のように，話し手が自分の職務を遂行するため聞き手に何らかの行動を要求する場合に用いられやすい，ということが推察できる。

8．「カッテデスガ」が行動要求に用いられる場合の使用条件

「カッテデスガ」は，話し手の個人的都合で聞き手に行動を求める際に用いられることが多い。このような場合，話し手は聞き手の行動実行により利益を得ると考えられる。たとえば，以下のような例である。

(70) 「当方の住む市では国民保険税という形では徴収していないようです。ちなみに国民健康保険のほうは，任意継続の手続を済ませています。あくまでも国民年金↔厚生年金の相互加入の質問でございますので，今回健康保険と雇用保険はあまり関係しないのです。<u>誠に勝手ですが，そのことも踏まえたうえで再度ご教示願いたく存じます。</u>」　　　　　　　　　　　　　(http://oshiete.quick.co.jp/qa3192113.html)

(71) 「あのぉ～サイトを作り，それと平行して小説も書き始めました。それで，<u>誠に勝手ですが小説を評価してくれませんでしょうか？</u>初心者かつ，未熟者ですがお願いします」

　　　　　　　　　　　　　　(http://pksp.jp/sonnamonyo/bbs.cgi?o=6&pj=10)

(72) 「今度の月曜日までに旅行会社へ返事をしなくてはいけないことがあるので，<u>誠に勝手ですが，明日じゅうに連絡いただければ助かります。</u>」

(http://www.wtn-j.com/cgi-bin/wtibbs/cbbs.cgi?mode=al2&number=2237&rev=&no=0)

(73) 「なお，<u>誠に勝手ですが，客先への回答ですので，「こう思う」という回答ではなく，URL直でお願いします。</u>Windows2000においてレジストリが肥大化した場合のデメリットについて教えてください。」

　　　　　　　　　　　　　　　　　(http://q.hatena.ne.jp/1099273824)

(74) 「どうもです。ピロリです。<u>誠に勝手ですが，ピロリの卒論にご協力ください。</u>

早口言葉を言ってみてください。ぶっちゃけ，言い間違いのデータ

が欲しいんで，噛んでても間違えててもかまいません。むしろ大歓
迎です。」　　　　　　　　　　（http://koebu.com/topic/%E3%80%91-1）

（70）では，話し手は新たに付け加えた状況説明を踏まえたうえでの教示を願っている。（71）では，話し手は小説に対する評価を期待している。（72）では，話し手は旅行会社への返事のため，聞き手に明日中に連絡をくれるように頼んでいる。（73）では，話し手は回答を URL でしてくださいと求めている。（74）では，話し手は卒論のデータ収集に協力を求めている。

これらの行動要求はすべて話し手の個人的都合によるものであり，聞き手に負担をかけることになると思われる。そのため，Leech（1983）が提唱している「丁寧さの原則」のうちの「気配り原則（Tact Maxim）」の「他者に対する負担を最小限にせよ（Minimize cost to other）」にそって，聞き手に対する配慮が求められやすい。したがって，「ワルイケド」や「スミマセンガ」などのように，詫びる形をとる前置き表現の使用も可能である。

一方，上の例のように，話し手が個人的都合のために聞き手に行動を要求する際に，「謙遜の公理（Modesty Maxim）」にそって，自分への賞賛を最小限に，非難を最大限にする心配りが求められることもある。上の例では，いずれも「カッテデスガ」が使用されている。これによって，「カッテデスガ」は自分のことを勝手だと評価していることにより，自分への非難を最大限にしたうえで，自分の都合で聞き手に行動を要求するに当たって使用されることができる，ということがわかる。

また，次の例のように，話し手が自分の望みを叶えるために，聞き手に何らかの行動を要求する場合にも使用される。この場合「カッテデスガ」のほかに，「ジブンカッテデスガ」や「カッテカモシレマセンガ」といった表現も用いられる。

（75）「メンバーの 2 年生は実力が成績に現れてきて，本番が楽しみです。
　　　3・4 年生は全員が軸。それというのも，箱根 10 区は全てが難コース・全てがエース区間。何区を走ろうとも，「校内記録更新」という強い気持ちで望んで欲しい。昨今重要視されているのが 1 区，走力に加えて強い精神力が求められます。（中略）10 区は自分勝手ですが藤井君に走ってもらいたい。」

　　　　　　　（http://ekiden.kanagawa-u.ac.jp/message/ouenmessage1.html）

（76）　夏子「誤解しないでね。穴山さんは本当に相撲が好きなの。だから，
　　　相撲なんてどうでもいいと思っているあなた達に本当の相撲

を教えたいとは思わないの」

秋平「……」

夏子「あたし，本当の相撲が見たい。だから，勝手かもしれないけ
　　　どみんなに真剣に相撲を取ってもらいたいの」

秋平「勝手だね。見たかったら自分で取れよ。悪いけど相撲なんて
　　　最低だね」　　　　　　　　　（『シコふんじゃった。』周防正行）

　（75）では10区に関しては「藤井君に走ってもらいたい」と，（76）では「真
剣に相撲を取ってもらいたい」と，話し手の願いと思えることが実現できるよ
うに，聞き手にそれぞれ行動の実行を求めている。「ジブンカッテデスガ」や「カ
ッテカモシレマセンガ」は「カッテデスガ」と同じく，話し手が前もって自ら
自分の行為を「勝手だ」などとマイナス的に評価することによって聞き手に対
する配慮を表現するものである。したがって，これらの表現は聞き手に対する
気配りを表現し，聞き手のフェイスを侵害する度合いを軽減するために用いら
れやすい。

9．行動要求に用いられる前置き表現の諸形式の使用条件のまとめ

　以上各前置き表現がどのような行動要求の前に使用されるかをめぐって考察
を行なってきた。その結果により，「ワルイケド」，「スミマセンガ」，「モウシワ
ケアリマセンガ」，「オソレイリマスガ」，「キョウシュクデスガ」，「シツレイデ
スガ」，「センエツデスガ」，「カッテデスガ」について行動要求における，後続
情報による前置き表現の使用条件を，次の表7.1のようにまとめることができる。

160

表 7.1　行動要求が後続する場合の前置き表現の諸形式の使用条件

使用条件／表現形式	① 話し手が利益を得る行動要求	② 話し手が職務を遂行するための行動要求	③ 聞き手の行動に対する修正や禁止の行動要求	④ 聞き手の私的領域に踏み込むような行動要求
ワルイケド	○	×	○	×
スミマセンガ	○	×	○	×
モウシワケアリマセンガ	○	×	○	×
オソレイリマスガ	○	○	×	×
キョウシュクデスガ	×	○	×	×
シツレイデスガ	×	×	○	○
センエツデスガ	○	○	×	×
カッテデスガ	○	×	×	×

第8章　行動要求が後続する場合の同一使用条件における前置き表現の使い分け

　第7章では，行動要求の性格から各前置き表現の使用条件について述べたが，本章では，丁寧さの観点から，同じ性格の行動要求に使用される前置き表現の間にはどのような相違があるかを考察し，記述する。

　第7章の考察によって次のような結論が得られた。

　「使用条件①：話し手が利益を得る行動要求」の前には，「ワルイケド」，「スミマセンガ」，「モウシワケアリマセンガ」，「オソレイリマスガ」，「センエツデスガ」，「カッテデスガ」が使用される。

　「使用条件②：話し手が職務を遂行するための行動要求」の前には，「オソレイリマスガ」，「キョウシュクデスガ」，「センエツデスガ」が使用される。

　「使用条件③：聞き手の行動に対する修正や禁止の行動要求」の前には，「ワルイケド」，「スミマセンガ」，「モウシワケアリマセンガ」，「シツレイデスガ」が使用される。

　「使用条件④：聞き手の私的領域に踏み込むような行動要求」の前には，「シツレイデスガ」のみ使用される。

　本章は同じ行動要求の使用条件において用いられる前置き表現の諸形式の間にはどのような相違があるかを考察するものである。したがって，上に述べたように，「使用条件④：聞き手の私的領域に踏み込むような行動要求」の前には「シツレイデスガ」のみが使用されるため，本章では「使用条件①：話し手が利益を得る行動要求」が後続する，「使用条件②：話し手が職務を遂行するための行動要求」が後続する，「使用条件③：聞き手の行動に対する修正や禁止の行動要求」が後続する，この3つの使用条件を中心に記述する。

　以下では，上に述べた結論を踏まえて論を進める。まず1節では，「話し手が利益を得る行動要求」に使用される前置き表現の各表現形式の相違，2節で「話し手が職務を遂行するための行動要求」に使用される前置き表現の各表現形式の相違，3節で「聞き手の行動に対する修正や禁止の行動要求」に使用される

前置き表現の各表現形式の相違をそれぞれ考察し，記述を行なう。最後に4節で本章をまとめる。

1．話し手が利益を得る行動要求に用いられる場合

「話し手が利益を得る行動要求」の前には，「ワルイケド」，「スミマセンガ」，「モウシワケアリマセンガ」，「オソレイリマスガ」，「センエツデスガ」，「カッテデスガ」が使用される。この節では，後続する行動要求に違いがほとんど見られない「ワルイケド」，「スミマセンガ」，「モウシワケアリマセンガ」，「オソレイリマスガ」，「センエツデスガ」，「カッテデスガ」を中心に考察する。以下，それぞれについて1．1，1．2，1．3，1．4，1．5，1．6において取り扱い，最後に1．7で本節をまとめる。

1．1．「ワルイケド」

「ワルイケド」は，基本的にインフォーマルな場面において家族や親しい友達，すなわち親しい関係をもつ相手との間で使用される。たとえば，以下のような例である。

（1）　竜太郎「愛くん！」

　　　　　　　竜太郎，怒鳴る！

　　　　　　　愛たちが顔を覗かせる。

　　　　西尾愛「どの愛？」

　　　　竜太郎「——。全員だ！どういうことだ，これは！」

　　　　西尾愛「パパ，悪いけど，こっちの部屋使って」

　　　　竜太郎「どうして！」

　　　　大塚愛「だって，こっちじゃ狭いもん。今度は千恵子ちゃんもいるし，

　　　　　　　　あたしたちだって大きくなったんだから……」

　　　　　　　　　　　　　　　　（『パパはニュースキャスター』伴一彦）

（2）　希望「（ムッと）……」

　　　　洋子「（ニコッと）冗談だ，って」

　　　　希望「（ジトッと）……私，そういう冗談言いません」

　　　　洋子「（目が点になって）……」

第 8 章　行動要求が後続する場合の同一使用条件における前置き表現の使い分け　163

　　　　　　　希望，純にミルクを飲ませる洋子を心配そうに見ている。

　　　洋子「あ，悪いけど，お金貸してくれない？ 5 万円ぐらい」

　　　希望「そんなお金ありません……」

　　　洋子「じゃ，親から借りてよ」

　　　希望「そんなこと……200 万円のこともあるのに」

　　　洋子「（あっさり）そう。じゃ，いい」

　　　　　　　と，純にミルクを飲ませる。（『おヒマなら来てよネ！』伴一彦）

　上の例はどちらも普段の日常生活の場面の例である。話し手は，（1）では「こっちの部屋を使って」と，（2）では「お金貸してくれない？」と，聞き手に対してそれぞれ行動要求を行なっている。その前に，「ワルイケド」が使用されている。

　そして，例からわかるように，（1）は親子間の会話であり，（2）は偶然の出会いから親しくなった，顔がそっくりの二人の会話である。話し手と聞き手はいずれも親しい間柄である。これらの例により，「ワルイケド」は，インフォーマルな場面において親しい人間関係をもつ聞き手に対して行動要求を行なう際に用いられやすいと察される。

　一方，聞き手との関係が疎である場合，話し手が聞き手の行動を規制する権限をもつ目上の人物であれば，「ワルイケド」の使用も可能になる。たとえば，以下のような例である。

　（3）　阿南「（驚き）本名？」

　　　大山「樽見省吾ってのは芸名，いやペンネームってのが正しいか。
　　　　　　　革命の核？行動原理？（笑って）時代錯誤な嫌がらせだな。
　　　　　　　こういう奴にはぜひ映画館に足を運んで貰いたいね」

　　　　　　　高田が大山を呼ぶ。

　　　大山「はいはい。これ，俺から監督に渡しとく」

　　　　　　　とポケットに無造作に突っ込む。

　　　大山「（取材陣に向かい大声で）写真はセットの前にしましょうよ。
　　　　　　　いい画が作れますよ！阿南チャン，悪いんだけど手伝ってく
　　　　　　　れる」

　　　　　　　アジトのセット・表

　　　　　　　阿南たちが遮光用の暗幕を外している。

　　　大山「すまないね」

と言いながら，記者たちに写真を促す。　（『光の雨』立松平和）

（4）　若林部長「いや，みんなをこっちに呼んだよ。夏は涼しい北海道で
　　　　　　　　過ごすに限るよ」

　　　などと，話す。有本，浩子のところにやってきて――

　　　有本「（真剣な顔で）中村さん，相談があるんだけど……」

　　　浩子，何事かと有本を見上げる。

　　　若林部長「悪いが佐久間くん，"ホクエー"に届けてくれないか？（と，
　　　　　　　　書類を渡す）」

　　　佐久間「はい」

　　　有本「！？俺が行きます！」

　　　と，若林部長の席へ飛んで行く。雄介，浩子，！？

　　　若林部長「有本，担当じゃないだろ」

　　　　　　　　　　　　　　　（『逢いたい時にあなたはいない…』伴一彦）

　（3）は準備作業中の会話の例であるが，（4）は仕事の場での上司と部下の
会話の例である。どちらもインフォーマルな場の例である。話し手は「ワルイ
ケド」を用いて，（3）では仕事の手伝いを，（4）では書類の届けをそれぞれ
要求している。

　ただし，フォーマルな場において，たとえば学校での講演中言うべきでない
ことを口走ったときに，生徒に向かって冗談半分で「ワルイケド，さっきの話
を忘れてくれ」と発話する，というようなまれなケースがないとは言い切れない。
また，（3）の場合，「阿南チャン」という呼び方からも示唆されるように，話
し手である大山は聞き手の阿南の先輩である。（4）の場合，話し手である「若
林部長」が聞き手である「佐久間くん」の上司であることは明瞭である。いず
れも話し手が聞き手の行動を規制する権限をもつ目上の人物である。これらの
例により，話し手が聞き手より目上の人物であれば，「ワルイケド」は話し手と
聞き手が疎の関係である場合にも使用できる，ということがわかる。

1.2.「スミマセンガ」

　「スミマセンガ」は基本的にはインフォーマルな場面において，話し手が聞き
手と初対面，またはそれほど親しくない関係をもつ場合に使用される。つまり，
親疎関係からいうと，疎の関係である相手との間で上下関係を問わずに使用さ

第8章　行動要求が後続する場合の同一使用条件における前置き表現の使い分け　165

れやすい。たとえば，以下のような例である。

（5）　　　黒板に地図を書く2号。

　　　6号「オイ，もういいよ。オイ」

　　　2号「みなさんすいません，ちょっとこれ見てください。これは，
　　　　　　事件のあった街の地図です。ここに駅があります。そして店
　　　　　　がある」

　　　7号「どこが駅だって」

　　　2号「ここです」

　　　7号「線路は」

　　　2号「線路はこれです。検察側が説明に使った地図をよく思い出し
　　　　　　て下さい」

　　　　　　　　　　（『12人の優しい日本人』三谷幸喜・東京サンシャインボーイズ）

（6）　友恵先生「永田先生が入院しちゃって男手が足りなくて困ってるん
　　　　　　　　　です。お願いします」

　　　小田切「しかし……園児の相手は……（とても無理）」

　　　友恵先生「大丈夫ですよ，簡単簡単」

　　　　　と，ノセる。

　　　富士子先生「（小田切に喋るヒマを与えず）すいませんけど，永田先
　　　　　　　　　生のクラス，啓子先生と一緒によろしくお願いします」

　　　友恵先生「じゃ，そろそろ子供たち来る時間ですから」

　　　　　と，先生たちみんなで小田切を引っ張ってゆく。

　　　　　　　　　　　　　　　　　　（『子供が見てるでしょ！』伴一彦）

（7）　　　時計を見る。

　　　　　――3時過ぎ。

　　　照代「（考えて）……」

　　　照代，決断し，席を立つ。

　　　　　照代，まっすぐに直属上司のところへ行く。

　　　照代「（辛そうな顔を作って）すいません，早退させてください」

　　　上司「どうしたの」

　　　照代「（きっぱり）生理です」

　　　上司「――」　　　　　　　　　　　　（『君の瞳に恋してる！』伴一彦）

（8）　　　空を飛ぶ JAL 機（国際線）

N「そして，瑠璃ちゃんも……」

　　瑠璃，ビジネスマンに訊ねられている。

ビジネスマン「すいません，パソコンのバッテリー借りたいんだけ
　　　　　　　ど……」

瑠璃「シェルフラットには電源が付いていますのでお使い下さい」

　　と，教える。

ビジネスマン「ありがとう」　　　（『スチュワーデス刑事1』伴一彦）

（9）　　　草森と課員たち，静かに執務している。

　　　　　佐々木課長，更に緊張して入ってくる。

佐々木「室長，お呼びですか」

草森「（立ち上がり）すみませんが，これも代表で持っていってくれ
　　　ますか」

　　と，手にした香典袋を渡す。

佐々木「追加ですね」

　　と確認してギョッとなる。代表取締役社長の墨書。

　　　　　　　　　　　　　　　　（『釣りバカ日誌』山田洋次・桃井章）

　上の例はいずれもインフォーマルな場面での会話であるが，（5）では，話し手である2号は聞き手たちに「ちょっとこれ見てください」と要求している。（6）では，話し手である富士子先生がクラスの担当を聞き手である小田切先生に頼んでいる。（7）では話し手である照代が上司に早退させてくれるように頼んでいる。（8）では，話し手であるビジネスマンは聞き手である瑠璃に「パソコンのバッテリー借りたいんだけど」と求めている。（9）では室長である草森が部下である佐々木に香典袋を持っていくように指示している。それらの行動要求の前に「スミマセンガ」が使用されている。

　また，（5）の場合，6号，2号，7号といった人物は，裁判のため集まってきた陪審員たちである。話し手となっている2号はほかの聞き手とは面識があるものの，親しくないということがうかがえる。そして，話し手の2号と聞き手の間には上下関係が存在しないこともわかる。（6）の場合，話し手の富士子先生と聞き手の小田切先生は同僚であり，はっきりとした上下関係をもたない。（7）の場合，話し手の照代が聞き手の部下であり，上下関係が明白である。（8）の場合，話し手のビジネスマンが乗客であり，聞き手である瑠璃が機内スタッフのひとりであるため，乗客である話し手のほうが目上と見なされる。（9）の

第8章　行動要求が後続する場合の同一使用条件における前置き表現の使い分け　167

場合，話し手の草森は聞き手の佐々木の上司であり，上下関係もはっきりしている。

　これらの例により，「スミマセンガ」は，初対面やそれほど親しくない聞き手に対して，上下関係の有無にかかわらず，行動要求を行なう際に用いられやすい，ということが示唆されている。

1.3.「モウシワケアリマセンガ」

　「モウシワケアリマセンガ」はインフォーマルな場においても，フォーマルな場においても使用される。インフォーマルな場において使用されるとき，聞き手が話し手より目上の人物である場合が多い。たとえば，以下のような例である。
- (10)　大岡「（部下に）キミたちは何をやってたんだ。（天に）いや，お手間を取らせました」
　　　　　天「（表情を変えず）……いえ。ではこれで具体的な作業にかかっていいんですね」
　　　　　大岡「よろしくお願いします」
　　　　　と，天に握手を求める。
　　　　　天「（握手して）……」
　　　　　大岡「申し訳ありませんが，今度の日曜日時間を作っていただけませんか？」　　　　　（『WITH LOVE』伴一彦・尾崎将也）
- (11)　犀川「（も，見せて）犀川です」
　　　　　八尾警部補「清水元雄さんと以前結婚なさってましたよね？」
　　　　　富子「だから，あいつとは関係ないって，こっちの刑事さんにも説明してたとこなのよ」
　　　　　八尾警部補「刑事？（と，楷を見る）」
　　　　　楷，首を竦める。
　　　　　八尾警部補「昨日，隅田川で清水元雄さんと思われる死体が発見されました。申し訳ありませんが，確認をお願いしたいのですが」
　　　　　富子「──！」　　　　　（『サイコドクター』伴一彦）
- (12)　雨音「お預かりします」
　　　　　と，受け取り，通帳の印影と判子を確認する。

　　　　　二つは同一のように見えるが——

　　　　　雨音，更に検証しようとする。

　　　　　その時，めぐみが笑顔で声をかけてくる。

　　　めぐみ「失礼します。お客様，解約の手続きは私の方で承りますので，
　　　　　　　申し訳ございませんが，こちらへお願いいたします」

　　　　　雨音，怪訝にめぐみを見ると，出入口の方を見ろ，と目配せする。

　　　　　　　　　　　　　　　　　　　　（『WITH LOVE』伴一彦・尾崎将也）

　（10）では話し手が聞き手に時間を作ってくれるように頼んでいる。（11）で
は話し手である八尾が聞き手に死体の確認を要求している。（12）の場合，話し
手であるめぐみが聞き手である客に対して「こちらへ」の移動を要求している。
いずれの例でも「モウシワケアリマセンガ」が前置きとして用いられている。

　これらは，いずれも話し手と聞き手の関係は親しいとは言い難いものであり，
聞き手が話し手より上だと見なされる例である。（10）は普段の日常生活場面で
のやり取りであり，インフォーマルな会話である。そして，やり取りの流れか
らもわかるように，話し手と聞き手はそれほど親しくない間柄である。一方，（11）
は警察が調査の協力をお願いしている例であり，（12）は銀行に来ている客に移
動をお願いしている例である。（13）と（14）はどちらかというと，やや改ま
った場面での会話だと思われる。そして，この2例とも社会通念から考えると，
聞き手のほうが上だと見なされる。

　これらの例により，「モウシワケアリマセンガ」はインフォーマルな場にも，
フォーマルな場にも使用でき，話し手と聞き手の関係がそれほど親しくない場
合，あるいは話し手より聞き手のほうがやや上のように思われる場合に使用さ
れやすい，ということがわかる。

　また，次の例のように，話し手と聞き手の間では上下関係が見られないにも
かかわらず，「モウシワケアリマセンガ」の使用が見られる。

　（13）　　　樋口家・玄関（夕）

　　　　　　　扉の前に立つ旅装の結城先生。

　　　　結城先生「一週間ほど出張してまいります。申し訳ありませんが，BB
　　　　　　　　　の世話，よろしくお願いします」

　　　　　　　見送っているのは修造。

　　　　修造「（奥を気にして）母さんも浩介もなにやってるんだ」

　　　　結城先生「あ，結構です。じゃ，行ってきます」

第 8 章　行動要求が後続する場合の同一使用条件における前置き表現の使い分け　169

修造「気をつけて……」
　　　と，送り出す。　　　　　　　　　　　　（『なまいき盛り』伴一彦）
（14）　　　別の電話が鳴り，奈々美が出る。
奈々美「（電話に）お待ちください。鏡さん，ニューヨークからです
　　　　けど……」
竜太郎「（受話器を受け取り）もしもし！日向さん，一体どういうこ
　　　　とですか！」
　　　奈々美，竜太郎の剣幕にビックリ。
　　　しかし，竜太郎はそれどころではない。
日向の声「<u>申し訳ありません</u>。愛くんがどうしても日本に残りたい，
　　　　と。妻も説得したようなのですが……」
竜太郎「……」
日向の声「私は愛くんと一緒に暮らしたいんです。なるべく早く迎
　　　　えに戻るつもりですので，<u>申し訳ありませんが</u>，それま
　　　　<u>で大塚くんをよろしくお願いします</u>」
竜太郎「……」
日向の声「鏡さん？」
竜太郎「……判りました。なるべく早くお願いします」
　　　電話を切る竜太郎。ますます不機嫌。
　　　　　　　　　　　　（『パパはニュースキャスター』伴一彦）

　（13）では話し手が聞き手に BB の世話を頼んでいる。（14）では話し手が聞
き手に娘の世話をお願いしている。（13）も（14）もインフォーマルな場面であ
り，聞き手と話し手の間には上下関係がはっきりと見られないながら，「モウシ
ワケアリマセンガ」が使用されている。それは話し手と聞き手の間に疎の関係
に当たる距離感が存在するためである。従って，インフォーマルな場面におい
ては，上下関係が持たない間柄でも，疎の関係であれば，「モウシワケアリマセ
ンガ」の使用が可能である。フォーマルな場となると，なおさらである。

1.4.「オソレイリマスガ」

　「オソレイリマスガ」は日常生活の場においても，改まった場面においても使
用されるが，改まった場面，たとえば客とのやり取りの中でとか，公の場での

講演や演説の中においては，より用いられやすいようである。

　また，今回170近くのシナリオから収集できた「オソレイリマスガ」の使用
例がわずか数例にとどまったことは，「オソレイリマスガ」が日常生活の会話に
おいて「ワルイケド」，「スミマセンガ」，「モウシワケアリマセンガ」のほど使
用されていない，ということを示唆していると言えよう。

　そのため，本節ではGoogle検索で見つかった「オソレイリマスガ」の使用例
を参考にした。以下に「オソレイリマスガ」の使用例をあげる。

（15）　　　ミシンで婦人服を縫っているみち子。

　　　　　電話のベルが嶋る。

　　　みち子「はい——あ，おじいさん。元気?からだ大丈夫?——いいのよ，
　　　　　そんなこと，他人行儀な口きいちゃって。何か用事?」

　　　鈴木建設本社・社長室

　　　楽しそうに電話をかけている一之助。

　　　一之助「実は先日の写真が出来たのでお渡ししたいと思いまして。
　　　　　<u>おそれいりますがお勤め先のお電話番号を</u>」

　　　みち子の声「000のxxxxよ。電話して営業三課の浜崎といえばいいわ。
　　　　　もう一回いうね。000のxxxx番よ」

　　　メモ用紙に電話番号を走り書きする一之助。

　　　　　　　　　　　　　　　　　　　　（『釣りバカ日誌』山田洋次・桃井章）

（16）「以前，一度リコールでメンテナンスで来られた後に床の温度が上が
　　　らなくなり床暖房としては使えなくなってしまいました。その後倒
　　　産と知り驚いた次第です。<u>恐れ入りますが，メンテナンスいただけ
　　　る連絡先を教えていただけませんでしょうか？</u>」

　　　　　　　　　　　　　（http://ricotas55.blog56.fc2.com/blog-entry-4.html）

（17）　Q：先払いした，残高で（JPY ¥161,000）を返金してください。
　　　　　2009-8-3払い戻し請求したが，半年待ちますが，返金がない。
　　　　　連絡したが，数週待ち，返信もない。再度こちらに連絡します。
　　　　　早めに手続きして下さい。

　　　　　A：<u>恐れ入りますが</u>，お客様のプライバシーやセキュリティの都合
　　　　　もございますので，今回のように個別の対応が必要な場合はフ
　　　　　ォーラム上にお客様情報を記入せずに，<u>下記URLよりAdWords
　　　　　サポート窓口まで直接お問い合わせ下さい。</u>

第8章　行動要求が後続する場合の同一使用条件における前置き表現の使い分け　171

（http://www.google.com/support/forum/p/adwords/thread?tid=5e6cbe0bed-f4c489&hl=ja）

(18)　「恐れ入りますが，本日の講演「WAVE 地域交流会」に関するアンケートにご協力ください。ご記入いただいたアンケートは，お帰りの際，出口にて回収させていただきます。」

（http://www.wave.or.jp/lecture/18/060809.html）

(19)　「つきましては，第 3 回講演会を下記のとおり開催いたしますので，取材，報道方よろしくお願い申し上げます。なお，恐れ入りますが，取材にお越しいただける場合は，事前に南山大学学長室までご連絡をお願いいたします。」

（http://www.nanzan-u.ac.jp/Menu/koho/pdf/080625_koen.pdf）

　（15）では話し手は電話番号を教えてくれと頼んでいる。（16）では話し手はメンテナンスの連絡先を教えるように求めている。（17）では話し手は返金の手続きについてサポート窓口まで直接問い合わせるように聞き手に要求している。（18）では話し手は講演を聞きに来た聞き手たちに対して「アンケートの協力」を要請している。（19）では話し手は講演会に関するお知らせの中で取材や報道にくる方に対して事前連絡を要求している。これらの例では前もって「オソレイリマスガ」が使用されている。

　例からわかるように，（15）と（16）の場合はどちらも日常生活場面の会話であるが，（17），（18），（19）の場合はそれぞれ接客中の発話，講演中の発話，公に向かっての発話である。また，（15）では聞き手が普通体を用いて発話しているのに対し，話し手が丁寧体を用いていることにより，話し手は聞き手との関係を親しくないように見せかけようとしている。（16）では話し手と聞き手は初対面であることが明らかである。これらの例により，「オソレイリマスガ」はインフォーマルな場においては話し手と聞き手の関係が親しくない場合に使用されやすいということがうかがえる。

1．5．「センエツデスガ」

　今回シナリオからは「センエツデスガ」が直接に行動要求の前に使用された用例を見つけることができなかった。そのため，Google 検索で集めた用例を参考に考察を行なった。その結果，「センエツデスガ」は，やや改まった発話にお

いて，話し手が聞き手と親しくなく，かつ聞き手のほうが目上と見なされる際に使用されやすいということがわかった。たとえば，以下のような例である。

(20) 「僭越ですが，この「介助員の役割」のスレッドをとおして皆様に少しでもご意見をいただけたら幸いです。」

（http://www.zenkokuren.com/cgi-local/cbbs/cbbs.cgi?mode=one&number=1358&type=0&space=0&no=0 -）

(21) 「大変僭越ですが，私どものサイト内にJJさんのコーナーを設けさせて頂きたいと思うのですがご検討頂けないでしょうか。」

（http://kimonobijin.livedoor.biz/archives/50154102.html）

(22) 「大変僭越ですが，大きな笑顔の似顔絵名刺をどうぞお使い下さい。」

（http://www.omeisi.com/2006-03/egaonotikara.htm）

(23) 「大変僭越ですが，私のHPブログを見てやってください。 もしお会い出来ることがあればと，大変楽しみにしています。」

（http://plaza.rakuten.co.jp/musameji/diary/200602060000/）

(24) 「何人かのご希望が有りましたが，飼育環境・家族構成・犬に対する考え方などを総合的に考慮して，ジャック君に一番適していると思われるご家庭を選ばせて頂きました。大変，僭越ですが，どうぞ，ご理解のほど，お願いいたします。」

（http://imam.blog16.fc2.com/page-2.html）

(20)では，話し手は聞き手たちに意見をくれるようお願いしている。(21)では，話し手はコーナーの開設について検討してくれるように頼んでいる。(22)では，話し手は似顔絵名詞を使ってくれと言っている。(23)では，話し手は自分のHPを見てくれるように頼んでいる。(24)では，話し手は家庭を選んだことに対する理解を聞き手に求めている。これらの例が示しているように，「センエツデスガ」が用いられた発話はいずれもやや改まったものである。そして，いずれの例でも，話し手と聞き手は親しくなく，聞き手のほうが目上と見なされる。これらの例を通して，「センエツデスガ」はフォーマルな発話において聞き手が目上と見なされるような場合に使用されやすい，ということが示唆されている。

1.6.「カッテデスガ」

今回シナリオからは「カッテデスガ」が直接に行動要求の前に使用された用

第8章　行動要求が後続する場合の同一使用条件における前置き表現の使い分け　173

例が見つけられなかった。そのため，Google 検索で集めた用例を参考に考察を
行なった。その結果，「カッテデスガ」は，やや改まった発話においても，くだ
けた発話においても，用いられることがわかった。たとえば，以下のような例
である。

(25)　「当方の住む市では国民保険税という形では徴収していないようで
　　　　す。ちなみに国民健康保険のほうは，任意継続の手続を済ませてい
　　　　ます。あくまでも国民年金⇔厚生年金の相互加入の質問でございま
　　　　すので，今回健康保険と雇用保険はあまり関係しないのです。誠に
　　　　勝手ですが，そのことも踏まえたうえで再度ご教示願いたく存じま
　　　　す。」　　　　　　　　　　　（http://oshiete.quick.co.jp/qa3192113.html）

(26)　「今度の月曜日までに旅行会社へ返事をしなくてはいけないことがあ
　　　　るので，誠に勝手ですが，明日じゅうに連絡いただければ助かりま
　　　　す。」
　　　　（http://www.wtn-j.com/cgi-bin/wtibbs/cbbs.cgi?mode=al2&nam-
　　　　ber=2237&rev=&no=0）

(27)　「なお，誠に勝手ですが，客先への回答ですので，「こう思う」とい
　　　　う回答ではなく，URL 直でお願いします。Windows2000 において
　　　　レジストリが肥大化した場合のデメリットについて教えてくださ
　　　　い。」　　　　　　　　　　　（http://q.hatena.ne.jp/1099273824）

(28)　「あのぉ～サイトを作り，それと平行して小説も書き始めましたそれ
　　　　で，誠に勝手ですが小説を評価してくれませんでしょうか？初心者
　　　　かつ，未熟者ですがお願いします」
　　　　　　　　　　　　　　（http://pksp.jp/sonnamonyo/bbs.cgi?o=6&pj=10）

(29)　「どうもです。ピロリです。誠に勝手ですが，ピロリの卒論にご協力
　　　　ください。
　　　　早口言葉を言ってみてください。ぶっちゃけ，言い間違いのデータ
　　　　が欲しいんで，噛んでても間違えててもかまいません。むしろ大歓
　　　　迎です。」　　　　　　　　（http://koebu.com/topic/%E3%80%91-1）

　(25) では，話し手は新たに付け加えた状況説明を踏まえたうえでの教示を願
っている。(26) では，話し手は旅行会社への返事のため，聞き手に明日中に連
絡をくれるように頼んでいる。(27) では，話し手は回答が書かれた URL を教
えてくれと求めている。(28) では，話し手は小説に対する評価を期待している。

（29）では，話し手は卒論のデータ収集に協力を求めている。

上の例から明らかなように，（25），（26），（27）はやや改まった発話であるが，（28）と（29）はややくだけた発話である。また，話し手の言葉づかいを通して，（25），（26），（27）では，話し手と聞き手は親しくなく，聞き手のほうが話し手より目上と見なされていることがわかる。（28）や（29）も，話し手は聞き手と親しくないが，上下関係が観察されておらず，聞き手のことを目上と意識しているとは考えにくい。これらの例により，「カッテデスガ」はフォーマルな場においては聞き手が目上と見なされる場合に用いられやすいが，インフォーマルな場においては聞き手と上下関係をもたない場合に使用されやすい，という傾向がうかがえる。

1．7．「話し手が利益を得る行動要求に用いられる場合」のまとめ

以上により，話し手が利益を得る行動要求に使用される場合，「ワルイケド」，「スミマセンガ」，「モウシワケアリマセンガ」，「オソレイリマスガ」，「センエツデスガ」，「カッテデスガ」は，次の表 8.1 のように使用されることがわかった。

表 8.1　話し手が利益を得る行動要求に用いられる場合のまとめ

| | インフォーマル | | | | フォーマル | | |
| | | 疎 | | | | 疎 | |
	親	聞き手が目下	上下関係を持たず	聞き手が目上	親	上下関係を持たず	聞き手が目上
ワルイケド	○	○	×	×	×		
スミマセンガ	×	○	○	○	×		
モウシワケアリマセンガ	×	×	○	○	×	○	○
オソレイリマスガ	×	×	○	○	×	○	○
センエツデスガ	×				×	○	○
カッテデスガ	×	×	○	×	×	×	○

第 8 章　行動要求が後続する場合の同一使用条件における前置き表現の使い分け　175

２．話し手が職務を遂行するための行動要求に用いられる場合

「話し手が職務を遂行するための行動要求」の前には，「オソレイリマスガ」，「キョウシュクデスガ」や「センエツデスガ」が使用される。本節では，「オソレイリマスガ」，「キョウシュクデスガ」と「センエツデスガ」が丁寧さにおいてどのような相違があるかを考察し，記述する。以下それぞれについて２．１，２．２，２．３において取り扱い，最後に２．４で本節をまとめる。

２．１．「オソレイリマスガ」

「オソレイリマスガ」は普段の日常生活の場面において，初対面の人，あるいは客のような目上と見なされる聞き手との間で使用されやすい。たとえば，以下のようなものである。

(30)　警察官「救急隊の方を案内してきました」
　　　留置所内の警察官「了解，あれ？救急隊さんって３名ですよね？」
　　　救急隊長「今，１名は搬送資機材を持ってきます」
　　　留置所の警察官「でしたら３名そろってからこのドアを開けます。
　　　　　　　　　　恐れ入りますけど救急隊長さんお名前教えていた
　　　　　　　　　　だけますか」
　　　　　　　すぐに救急機関員がサブストレッチャーを持ってきました。
　　　　　　　　　　（http://www.paramedic119.com/shocking/case009.htm）

(31)　　　　コールしていた電話が自動で留守番電話に切り換わる。
　　　　　　上品な婦人（加世子）の声が無人の居間に流れる――
　　　電話の声「こちらは白浜でございますが，只今，留守に致しており
　　　　　　　ます」
　　　　　　１７大昭不動産・オフィス
　　　　　　電話の声を聞いている林田。
　　　電話の声「恐れ入りますが，〇五二。ＸＸＸのＸＸＸＸにお掛け直
　　　　　　　し下さいませ」
　　　　　　林田，電話番号をメモして最後まで聞かずに切り，すぐにプッ
　　　　　　シュボタンを押す。　　　　　　　　　（『伝言』市川森一）

(32)　「恐れ入りますが，もう一度，座席のベルトをお確かめ下さいますよ

う，お願いします。」　　　　　　　（http://jlex.org/dictionary/2192560）

(33)　「恐れ入りますが，下記にご記入の上，使用申請書と合わせて本様式
　　　もご送付願います。」

　　　（http://www.juen.ac.jp/contents/attache/n_satellite/pdf/shinseisyo.pdf）

(34)　「ニュース」の発信をご希望されない方は，恐れ入りますが当課まで
　　　ご連絡ください。　　（http://www.chisan-chisho.com/new/news01.pdf）

　（30）では，話し手は救急隊長の名前を教えるように求めている。（31）では，話し手は聞き手に電話をかけ直すように要求している。（32）では，話し手は聞き手に座席ベルトを確かめるように要求している。（33）では，話し手は使用申請書と様式の送付を要求している。（34）では，話し手は「ニュース」を希望しない聞き手に連絡を求めている。

　これらの例からわかるように，上にあげた発話はいずれも普段の日常生活の場面で発せられたものである。（30）の場合，話し手と聞き手は初対面であり，上下関係をもたない。（31）の場合，話し手は知らぬ聞き手を想定して留守番でメッセージを残しているため，聞き手のことを目上と見なされる。（32），（33），（34）の場合，聞き手は客であり，話し手より目上と見なされる。いずれの例でも「オソレイリマスガ」が使用されている。このことにより，「オソレイリマスガ」はインフォーマルな発話において話し手が聞き手と初対面で上下関係をもたない場合，あるいは聞き手のほうが目上と見なされる場合に用いられやすいということが示唆されている。

２.２.「キョウシュクデスガ」

　今回170近くのシナリオから「キョウシュクデスガ」が直接に行動要求の前に使用された用例が見られなかったことは，「キョウシュクデスガ」が日常生活の会話において使用されにくい，ということを示唆していると言えよう。そのため，Google 検索で出た用例を参考に考察を行なった。その結果，「キョウシュクデスガ」はやや改まった場面において使用されることが多かった。たとえば，以下のような例である。

(35)　「大変恐縮ですが，承諾の可否を本書面到達後2週間程度で回答いた
　　　だきますようお願い申し上げます。」

　　　（http://ocw.kyoto-u.ac.jp/copyright/pdf_file/ATT00184.pdf/）

第8章　行動要求が後続する場合の同一使用条件における前置き表現の使い分け　177

(36)　「郵便局以外からのお支払いにつきましては，<u>恐縮ですが</u>振込手数料
　　　　はお客様にて<u>ご負担ください。</u>」

　　　　　　　　　　　　　　　（http://pub.maruzen.co.jp/realize/howtobuy.html）

(37)　「<u>誠に恐縮ですが</u>ウェビック問屋のページから<u>ご注文願います。</u>」

　　　　　　　　　　　　　　　　　　　　　（http://www.webike.net/48/）

(38)　（出版提案書についての話である。）
　　　　「1週間以内にお返事さしあげますので，もし，こちらからの返事が
　　　　ありません場合には，<u>恐縮ですが，再度メールをお送り下さい。</u>」

　　　　　　　　　　　　（http://www.hituzi.co.jp/hituzi-ml/proposal-index.html）

(39)　「O.A. のニュアンスをできるだけ壊さないよう，リライトは最小限
　　　　にとどめているつもりですが，一部に違和感を持たれる物もあるか
　　　　もしれません。<u>誠に恐縮ですが，リライトの意図を改めてご理解の
　　　　上，お読みいただければ幸いです。</u>もちろん単純なミス等は出さな
　　　　いように心がけておりますが，もし発見された場合はご指摘の程，
　　　　どうぞよろしくお願い申し上げます。」

　　　　　　　　　　　　　（http://www.nhk.or.jp/neo/contents/faq/index.html）

　(35)では，話し手が聞き手に2週間程度で回答してくれと要求している。(36)
では，話し手が聞き手に対して振込手数料の負担を要求している。(37) では，
話し手が注文の仕方について聞き手に要求を行なっている。(38) では，話し手
が聞き手に対して返事がない場合のメール再送を要求している。(39) では話し
手が聞き手にあたる視聴者に対してリライトの意図への理解を求めている。こ
れらの例ではいずれも「キョウシュクデスガ」が使用されている。

　上の例はいずれも公の場において発話されたものである。そして，話し手の
発話をうける聞き手はいずれも客や外部の人物にあたる者である。すなわち聞
き手は話し手と初対面の人物であるか，話し手より目上の人物と見なされる者
である。これらの例により，「キョウシュクデスガ」は基本的にはフォーマルな
場において，聞き手が話し手と初対面または目上の人物である際に使用されや
すい。

2.3.「センエツデスガ」

　「キョウシュクデスガ」と同じく，今回170近くのシナリオからは「センエツ

デスガ」が行動要求の前に使用された用例が見つけられなかった。このことにより，「センエツデスガ」は日常生活の会話において使用されにくい，ということが示唆されていると言えよう。そのため，Google検索で出た用例を参考に考察を行なった。その結果，「センエツデスガ」はやや改まった場面において使用されるのがほとんどであった。たとえば，以下のような例である。

(40)　富塚陽一会長：「甚だ抽象的な項目の列挙でありますが，1番と2番目につきまして法定協議会が設立するまでの間の課題として時間をかけて検討させていただくという性質のものであろうと思いますし，3番，4番，その他5番につきましては事務方で，皆様方も含めて住民の皆様にも合併問題を深く理解をするために，必要な資料の整備，提供ということになろうかと思いますので当面の協議事項につきましては，3番，4番が先行するのではないかと思われますし，<u>大変僭越でありますけれども</u>，3番，4番に絡めて事務方でもっと積極的に勉強して提供してほしいというご注文がありましたら，<u>ご指導いただくことも含めてご発言をお願いしたいと思います。</u>」

(http://www.city.tsuruoka.lg.jp/gappei/shonainanbu/jyouho/minutes/m01th.html)

(41)　「<u>大変僭越ですが，</u>是非，全実行委員の方に粘っていただきたいと思います。</u>送付された名簿と別紙を熟読されご確認をお願いします。」

(http://www.suzaka-h.ed.jp/teizi/sub45.htm)

(42)　「お客様画像アップ後，各事務所から「不可」の連絡がありましたら，弊社でその画像を削除させていただく場合があります。<u>大変僭越ですがご理解のほど，お願いいたします。</u>」

(http://sugisugi.net/ott/log/eid169.html)

(43)　「近況はと申しますと，お陰様で弊社開発のウィンパスへのお問い合わせなど，その販売やら営業，そして導入指導やらで，…責任者の方には全体の総アウトの推移を掴んでおいて頂きたいものです。<u>僭越ですが，御一考下さいませ。</u>」

(http://archive.mag2.com/0000184751/20080810162318000.html)

(44)　「はじめまして。本書をさっそく購入させて頂きました。知っているようで知らないことが多く，とても勉強になります。さて，たまたま72ページの「25 新幹線の線路の幅が広い理由」を読んでいたの

ですが,標準軌と狭軌の差(寸法)が極端に少ないような気がします。標準軌（1435mm）－狭軌（1067mm）＝ 368mm（36.8cm）なので,記載内容よりもはるかに大きな値になると思います（それに伴い,解説内容に多少ギャップが生じるような印象があります）。<u>大変僭越に存じますが</u>,念のためご確認頂けますと幸いです。」

(http://sugisugi.net/ott/log/eid169.html)

　(40) では,話し手である富塚陽一会長が「ご指導いただくことも含めてご発言をお願いしたい」と求めているが,(41) では,話し手は委員の方に粘ってもらうように求めている。(42) では,話し手が聞き手に理解を求めている。(43) では,話し手が聞き手に検討するように頼んでいる。(44) では,話し手が本の著者である聞き手に内容の確認を要求している。これらの行動要求の前に,いずれも「僭越ですが」が使用されている。

　また,(40) は協議会での発話の例であるが,(41) は公に公開される発言の一部である。(42) は客に対する発話であり,(43) は社外の人間に対する発話である。(44) は本の著者への公開コメントである。いずれも公の場で行なわれるやり取りと見なされる。これらの例により,「センエツデスガ」は基本的にフォーマルな場において使用されるということが言えよう。

２．４．「話し手が職務を遂行するための行動要求に用いられる場合」のまとめ

　以上により,話し手が職務を遂行するための行動要求に使用される場合,「キョウシュクデスガ」と「センエツデスガ」は次の表 8.2 のように使用されることがわかった。

表 8.2　話し手が職務を遂行するための行動要求に用いられる場合のまとめ

| | インフォーマル | | | | フォーマル | | |
| | | 疎 | | | | 疎 | |
	親	聞き手が目下	上下関係を持たず	聞き手が目上	親	上下関係を持たず	聞き手が目上
オソレイリマスガ	×	×	○	○	×	×	×
キョウシュクデスガ		×			×	○	○
センエツデスガ		×			×	○	○

　この結果により，「キョウシュクデスガ」と「センエツデスガ」は，話し手が職務を遂行するための行動要求が後続する場合には基本的には入れ替えることが可能であるということがうかがえる。

3．聞き手の行動に対する修正や禁止の行動要求に用いられる場合

　「聞き手の行動に対する修正や禁止の行動要求」の前には，「ワルイケド」，「スミマセンガ」，「モウシワケアリマセンガ」，「シツレイデスガ」が使用される。本節では，「ワルイケド」，「スミマセンガ」，「モウシワケアリマセンガ」，「シツレイデスガ」が丁寧さにおいてどのような相違があるかを考察し，記述する。以下3．1，3．2，3．3，3，4においてそれぞれについて取り扱い，最後に3．5で本節をまとめる。

3．1．「ワルイケド」

　「聞き手の行動に対する修正や禁止の行動要求」が後続する場合，「ワルイケド」はインフォーマルな場において，親しい相手との間，目上と見なされない知り合いとの間，そして面識のない者との間で使用される。たとえば，以下のような例である。
　（45）　佳織「天のラブソングも聞きたいな」

第8章　行動要求が後続する場合の同一使用条件における前置き表現の使い分け　181

天「……まだだよ」

天，！？佳織，仕事部屋を覗き込んでいる。

天「悪いけど，仕事部屋には入らないでくれ」

佳織「何かヤバいものでもあるの？」

天「機械をいじられたくないんだ」

佳織「(首を竦め) ……」　　　　　　　（『WITH LOVE』伴一彦・尾崎将也）

(46)　　　和美はガイドブックを見ながら"女ひとり"を歌っている。

いづみ「素敵なめぐりあい……期待しちゃおう」

朋子「年上の人がいいなあ……」

絵里「優しくて包容力のある……」

　　　和美，"女ひとり"の最初の部分（京都，大原，三千院，恋に疲
　　　れた女がひとり）を何度も繰り返して歌っている。そこしか知
　　　らないのだ。

いづみ「(ムッと) 海老沢さん，悪いけど歌，やめてくれる？」

和美，！？と顔を上げて三人を見る。

　　　　　　　　　　　　　　　　　　　　　（『うちの子にかぎって』伴一彦）

(47)　伊藤「ＣＤの件，一枚噛ませてよ」

天「……」

伊藤「関東電鉄にもコネあるし，騙せる企業，色々知ってるからさ」

天「(キッと) 騙す？」

伊藤「女もスポンサーもうまく騙していい気持ちにさせりゃいいのよ」

天「……悪いけど，この件には首を突っ込まないでほしいな」

伊藤「いいの？健太郎ちゃんもいい曲書くし，ウカウカしてランな
　　　いんじゃないの？」

天「(ブ然と) ……」　　　　　　　　　（『WITH LOVE』伴一彦・尾崎将也）

(48)　耕作「キミが絡んできたんだよ」

　　　と，バーへ戻ってゆく。

黎「なに言ってんのよ，酔っぱらいの女ったらし！」

耕作，立ち止まって振り向く。

黎「(言い過ぎたと思うが，強気で) 何よ」

耕作「悪いけど，もう少し静かに飲んでくれないか？」

黎「──」

耕作，バーへ入ってゆく。　　　（『パパは年中苦労する』伴一彦）

(49)　雅子「美代子」

と，困った顔で見送る。

千秋「いいじゃない，放っとけば」

男1「そうだよ，22になったわけだし，もっと派手なとこ行こうよ」

千秋「（ジロッと睨んで）悪いけど消えてくれる？女同士で飲みたい
　　から」

男2「え？あれ……？」

千秋，男たちを無視して雅子に話しかける。

（『逢いたい時にあなたはいない…』伴一彦）

(45) では，話し手は聞き手に対して仕事部屋に入らないように要求している。(46) では，話し手は聞き手に歌をやめるように求めている。(47) では，話し手は聞き手に「この件」に干渉しないように要求している。(48) では，話し手は聞き手に対して静かに飲むように要求している。(49) では，話し手は聞き手に消えるように要求している。

上の例はいずれも普段の日常生活場面の会話である。(45) の場合は話し手と聞き手は親しい間柄であり，(46) や (47) の場合は聞き手が話し手より目上の人物だと見なされにくい。(48) と (49) の場合，話し手と聞き手は初対面である。ただし，上の例からもうかがえるように，話し手が「ワルイケド」を用いて聞き手の行動に対して改善や禁止を要求する際に，嫌悪といった感情的な成分が含まれることが多い。これらの例により，「ワルイケド」はインフォーマルな場において，聞き手が目上と見なされない場合に使用されやすいという傾向がうかがえる。

3.2.「スミマセンガ」

「聞き手の行動に対する修正や禁止の行動要求」が後続する場合，「スミマセンガ」はインフォーマルな場においても，フォーマルな場合においても，使用されることがある。ただし，インフォーマルな場合のほうがより使用されやすい。この場合，それほど親しくない，かつ目上と見なされない相手との間，あるいは面識のない者との間で使用される。たとえば，以下のような例である。

(50)　　　後部座席に，紀子。殺人放火事件の資料を膝に上に置いているが，

第8章　行動要求が後続する場合の同一使用条件における前置き表現の使い分け　183

　　　　　　　ため息で窓の外を見ている。

　　　紀子「……」

　　　運転手（徳永育郎）「（ニコニコ）白石さん，いつも見てるよ」

　　　紀子「……どうも（うざったい）」

　　　徳永「ヒドい事件だよねえ，二つになったばっかりの子まで焼き殺

　　　　　　して……可哀相にねえ」

　　　紀子「（苛立ち）すみません，ちょっと黙っててもらえます？」

　　　徳永「あ，資料に目通してるんだ」

　　　紀子「……」　　　　　　　　　　　　　　（『ストレートニュース』伴一彦）

(51)　「………あんたが………コバちゃんの？」少女が用心深く言う。

　　　「……コバちゃん？……父さんのこと？？」芳雄が問うと，少女は軽

　　　く頷いた。

　　　「…………そうか……あんたがコバちゃんの？」

　　　「コバチャンテ，アンタノオトーサンカ？」マリアが一歩遅れて会話

　　　に入ってくる。

　　　「すみませんが，ちょっと静かにしてください」芳雄はマリアの方を

　　　見ずに言った。

　　　「…………」少女はしばらく黙って何かを考えていた。

　　　　　　　　　　（http://www.geocities.jp/saburounishida/doutei6.html）

(52)　　　官邸・階段下

　　　　　朋子ほか取材陣が和泉総理の到着を待っている。

　　　　　手塚が階段を降りてきて──

　　　手塚「えー，すいません，みなさん。今日は重大な発表がありますので，

　　　　　　プライバシーに関する質問はご遠慮願います」

　　　記者1「今一番聞きたいのはジョアンナちゃんのことじゃないですか」

　　　手塚「（記者1を睨んで）その話題，出したらその場で会見は打ち切

　　　　　　りますよ」

　　　　「冗談じゃないよ」

　　　　　などと不満の声があがるが──（『レッツゴー！永田町』伴一彦）

(53)　日本のアニメ／漫画史上，あなたが傑作だと思う作品の「タイトル」

　　　と「理由」を教えて下さい。万人受けしなくても大丈夫です。

　　　　・1回答に1作品

・傑作だと思う理由もお願いします

・漫画版は傑作だけど映画版は違う等の場合は，タイトルのところに「○○漫画版」など記載をお願いいたします

・同じ作品で違う理由の場合は返信でご回答をお願いします

・同じ作品で理由も同じ場合は，すみませんがご回答をご遠慮ください

ご不明な点がありましたら質問欄をご利用ください。

(http://q.hatena.ne.jp/1197442092)

(54)　ご注意：①開始前はトイレが混みます。できれば駅でお済ませください。

　　　　　②すみませんが，お子様のご同伴は，ご遠慮ください。

　　　　　中学生以下の方のお申し込みもおことわりします。

　　　　　③イス7席，ベンチ7席，その他の方はたたみに座布団，またはベッドに腰掛けてのご受講となります。

(http://www.takasakamiki.com/seminar8.html)

　(50) では，話し手は聞き手に対して黙るように要求している。(51) では，話し手は会話に口を挟んできた聞き手に静かにするように要求した。(52) では，話し手は聞き手たちに対してプライバシーに関する質問を聞かないように要求している。(53) では，話し手は聞き手に回答しないように要求した。(54) では，話し手は子供を連れてこないように要求している。これらの行動要求の前に「スミマセンガ」が使用されている。

　(50) と (51) は普段の日常生活での会話の例であるが，(52)，(53)，(54) はやや改まった場面でのやり取りである。また，(50) でも，(51) でも話し手は聞き手と親しい関係とは考えにくい。(52)，(53)，(54) の場合は，聞き手をいずれも初対面の者と見なすことができる。これらの例によって，「スミマセンガ」はインフォーマルな場においてはそれほど親しくない相手との間で使用されるが，フォーマルな場においては初対面の相手との間で使用されやすい，ということが察せられる。

3.3.「モウシワケアリマセンガ」

　「聞き手の行動に対する修正や禁止の行動要求」が後続する場合，「モウシワ

第8章　行動要求が後続する場合の同一使用条件における前置き表現の使い分け　185

ケアリマセンガ」はフォーマルな場において使用されやすい。そして，この場合，面識のない相手との間，あるいは目上と見なされる相手との間で使用されやすい傾向が見られる。たとえば，以下のような例である。

(55)　　　そこへ，喪服姿の矢島が厳しい表情でやってくる。

　　　　矢島，受付へ──

　　　受付の人間「申し訳ありません，<u>マスコミの方はご遠慮下さい</u>」

　　　矢島「……」

　　　　矢島，一礼して，境内に向かう。

　　　受付の人間「困ります」

　　　　紀子，はるか，矢島を追うが，警備の人間たちに制止される。

　　　　　　　　　　　　　　　　　　（『ストレートニュース』伴一彦）

(56)　「<u>申し訳ありませんが部外者の方の登録はご遠慮ください。</u>」

　　　　　　　　　　　　　　　　（http://www.freeml.com/habanero）

(57)　「世界で一つだけの，計算プリントをお届けします。<u>申し訳ありませんが，保護者が採点できない方は，購入しないでください。</u>」

　　　　　　　　　　　　　　　　（http://ke-pri.ocnk.net/product/6）

(58)　「<u>申し訳ありませんが，ココにコメントは入れないでくださいナ。</u>読むだけ〜何か言いたい事があれば，BBS の方にど〜ぞ」

　　　　　　　　　　　　　　　（http://8707.teacup.com/coz3/bbs/38）

　（55）では，話し手は来訪者である聞き手に「ご遠慮下さい」と要求している。（56）では，話し手は部外者にあたる聞き手の登録を禁止している。（57）では，話し手は聞き手に対して計算プリントを購入しないように要求している。（58）では，話し手は聞き手にコメントを入れないように求めている。それぞれの行動要求に先立って「モウシワケアリマセンガ」が使用されている。

　これらの例は，どちらも改まった場面でのやり取りと見なされる。（55）の場合は受付と来訪者の関係であり，（56），（57），（58）の場合はいずれも面識のない者を相手にしている。これにより，「モウシワケアリマセンガ」はフォーマルな場において面識のない相手や客といった目上と見なされる相手との間で使用されやすいという傾向がうかがえる。

3.4.「シツレイデスガ」

「聞き手の行動に対する修正や禁止の行動要求」が後続する場合，「シツレイ
デスガ」はインフォーマルな場においても，フォーマルな場合においても使用
できる。インフォーマルな場においては，目上と見なされる相手との間で使用
されやすく，フォーマルな場においては，面識のない相手との間，あるいは目
上と見なされる相手との間で使用されやすいという傾向が見られる。たとえば，
以下のような例である。

(59) 藤村「……怒ったんですか？」

芳彦「当たり前です。あんたたちもどうかしてますね。よりによっ
てこんな人を――」

綱島「参ったな。これだからインテリは困るんだ」

そっと襖を閉める澄子。

けわしい芳彦の表情。

芳彦「失礼ですが，あなた方は今回の選挙から手を引いていただき
たい」

藤村「何ですって？」　　　　　　　　　　　　（『誘惑者』島吾郎）

(60) CA：「お客様，まことに失礼ですが，機内は禁煙となっております
ので，おタバコはご遠慮ください」

客：「うるさいな。1本くらいいいだろう」

(http://ww3.enjoy.ne.jp/~ikumim/kokorohakimagure/okyakusama.htm)

(61) 「失礼ですが全員をひとくくりにしないで欲しいものですが確信も無
いのに勝手にトナメや対人をやってないと思わないでほしい」

(http://www.ntv.co.jp/sho-ten/04_mail/060723.html)

(62) 「それが出ないから聞いていたんですけど。自分の調べ不足なのかも
しれません。いえ，そうだと思います。ですが，時間が無いのでコ
コで聞いたんです。それは悪い事でしょうか？それと失礼ですが，
そういう言い方をなさるのは止めては戴けませんでしょうか。」

(http://www.10ch.tv/bbs/test/read.cgi?bbs=ques-
tion&key=154948536&st=1&to=50

(63) 「失礼ですが，問題解決とはなんらかかわりない議論ごっこに付き合
うヒマはさすがにありませんのでご勘弁願います。もう私はそん

なに若くないので。そういうことが好きなお友達同士でお願いします。」

（http://ja.wikipedia.org/wiki/Wikipedia:%E4%BA%95%E6%88%B8%E7%AB%AF/subj/%E6%AD%BB%E5%88%91%E5%AD%98%E5%BB%83%E5%95%8F%E9%A1%8C%E3%81%AE%E5%88%86%E5%89%B2%E3%81%AE%E6%98%AF%E9%9D%9E）

（59）では，話し手は聞き手に選挙から下りるように要求している。（60）では，話し手は聞き手に機内での喫煙をしないように要求した。（61）では，話し手は聞き手に対してそういうふうに考えるのをやめるように要求している。（62）では，話し手は聞き手にそういう言い方をやめるように要求した。（63）では，話し手は聞き手に議論をやめるように求めている。これらの行動要求の前に「シツレイデスガ」が用いられている。

　上の例から明らかなように，（59）は選挙のことについて相談しているときのやり取りである。（60）は接客時のやり取りである。（61），（62），（63）はいずれも公に公開されたコメントの例である。また，（59）も（60）も，聞き手が目上の人物と見なされる。（61），（62），（63）の場合は聞き手が面識のない者である。これらの例により，「シツレイデスガ」はインフォーマルな場においては，目上と見なされる相手との間で使用されやすく，フォーマルな場においては，面識のない相手との間，あるいは目上と見なされる相手との間で使用されやすいと言えよう。

３．５．「聞き手の行動に対する修正や禁止の行動要求に用いられる場合」のまとめ

　以上により，聞き手の行動に対する修正や禁止の行動要求に使用される場合，「ワルイケド」，「スミマセンガ」，「モウシワケアリマセンガ」，「シツレイデスガ」は，次の表8.3のように使用されることがわかった。

表 8.3 聞き手の行動に対する修正や禁止の行動要求に用いられる場合のまとめ

	インフォーマル				フォーマル		
	親	疎			親	疎	
		聞き手が目下	上下関係を持たず	聞き手が目上		上下関係を持たず	聞き手が目上
ワルイケド	○	○	○	×	×	×	×
スミマセンガ	×	○	○	×	×	○	×
モウシワケアリマセンガ	×	×	×	×	×	○	○
シツレイデスガ	×	×	×	○	×	○	○

4．行動要求の各使用条件における前置き表現の諸形式の使い分けのまとめ

　本章では，同じ行動要求の使用条件において使用される前置き表現の各表現形式の使い分けをめぐって，場，親疎関係，上下関係から考察を行なって記述を進めた。

　その結果，「ワルイケド」,「スミマセンガ」,「モウシワケアリマセンガ」,「オソレイリマスガ」,「キョウシュクデスガ」,「シツレイデスガ」,「センエツデスガ」,「ジブンカッテデスガ」,「ハズカシイデスガ」は，次の表 8.4 のように使い分けられることが明らかにつた。

第8章　行動要求が後続する場合の同一使用条件における前置き表現の使い分け　189

表8.4　行動要求の各使用条件における前置き表現の諸形式の使い分けのまとめ

	インフォーマル				フォーマル		
	親	疎			親	疎	
		聞き手が目下	上下関係を持たず	聞き手が目上		上下関係を持たず	聞き手が目上
「話し手が利益を得る行動要求」が後続する場合							
ワルイケド	○	○	×	×	×	×	×
スミマセンガ	×	○	○	○	×	×	×
モウシワケアリマセンガ	×	×	○	○	×	○	○
オソレイリマスガ	×	×	○	○	×	○	○
センエツデスガ	×	×	×	×	×	○	○
カッテデスガ	×	×	○	×	×	×	○
「話し手が職務を遂行するための行動要求」が後続する場合							
オソレイリマスガ	×	×	○	○	×	×	×
キョウシュクデスガ	×	×	×	×	×	○	○
センエツデスガ	×	×	×	×	×	○	○
「聞き手の行動に対する修正や禁止の行動要求」が後続する場合							
ワルイケド	○	○	○	×	×	×	×
スミマセンガ	×	○	○	×	×	○	×
モウシワケアリマセンガ	×	×	×	×	×	○	○
シツレイデスガ	×	×	×	○	×	○	○

第9章 情報伝達に用いられる前置き表現の使用条件

　本章では，情報伝達が後続する場合，前置き表現の各表現形式がどのような性格の情報伝達に使用されるかについて考察することによって，伝達される情報の性格による各表現形式の使用条件を明らかにする。

　また，シナリオや Google 検索サイトなどを見ても，「オヨバズナガラ」という前置き表現が直接的に「情報伝達」の前に使用される例は見つけられなかった。この結果により，「オヨバズナガラ」は「情報伝達」が後続する発話において使用されにくいということが示唆されている。したがって，本章では，主に「ワルイケド」，「スミマセンガ」，「モウシワケアリマセンガ」，「オソレイリマスガ」，「キョウシュクデスガ」，「シツレイデスガ」，「センエツデスガ」，「カッテデスガ」，「ハズカシイデスガ」を中心に考察して記述を行なう。

　以下，1節では「ワルイケド」，2節で「スミマセンガ」，3節で「モウシワケアリマセンガ」，4節で「オソレイリマスガ」，5節で「キョウシュクデスガ」，6節で「シツレイデスガ」，7節で「センエツデスガ」，8節で「カッテデスガ」，9節で「ハズカシイデスガ」をそれぞれ記述し，最後に10節で本章をまとめる。

1．「ワルイケド」が情報伝達に用いられる場合の使用条件

　「ワルイケド」は，聞き手に不利益をもたらすと思われる情報伝達と，聞き手のプライバシー以外の関連情報，特に聞き手に対するマイナス的評価に関する情報の伝達が後続する際に使用される。以下，それぞれについて1.1と1.2において取り扱う。

1．1．聞き手に不利益をもたらすと思われる情報の伝達

　「ワルイケド」は聞き手に不利益をもたらすと思われる情報を伝達する際に使用されやすい。たとえば，以下のようなものである。
　（1）　　　雨音，保留中の電話に出る。

雨音「お待たせしました，村上です。あ，智美。<u>悪いけどちょっと</u>
　　　遅れるかもしれない……え？」

　　雨音，表情が曇る。　　　　　　（『WITH LOVE』伴一彦・尾崎将也）

（２）　渚「洋子さん，帰りましょうよ」

　　洋子「<u>悪いけど</u>，<u>もう少し一人でいたいの</u>」

　　渚「……じゃ，おやすみなさい」と去ろうとする。

　　　　　　　　　　　　　　　　　　　　　　（『夏の約束』伊藤康隆）

（３）　いちご「(瞶めて) 付き合ってほしいの」

　　ヒロシ「どこに？」

　　いちご「私と」

　　　ヒロシ，キョトン。

　　いちご「明るい男女交際」

　　ヒロシ「(全く気がなく) <u>悪いけど</u>，俺，受験生だから……」

　　いちご「あッ，家庭教師やったげる。ホラ，あたし医科大に通って
　　　　　るし……」

　　ヒロシ「(ムッとなり) お座敷あるんだろ？行けよ」

　　いちご「一緒に勉強しようよ」

　　ヒロシ「遠慮するよ」

　　　と，いちごを強引に追い出した。

　　　　　　　　　　　　　　　　　（『おヒマなら来てよネ！』伴一彦）

（４）　耕作「もしもし」

　　電話の声「何してるのよ！」

　　耕作「！？ああ，キミか」

　　　──黎からの電話である。

　　黎の声「おたくのお子さんたち，早く迎えに来てよ」

　　耕作「<u>悪いけど</u>，<u>仕事中なんだ</u>」

　　黎の声「ちょっと！うち，託児所じゃないのよ！」

　　　──騒々しい子供たちの声が聞こえている。

　　耕作「判った判った，すぐに行くから」

　　　と，電話を切って，ニッ。

　　　何事もなかったように仕事に戻る。

　　　　　　　　　　　　　　　　　（『パパは年中苦労する』伴一彦）

（5）　　　森田，しかたなく電話口へ──

瞳「……」

森田「もしもし……ああ，キミか。ひどい声だね。大丈夫？え？今から？……困ったな」

　　　と，瞳を見る。

瞳「(怪訝に) ……」

森田「……悪いけど，ちょっと無理なんだ。……ゴメン」

　　　と，電話を切る。　　　　　　　（『君の瞳に恋してる！』伴一彦）

　（1）では，話し手は「遅れる」と伝えている。（2）では，話し手は聞き手の誘いを断って「もう少し一人でいたい」と伝えている。（3）では，話し手は聞き手の「付き合ってほしいの」に対して「受験生だから」と伝えて断っている。（4）では，話し手は聞き手から「早く迎えに来てよ」という要求を断って，「仕事中なんだ」と伝えている。（5）では，話し手は聞き手に「今から来てほしい」と求められたが，「ちょっと無理なんだ」という情報を伝えて断った。いずれも聞き手に不利益をもたらすと思われる情報を伝達している。

　これらの例のように，聞き手に負担や不利益をもたらすと思われる情報を伝達する際には Leech（1983）が提唱している「丁寧さの原則」のうちの「気配り原則（Tact Maxim）」，「他者に対する負担を最小限にせよ（Minimize cost to other）」のごとく，聞き手に対する配慮が求められやすい。上の例では，これらの情報が伝えられる際に，いずれも「ワルイケド」が用いられている。これにより，「ワルイケド」は話し手自身の都合によって相手に迷惑や不快をもたらすような情報を伝達する際に先立って使用されやすいということがわかる。

１．２．聞き手に対する評価的情報の伝達

　「ワルイケド」は聞き手に対するマイナス的評価の内容が後続する際にも使用されやすい。たとえば，以下のようなものである。

（6）　泉「大工は大工だよ，家とか作る」

洋子「そんなことわかってるわよ。聞いてるのはどうして大工なのかでしよ」

泉「だからさ──」

　　　修司を見る。

第 9 章　情報伝達に用いられる前置き表現の使用条件　193

　　修司「何だ」

　　泉「<u>悪いけど</u>，兄貴見てたらさ，<u>何だかサラリーマンってつまらね</u>
　　　　<u>えなと思ってさ</u>」

　　修司「何？」

　　泉「だってそうだろ。自分の人生，全部会社に振り回されてるわけ
　　　　じゃん。ロンドン行けって言われたり行くなって言われたりさ」

　　修司「——」　　　　　　　　　　　（『お兄ちゃんの選択』清水有生）

（７）　　台の前の椅子に腰掛けている俊平と信義。

　　　　正雄，内心の動揺を隠し，ふてぶてしく二人を見ている。

　　俊平「あんな，おまえがあちこち，ぎょうさんこさえた借金，肩代
　　　　わりしたる」

　　信義「よかったな，正雄。おやっさんはちゃんと息子のおまえのこ
　　　　と考えてくれてる」

　　正雄「信義兄さん，<u>悪いけど</u>，<u>商売の邪魔なんですわ</u>」

　　信義「わざわざ，ここまで足運んだんやないか。話ぐらい聞かんかい」

　　正雄「（背を向けて）ほな，ご自由に」　（『血と骨』崔洋一・鄭義信）

（８）　　タバコを捨て，ミコの目前に迫るイチゴ。

　　イチゴ「ミコさん……素手ゴロでタイマン張りますか」

　　ミコ「このミコに勝てると思ってんのか？」

　　イチゴ「<u>悪いけど</u>，<u>負ける気がしねーぜ！</u>」（『下妻物語』中島哲也）

（９）　　高倉「そいつが焚きつけたんだ。毎日ダンススタジオに引っ張り出
　　　　　　して，儲かるから商売始めろ始めろって色仕掛け口八丁で…」

　　　　典子，木村を見て悪戯っぽく笑う。

　　典子「あなた，死んでる人より元気なかったから」

　　木村「……！」

　　　　全て分って，胸がいっぱいになる。典子の肩を抱き，二人は家
　　　　に戻って行く。高倉がガックリ膝をついたところに照美が出て
　　　　来る。

　　照美「<u>悪いけど</u>うちの勝ちだね」

　　高倉「……」

　　照美「（二階の拳に）おおい，いくぞ！」

　　　　　　　　　　　　　　　　　　（『木村家の人びと』一色伸幸）

(10)　局長「鏡竜太郎と米崎みゆきは怪しい」
　　　　　竜太郎・みゆき，ドキッ！
　　　　　局長「噂は真実か？」
　　　　　竜太郎「(否定して) 誰がそんな……」
　　　　　みゆき「悪いんですけど，全然好みのタイプじゃないんですよね，
　　　　　　　　　鏡さん」
　　　　　竜太郎「……」
　　　　　みゆき「もちろん，ジャーナリストとしては尊敬してますけど」
　　　　　局長「(ニタッと) 仲良く否定してくれるねえ」

（『パパはニュースキャスター』伴一彦）

　（6）では，話し手は聞き手に対して「サラリーマンってつまらねえな」とマ
イナス評価の発言をしている。（7）では，話し手は聞き手のことを「商売の邪
魔」とマイナスに評価している。（8）では，話し手は聞き手に対して「負ける
気がしない」と主張している。（9）では，話し手は聞き手のことを見下して「う
ちの勝ちだ」と宣言している。（10）では，話し手はその場にいる鏡さんに対し
て「全然好みのタイプじゃない」と伝えている。

　これらの情報は，すべて聞き手に対して発せられた評価的コメントである。
このような評価的な情報は，聞き手にとって喜ばしいものではなく，聞き手に
不愉快な思いをさせる情報と見なすことができる。このような情報を伝達す
る際に，Leech（1983）が提唱している「丁寧さの原則」のうちの「是認の原
則（Approbation Maxim）」，「他者の非難を最小限にせよ（Minimize dispraise of
other)」のごとく，聞き手のフェイスに対する配慮が必要とされる。上の例では
これらの情報の伝達に先立って「ワルイケド」が用いられている。これにより，
「ワルイケド」は聞き手のフェイスを侵害するような情報を伝達する際に使用さ
れやすい，という傾向がうかがえる。

２.「スミマセンガ」

　「スミマセンガ」は聞き手に不利益をもたらすと思われる情報を伝達する際に
使用されやすい。たとえば，以下のようなものである。
　（11）　　　ハンバーガーショップ・二階
　　　　　　　誠が雄太郎に頭を下げる。

誠「すいません，戻りませんッ」

雄太郎「(困って) ……」

誠「俺，お父さんのところで働くの，嫌じゃないです。でも，洋子
　　に未練があって戻ってきたなんて思われたくないし……」

雄太郎「誰も思わないから……」（『おヒマなら来てよネ！』伴一彦）

(12)　　　岩石先生，なんとなく結城先生の傍にいて——

岩石先生「(眉間にシワで) まったく最近の連中は教師を友だちかな
　　　　　にかと間違えとる。図々しいもんだ。教師と生徒のケジ
　　　　　メは我々の方でつけなければいけませんね」

結城先生「(調子を合わせて) そうですね」

岩石先生「じゃ，教師は教師同士，お茶飲みに行きませんか？」

結城先生「！？ (微笑を作り) すいません，お友だちと待ち合わせ
　　　　　ているので……」

岩石先生「あ……そうですか」

　　　結城先生，他の先生たちにも挨拶して職員室を出てゆく。

　　　残念そうに見送る岩石先生。　　　　　（『なまいき盛り』伴一彦）

(13)　　　「よーい，スタート！」

　　　——クライマックスシーンの撮影開始。

　　　人垣の中から興味津々見ている石橋先生，居作たち。

格さん「ええい，静まれ静まれ！こちらにおわすお方をどなたと心
　　　　得る。畏れ多くも先の副将軍，水戸光圀公にあらせられるぞ！」

　　　と，印篭を出そうとして，あれ！？となる。

格さん「(地に戻り) すいません，印篭がないんですが……」

　　　撮影隊は印篭を探して大騒ぎになる。

　　　　　　　　　　　　　　　　（『うちの子にかぎって２』伴一彦）

(14)　八尾警部補「あの時は転落したと私が言うと，殺人ですかと仰言った。
　　　　　　　　　今は自殺だと……」

楷「……」

八尾警部補「何か心あたりはあるんですか？」

楷「……いえ」

八尾警部補「中村ひろみさんはどういった心の悩みを抱えていたん
　　　　　　　ですか？」

楷「すみません，お答えできません」

犀川「あんたねえ！」

八尾警部補「（制して）いや，判りますよ，うちの娘のことも他人に
　　　　　ベラベラ喋ってもらいたくないですからね」

楷「……」

八尾警部補「署から捜査協力依頼のファックスを送らせていただき
　　　　　ます。それでいいですか？」

楷「（頷き）よろしくお願いします」　　（『サイコドクター』伴一彦）

(15)　古賀愛「……今日は寒いからやめとこうか」

　　　と，愛たちの部屋に持ち込んだテレビの前に寝転がる。

　　　康子は安達愛の相手をして遊ぶ。

　　　愛たちは格別やることもなく，……。

古賀愛「康子さん，お茶淹れてくれないかい」

康子「すいません，今手が離せないんです」

古賀愛「（首を伸ばして見て）愛ちゃんと遊んでるだけでしょ」

康子「お母さんこそテレビ見てるだけでしょ。ご自分でお淹れにな
　　ってください」

　　　古賀愛，ムッ。　　　　　　　（『パパはニュースキャスター』伴一彦）

　(11) では，話し手は「戻りません」と聞き手の期待にそえない意思を伝達し
ている。(12)では，聞き手の「お茶飲みに行きませんか」の誘いかけに対して，「お
友だちと待ち合わせているので…」という情報を伝えて，「行かない」という意
向をほのめかしている。(13) では，話し手は「印籠がないんですが」という情
報を伝えている。(14) では，話し手は聞き手の質問に対して「お答えできませ
ん」と発して拒否の意思を伝えている。(15) では，話し手は聞き手の「お茶淹
れてくれないかい」という要求を断って「今手が離せないんです」と伝えている。

　これらの情報はいずれも聞き手にとって喜ばしいものではなく，話し手の個
人的都合によるものである。そして，それによって，聞き手に不快感をもたら
す恐れがあり，聞き手に不利益をもたらす情報と見なせる。このような情報を
伝達する際に，Leech (1983) が提唱している「丁寧さの原則」のうちの「気配
りの原則（Tact Maxim）」の「他者に対する負担を最小限にせよ（Minimize cost
to other)」のごとく，聞き手に対する配慮が求められる。例では，これらの情報
が伝達される際に「スミマセンガ」がいずれも使用されている。これらの例に

第9章 情報伝達に用いられる前置き表現の使用条件 197

より，「スミマセンガ」は不利益的情報により聞き手のフェイスを侵害する際に用いられやすいということがうかがえる。

3．「モウシワケアリマセンガ」が情報伝達に用いられる場合の使用条件

「モウシワケアリマセンガ」は聞き手に不利益をもたらすと思われる内容を伝達する際に使用されやすい。たとえば，以下のようなものである。

(16)　英子「お早う」

　　　早瀬「ご無沙汰しております，長谷川先生。ヴァーグレコードの早瀬です」

　　　天「……どうも」

　　　英子「天，残りの曲，今週中に出来る？」

　　　天「……もう少し時間，もらえないかな」

　　　早瀬「申し訳ないですけど，先生の曲がないと作業が進まないんです」

　　　天「……判りました」

　　　早瀬「(笑顔になり) じゃ，別件がありますので……」

　　　　　　　　　　　　　　　（『WITH LOVE』伴一彦・尾崎将也）

(17)　天「(笑って) そりゃいい。(雨音に) この人と結婚した方がいい。キミは結婚に向いてるよ」

　　　　と，言い捨てて出ていこうとする。

　　　雨音「──」

　　　吉田「雨音さん」

　　　雨音「(吉田に) 申し訳ありません，吉田さんとはお付き合いできません」

　　　吉田「……」

　　　天「(雨音に) それでいいんだな」

　　　雨音「……（頷く）」

　　　　天，雨音に歩み寄る。　　（『WITH LOVE』伴一彦・尾崎将也）

(18)　　東京オペラシティ・ふたば銀行・一階フロア

　　　　カウンターの天，時間を気にしている。

　　　　雨音はバックオフィス(窓口の後ろで事務処理をするところ)で，祐子と端末を操作している。

天「まだかな」

　　　困惑気味の雨音が戻ってきて――

雨音「申し訳ありませんが，ローンカードの方，お作り出来ないんです……」

天「（ムッと）カード勧めたの，そっちでしょ？」

（『WITH LOVE』伴一彦・尾崎将也）

(19)　飛鳥「（笑顔を作り）どういったタイプのワインがお好みですか？」

カメラマン「（突っ慳貪に）ムルソー」

飛鳥「（フト）84年の，シャトー・ド・ムルソー？」

カメラマン「二人で畑に行ってみたいって言ったよな」

飛鳥「はい？」

飛鳥「申し訳ございません，ワインリストにあるものしかご用意出来ないんですが……」

カメラマン「84年のシャトー・ド・ムルソー」

飛鳥「（笑顔になり）いいワインですね。ブルゴーニュなのに，ボトルの形が違うんですよね」

カメラマン「寿司屋の娘のクセにどうして日本酒よりワインが好きなんだ？」

　　　飛鳥，？？

　　　カメラマン，サングラスを取り，初めて笑顔を見せ――

（『スチュワーデス刑事5』伴一彦）

(20)　　　乗客に食事を配る由紀子，呼び止められる。

乗客「すいません，免税品，ドル使えますよね」

由紀子「（笑顔で）はい」

乗客「よかった，小銭溜まっちゃって」

由紀子「申し訳ございません，10月からコインは使えなくなったんです」

乗客「えーッ，じゃこれどうすんの」

連れの乗客「ゴルフのマーカーにすりゃいいんじゃない？」

　　　乗客たち，雑談。

　　　由紀子，ハッとなる。　　（『スチュワーデス刑事2』伴一彦）

(16) では，聞き手は「先生の曲がないと作業が進まない」と発話して，「こ

ちらは困っている」という情報をほのめかしている。(17) では，話し手は「お付き合いできません」と聞き手の期待にそえない意思を伝達している。(18) では，話し手はローンの返済が滞っている聞き手にカードが作れないという情報を伝えている。(19) では，話し手は聞き手のオーダーに応えられず，「ワインリストにあるものしかご用意出来ない」という情報を伝えている。(20) では，話し手は小銭を使おうとする聞き手に「10 月からコインは使えなくなった」という情報を伝達している。これらの情報はいずれも聞き手にとって喜ばしいものではなく，聞き手に不愉快や不利益をもたらすものである。

　(16) と (17) の場合聞き手に不利益をもたらすと思われる情報は話し手の個人的都合によるものであるが，(18)，(19)，(20) の場合は話し手の職務上の都合によるものである。いずれの例でも，これらの情報が伝達されるにあたって「モウシワケアリマセンガ」が用いられている。これにより，「モウシワケアリマセンガ」はその不利益が話し手の個人的都合によるものであっても，話し手の職務上の都合によるものであっても使用できるということがわかる。

　例のように，聞き手に不愉快や不利益をもたらす情報を伝える際に，Leech (1983) が提唱している「丁寧さの原則」のうちの「気配りの原則（Tact Maxim)」，「他者に対する負担を最小限にせよ（Minimize cost to other)」のごとく，聞き手に対する配慮が必要とされる。そして，これらの例ではいずれも「モウシワケアリマセンガ」が使用されている。これにより，「モウシワケアリマセンガ」は，その不利益が話し手の個人的都合によるものであるか，それとも話し手の職務上の都合によるものであるかを問わずに，不利益をもたらすと思われる情報が伝達されるのに先立って用いられやすい，ということがわかる。

4．「オソレイリマスガ」が情報伝達に用いられる場合の使用条件

　シナリオから「オソレイリマスガ」が情報伝達の前に使用される例はなかったため，Google 検索で集めた使用例を中心に考察を行なった。その結果，「オソレイリマスガ」は聞き手に不利益をもたらす一般情報を伝達する場合に使用されることはあるが，それ以外の単なる一般情報の伝達には使用されにくい，という傾向が見られた。

　そして，「オソレイリマスガ」が用いられる場合は，話し手の職務上の事情で聞き手に不利益をもたらすと思われる情報の伝達がほとんどであることがわか

った。たとえば，以下のようなものである。

(21) 「又，お取引が大変込み合っている場合は，恐れ入りますが少々お時間を頂く場合が御座います。」

（http://homepage2.nifty.com/rmtworld/Q&A%20original.html）

(22) 「恐れ入りますが，18歳未満のお客様は，家族カードであってもクレジットカード払いはご利用いただけません。」

（http://www.kao.co.jp/dmk/faq/oshiharai.html）

(23) 「大変恐れ入りますが，Web Area 就活カンファレンスは学生の方を対象にしておりますのでご参加いただくことはできません。」

（http://janes-way.net/ep2_flow.html）

(24) Q：食事は部屋食ですか。

A：誠に恐れ入りますが，基本的にはお部屋食ではございません。ご夕食，ご朝食ともに，レストランまたはホール，お座敷でお取りいただくスタイルとなっております。

（http://www.jalan.net/jalan/jweb/yado/yado_faq/YADL_352104_1.HTML）

(25) 「誠に恐れ入りますが，お客様よりご注文いただきました以下の商品につきまして，大変残念なご報告がございます。」

（http://muumoo.jp/news/2009/01/21/0amazonok.html）

　(21) では，話し手は取引が込み合っている場合，時間がかかるという趣旨の内容を伝達している。(22) では，話し手は年齢の関係でクレジットカード支払いは利用できないという情報をほのめかしている。(23) では，話し手は Web Area 就活カンファレンスの対象が学生に限られるという情報を伝えている。(24) では，話し手は聞き手の要望に応えられず，部屋食がないという情報を伝達している。(25) では，話し手は客の注文に関して残念な報告があるという情報を伝えている。いずれも聞き手にとって喜ばしいものではなく，聞き手に不愉快や不利益をもたらす情報と見なされる。

　また，これらの例から明らかなように，これらの不利益をもたらすと思われる情報は話し手の個人的都合によるものではなく，すべて話し手の職務上の事情によるものである。例ではこれらの情報が伝達されるとき，「オソレイリマスガ」が前もって使用されている。

　例のような情報を伝達する際に，Leech（1983）が提唱している「丁寧さの原則」のうちの「気配りの原則（Tact Maxim）」，「他者に対する負担を最小限にせ

よ（Minimize cost to other)」のごとく，聞き手に対する配慮が求められる。「オ
ソレイリマスガ」は前もって詫びることによって，聞き手に与えるフェイス侵
害度を軽減するのに寄与する表現である。これらの例により，「オソレイリマス
ガ」は話し手が職務上の事情によって聞き手に不愉快や不利益をもたらすと思
われる情報を伝達する際に使用されやすいことが明らかである。

5．「キョウシュクデスガ」が情報伝達に用いられる場合の使用条件

シナリオから「キョウシュクデスガ」が情報伝達の前に使用される例はなか
ったため，Google 検索で集めた使用例を中心に考察を行なった。その結果，「キ
ョウシュクデスガ」は聞き手に不利益をもたらすと思われる情報を伝達する場
合にも，話し手が自分自身に関する情報を伝える場合にも使用されやすい，と
いう傾向が見られた。以下，5．1と5．2においてそれぞれについて取り扱う。

5．1．聞き手に不利益をもたらすと思われる情報の伝達

「キョウシュクデスガ」は話し手の職務上の事情により，聞き手に不利益をも
たらすと思われる情報を伝達する場合に使用されやすい。たとえば，以下のよ
うなものである。

(26)　「大変恐縮ですが，2008 年 12 月 28 日（日）～ 2009 年 1 月 4 日（日）
　　　まで年末年始休暇となっております。つきましては同期間中，ホー
　　　ムページに関する連絡・質問回答・商品出荷作業等が出来ません。」
　　　　　　　（http://www.ui-vehicle.com/2008nennmatunennsikyuuka.pdf）

(27)　「キャンセルの際はどうぞお早めにお知らせください。大変恐縮です
　　　が前日 50％，当日 100％のキャンセル料となります。週末・連休の
　　　ご予約は 2 泊以上ご優先となります。」
　　　　　　　　　　　　　　　（http://www.roli-hof.jp/hotel/book.html）

(28)　「当社では，お客様の入稿されたデータを触ることはありません。
　　　大変恐縮ですが，画面上で切れたり，はみ出ているものは，そのま
　　　ま印刷されてしまいます。是非，右クリックプレビューで確認して
　　　ください。なお，プレビューには塗り足しも含まれて居ますので，
　　　ぎりぎりに配置される文字は危険ですので，若干中央よりに配置し

てください。」

(http://dx.mybook.co.jp/cgi-bin/sbu2_bbs/sbu2_bbs.cgi?action=showlast&-cat=&txtnumber=log&next_page=176&t_type=)

(29) 「卒業アルバムでのご利用も大変多くなりました。ありがとうございます。
大変恐縮ですが見本展示は東京のみです。基本的には書店にあるハードカバー写真集の画質と製本レベルです。」

(http://dx.mybook.co.jp/cgi-bin/sbu2_bbs/sbu2_bbs.cgi?action=showlast&-cat=&txtnumber=log&next_page=176&t_type=)

(30) 「大変恐縮ですが、当メルマガはパソコンのメールを対象に配信しております為、携帯電話では文字数制限により全部を受信できない場合がございます。また、ご使用端末のドメイン指定等で正しく受信が行われない場合もあります。」　(http://blog.x-quest.jp/?cid=21765)

(26) では、話し手は年末年始休暇のため、ホームページに関する連絡・質問回答・商品出荷作業等ができないという情報を伝えている。(27) では、話し手はキャンセルする場合前日 50％、当日 100％のキャンセル料金となる、という情報を知らせている。(28) では、話し手は入稿されたデータをそのまま印刷するという情報を伝えている。(29) では、話し手は見本展示が東京のみであるという情報を伝達している。(30) では、話し手は携帯電話でメルマガを受信すると全部を受信できない場合がある、という情報を伝えている。これらの情報は聞き手に負担や不利益をもたらすと思われるものである。

また、これらの例から明らかなように、これらの不利益をもたらすと思われる情報は話し手の個人的都合によるものではなく、いずれも話し手の職務上の事情によるものである。例ではこれらの情報が伝達されるとき、「キョウシュクデスガ」が前もって用いられている。これらの例により、「キョウシュクデスガ」は話し手が職務上の事情によって聞き手に負担や不利益をもたらすと思われる情報を伝達する際に使用されやすい、ということがうかがえる。

5.2. 話し手自身に関する情報の伝達

「キョウシュクデスガ」は話し手自身の内容を伝達する際にも用いられやすい。たとえば、以下のようなものである。

第9章　情報伝達に用いられる前置き表現の使用条件　203

(31)　「恐縮ですが，デザイナーを目指させていただいてます。」

　　　　　　　　　　　　　　　　（http://d2studio.blog69.fc2.com/）

(32)　「恐縮ですが，インターネット初心者です。」

(33)　「大塚です。

　　　大変恐縮ですが，こんどの日曜日の抽選会の時間帯に，次男の公式
　　　戦がぶつかってしまいました。

　　　直前で申し訳ありません。

　　　どなたか交代していただける方がいらっしゃいましたら，是非お願
　　　いしたいので，ご一報ください。よろしくお願いいたします。」

　　　　　　　　　　　　　　（http://442.teacup.com/strings4/bbs/1790）

(34)　「やま様。

　　　こんにちは，CASURF の田中です。さてこのほどはご質問ありが
　　　とうございました。

　　　大変恐縮ですが今期からリップカールの F-Bomb はフード付きのも
　　　のが主流となりそうです。4/3mm であれば，フード無しもございま
　　　す。前ジップのタイプは F シリーズだと，多少タイトですが，暖か
　　　さはバックジップより出るデザインですね。脱ぎやすさはバックジ
　　　ップ，耐久性はほぼ同じくらいです。」

　　（http://www.style-21.jp/board/next7.cgi?page=65&id=casurf&ptopno=251）

(35)　「専門の方にしっかりとしたカウンセリングを受けるべきですか？た
　　　だ大変恐縮ですが，私自体が精神科や，カウンセリングというもの
　　　に臆しており，正直に申し上げて精神病となるのが，恥ずかしく怖
　　　いのです。」

　　（http://www.counselingservice.jp/backnumber/soudan06/20030220_032423.html）

　（31）では，話し手はデザイナーを目指していることを聞き手に伝えている。
(32)では，話し手はインターネットの初心者であることを伝えている。(33)では，
話し手はこんどの日曜日の抽選会の時間帯に次男の公式戦があるという情報を
伝えている。（34）では話し手は自社で取り扱うウェアに関する情報を伝えてい
る。（35）では話し手は精神科やカウンセリングに抵抗があることをほのめかし
ている。これらの情報は聞き手に不利益などをもたらすとは考えにくい。いず
れの例でも，話し手が自分自身のことについて語っている。そして，「キョウシ
ュクデスガ」が用いられている。

これらの例のように，話し手が聞き手に影響を及ぼすと考えにくい自分自身の情報を伝える場合，普通なら前置き表現は使わなくてもいいように思われる。しかし，Leech（1983）が提唱している「丁寧さの原則」のうちの「謙遜の公理（Modesty Maxim）」のごとく，自分への賞賛を最小限に，非難を最大限にするように配慮することは必要とされる場合がある。聞き手の前で自分のことを話すとき，特に言及する内容が聞き手のほうがより熟知している場合，その行動が自分の立場をわきまえていないものだと見なされやすい。上の例から，「キョウシュクデスガ」は話し手が自分自身の情報を伝達する際に用いられやすいという傾向がうかがえる。

６．「シツレイデスガ」が情報伝達に用いられる場合の使用条件

「シツレイデスガ」は，聞き手に対する評価に関する情報を伝達する場合と，聞き手に対して礼儀を欠く出来事の情報を伝達する場合に使用されやすい。以下，それぞれについて６．１と６．２において取り扱う。

６．１．聞き手に対する評価的情報の伝達

「シツレイデスガ」は，聞き手に対する評価がマイナス評価であれ，プラス評価であれ，その情報を伝える際に使用されやすい。たとえば，以下のようなものである。

(36) みのり「……申し訳ございません」
　　　憲太郎「……」
　　　純子「今度のことは，PTA でも徹底的に追及させて頂きますから」
　　　みのり「本当に申し訳ございません。憲太郎には私からよく言って
　　　　　　　聞かせますので」
　　　純子「失礼ですけど，心もとないんです。本当のお母さまが相手じ
　　　　　　　ゃないと，子供に対する責任をキチンと取って頂けない気が
　　　　　　　して」
　　　みのり「お言葉ですが，確かに憲太郎とは血が繋がっておりません。
　　　　　　　ですが，あの子は亡くなった夫の息子です。ですから，憲
　　　　　　　太郎は，私の息子です」

憲太郎「……」　　　　　　　　　　（『グッドモーニング』西荻弓絵）

(37)　勝野「失敗を怖れてちゃ，何も出来ませんよ」

　　　光子「そう思われるのはわかります。でも違うんです」

　　　勝野「――」

　　　光子「――人がわたしにどんなレッテルを貼ろうがそれはその人の
　　　　　　勝手なんです。べつにレッテルを剥がさなくてもいいんです。
　　　　　　わたしは自然にしてるつもりなんです」

　　　勝野「失礼だけどあなたの歳じゃ，――後藤さんに聞きました，
　　　　　　三十は越えてるはずだって――だから，そうそうチャンスは
　　　　　　ありませんよ」

　　　光子「チャンスですか……」

　　　勝野「そうです。チャンスです」

　　　光子「あの，勝野さんの言っているチャンスの意味がわたしにはピ
　　　　　　ンとこないんです」

　　　勝野「年齢とか，生活のこととか……」

　　　光子「今のままでいいんです」（『UNLOVED』万田珠実・万田邦敏）

(38)　"BASSNINJA（ベースニンジャ）"とは，失礼ですが面白いお名前で
　　　すね。　　　　　　　（http://www.kenwood.co.jp/j/topics/k_tr60.html）

(39)　「tahoe さんは，大変失礼ですが，あまり気が回らないタイプなのじ
　　　ゃないでしょうか。ただ，人付き合いはそれほど，嫌いじゃないけ
　　　れども。さらに二人は，彼女が後輩に見せたいほどの，ある程度の
　　　仲。と言う前提ならば，「tahoe さんがもう少し気を回せれば…」
　　　　　　　　　　　　　　　　　　　（http://q.hatena.ne.jp/1172504141）

(40)　「単なる情報入手が成功に結びつかないのは，そこに実践が伴わない
　　　からなのは勿論ですが，それ以前に，なんと多くの人が何事をも簡
　　　単に投げ出してしまうのでしょう。失礼ですが，今までのあなたの
　　　生き様も，まさにそうだったのではないでしょうか？」
　　　　　　　　　　　　　　　　　　　（http://gattsuri.web.fc2.com/）

　(36)では，話し手は聞き手のことを「心もとない」とマイナス的評価の発言
をしている。(37)では，話し手は聞き手の歳ではもうチャンスがないという評
価を下している。(38)では，聞き手のバンド名を面白いお名前だと評価してい
る。(39)では，話し手は聞き手のことを「気が回らないタイプ」と判断してい

る。(40) では，話し手は，聞き手の生き様についてコメントを出している。いずれも聞き手に対して評価的な情報を伝達している。例では，これらの情報が伝達される際に，「シツレイデスガ」が使用されている。

このように，聞き手の前で聞き手に対して評価的発話を行なうのは聞き手のフェイスを侵害することであり，礼儀を欠く行動と見なされる。このような場合，Leech (1983) が提唱している「丁寧さの原則」のうちの「是認の原則（Approbation Maxim）」，「他者の非難を最小限にせよ（Minimize dispraise of other）」のごとく，聞き手に与えるフェイス侵害度を軽減するように配慮しなければならない。一方，「シツレイデスガ」は非礼に対する詫びを表現するものである。「シツレイデスガ」が用いられることによって，言語表現上で会話のポライトネスが維持される。これらの例により，「シツレイデスガ」は，評価的内容の伝達が後続する際に使用されやすいということがわかった。

６．２．聞き手にとって非礼である出来事の情報の伝達

「シツレイデスガ」は評価的内容を伝達するほかに，聞き手に対して礼儀を欠いていると見なされる出来事に関する情報を伝える場合にも使用される。たとえば，以下のようなものである。

(41)　　　親族会議が始まっている。
　　　　　混乱したままの吉住は，首を傾けながらブツブツ呟き，ずっと考え込んでいる。チラッと涼子を見るが，涼子は気にとめない。
　　　咲子「私たち，失礼ですけど，相沢さんのことをいろいろ調査させてもらいました」
　　　早苗「調査ってなに？どういうこと？」
　　　咲子「興信所に調べて貰ったんです」
　　　早苗「失礼じゃありませんか。そんな」　　　　　（『笑う蛙』成島出）

(42)　「失礼ですけどタイトルを見て笑いました。家庭で可能な，と言っても，お金をかければどこまでも追求できますよ？でも，途方もない話しでおもしろかったので考えてみました。本気でやるなら野性下での巣穴とテリトリーを再現することでしょうね。」
　　　（http://detail.chiebukuro.yahoo.co.jp/qa/question_detail/q1010936735）

(43)　「失礼ですが，非常に怪しいコメントだったため削除させていただき

第9章　情報伝達に用いられる前置き表現の使用条件　207

ました。HP など教えていただけるのは嬉しいのですが，最近垢ハックなど流行っていますし，余程の確信が無い限り削除させていただきます」　　　　　　　　（http://kamanana77.exblog.jp/6685832/）

(44)　「本人確認にパスポートを利用される場合は，有効期限に十分気をつけてください。有効期限を1日でも過ぎたパスポートでは，受験できなくなってしまいます。本人確認書類が不十分なため受験できずに帰宅された方を何人も見てきましたので，失礼ですが付け足させていただきました。」

（http://oshiete.gogaku-ryugaku.net/qa4642770.html）

(45)　謙「そうじゃありません。さらにさかのぼっていえば，伯父さんは二期だけつとめて，三期目はオヤジに譲る予定だったはずです。その約束を反故にされたときは，さすがのオヤジも憤慨していました」

いさ子「市長を決めるのは市民ですよ。圧倒的多数の支持があれば，何期でもつとめるのが当然でしょう？」

謙「失礼ですが，異論があります。三期目は結局オヤジが下りたから，すんなりと当選なさったんです。もし下りないで対決していたら，オヤジのほうが有利でした」

いさ子「まあ，何という思い上がり——」　　　（『誘惑者』中島吾郎）

　(41) では，話し手は「いろいろ調べさせてもらった」と聞き手に対して行なったことを伝えている。(42) では，話し手は聞き手の書いた文章のタイトルをみて笑ったことを伝えている。(43) では，話し手は怪しいコメントだと判断して削除したと説明している。(44) では，話し手は受験に関する注意点について付け加えた。(45) では，話し手は聞き手の発言に対して反論して，自分の主張を伝えている。

　これらの出来事は，話し手が起こしたものであるが，手数料の負担や利用不可などのように聞き手に負担や迷惑をかけるものとは考えにくい。しかし，上の例のように，黙って聞き手のことを調べたこと，聞き手の書いたものを見て笑ったことなどは，間接的に聞き手に何らかの不利益をもたらす可能性がまったくないとは言い切れないが，社会通念では不利益より，まず聞き手にとって礼儀を欠いたものと見なされやすい。

　これらの例のように，聞き手にとって喜ばしくない，礼儀を欠く出来事に関

する情報を伝える際に，Leech（1983）が提唱している「丁寧さの原則」のうちの「是認の原則（Approbation Maxim）」，「他者の非難を最小限にせよ（Minimize dispraise of other）」のごとく，聞き手のフェイスへの配慮が求められる。いずれの例でも「シツレイデスガ」が使用されている。したがって，これらの例により，「シツレイデスガ」は話し手が起こした聞き手にとって礼儀に欠ける出来事に関する情報を伝える場合に使用されやすい，という傾向がうかがえる。

また，このような場合には，次の例のように，「失礼ながら」や「失礼とは存じますが」などの使用も見られる。

(46) 　　　みのりに説明している神谷と林。
　　　林「……従いまして，債務者を決定して頂いた後，どなたか連帯保
　　　　証人を立てて頂きたいのです」
　　　みのり「(頷く)」
　　　林「今月末までに債務者を決定して頂けないとなりますと，当方と
　　　　致しましては，債務不履行ということで，法的手続きを取らせ
　　　　て頂くことになります……」
　　　みのり「……」
　　　神谷「失礼ながら，お宅さまのことは，少々調べさせて頂きました」
　　　みのり「は？」
　　　神谷「率直に申し上げまして……あなた様か，三男の憲三様以外，
　　　　適任者は私どもといたしましては考えられないんです」
　　　頷く林。
　　　みのり「……！」　　　　　　　　　　　（『グッドモーニング』西荻弓絵）
(47) 　「メールでの問い合わせがどこから入ったらいいのかわかりませんで
　　　したので，大変失礼とは存じますが，コメントではなく，ホームペ
　　　ージのリンクについてご検討していただきたく思い，メールさせて
　　　いただきました。」（http://borderless-tokyo.sblo.jp/article/3333952.html）

上の例では，(46)の場合，話し手は聞き手のことを調べたということを伝えている。(47)の場合，話し手はコメントではないのに，メールを送ったことを語っている。これらの出来事についての情報が伝達される際に，それぞれ「失礼ながら」と「大変失礼とは存じますが」が用いられている。これにより「シツレイデスガ」のバリエーションが察される。

7．「センエツデスガ」が情報伝達に用いられる場合の使用条件

　シナリオから「センエツデスガ」が情報伝達の前に使用される例はなかったため，Google 検索で集めた使用例を中心に考察を行なった。その結果，「センエツデスガ」は聞き手をめぐる評価的内容を伝える場合と，話し手自身の出来事に関する情報を伝達する場合に使用されやすい，という傾向が見られた。以下，7．1と7．2においてそれぞれについて取り扱う。

7．1．聞き手に対する評価的情報の伝達

　「センエツデスガ」は聞き手のことをめぐって評価的コメントを発する際に用いられやすい。たとえば，以下のような例である。

(48)　「僭越ですが意見を言わせていただけば，ご家族が３人で3LDK は贅沢ではないでしょうか。2LDK で 10 万以下の物件を探された方がよろしいかと思います。」　（http://hiroba.chintai.net/qa4438144.html）

(49)　「離婚経験がないので，僭越かもしれませんが，あなたの場合は，離婚を視野に入れた方が良いのではないかと思いました。」

（http://cgi2.biwa.ne.jp/nayami/769/）

(50)　「前回の梅原さんの書簡を公開したところ，ネット上で貴重な意見をいただきました。発信者は若桜木虔氏で，内容の要約は「梅原氏は税金を払いすぎである。これほどの巨額納税が一般的な物であると税務署員に理解されたら同業も巨額な納税を要求されかねない。梅原氏には節税努力をお願いしたい」と言う物です。まことに僭越ですが，書簡に提示された梅原さんの納税額から逆算したところ控除額必要経費が三十数％程度ではないかと，思われます。」

（http://www.din.or.jp/~aoyama/umeharares20000706.html）

(51)　「俳句文芸，拝受いたしました。お世話を頂き有難うございました。料金郵送致しました。大変僭越ですが，「樹とわれと立冬の海からの風に」に感動を覚えました。」

（http://www3.ezbbs.net/cgi/bbs?id=info&dd=18&p=10）

(52)　「はじめてコメントさせて頂きます。（中略）大変僭越ですが，絶対に１年で昇格するという気持ちを失ったら，永遠に昇格はできない

と思います。長い目で見るというのは，単なる言い訳にすぎません。
短期間でも結果とはでるものなんです。」

(http://d.hatena.ne.jp/aratasuzuki/20091130/1259546518)

(48) では，話し手は聞き手の考えをめぐって「ご家族が 3 人で 3LDK は贅沢
ではないでしょうか。2LDK で 10 万以下の物件を探された方がよろしいか」と
評価している。(49) では，聞き手に対して「あなたの場合は，離婚を視野に入
れた方が良いのではないか」と指摘している。(50) では，話し手は相手の考え
方をめぐって自分の主張を述べている。(51) では，話し手は感動を覚えたとい
う感想を述べている。(52) では，話し手は相手に対して「絶対に 1 年で昇格す
るという気持ちを失ったら，永遠に昇格はできない」という意見を出した。

これらはいずれも聞き手に関して評価的なコメントを発している。言い換え
れば，聞き手に対する評価的な情報を伝達している。このような場合，Leech
(1983) が提唱している「丁寧さの原則」のうちの「是認の公理（Approbation
Maxim）」にそって，相手への非難を最小限に，賞賛を最大限にするというよう
に配慮しなければならない。すなわち，話し手は自分の発話をよりスムーズに
受け入れてもらうために，その押しつけがましさをやわらげるようにする配慮
が求められる。上の例では，聞き手に対する評価としての情報を伝える際にい
ずれも「センエツデスガ」が使用されている。これにより，「センエツデスガ」
は話し手が自ら自分の行為を「僭越だ」と評価することによって聞き手への非
難を最小限にして，聞き手に対する評価としての情報を伝達する場合に使用さ
れやすい，ということがうかがえる。

また，このような場合には，次の例のように，「僭越ながら」や「僭越なよう
ですが」が用いられることもある。

(53) 「某雑誌編集長様。僭越ながら，それは違うと思います。」

(http://blogs.itmedia.co.jp/usrtodev/2007/10/post_ba82.html)

(54) アクセル：これからエッセイでメールマガジンを発行してみたい！
という人に一言お願いします。

がび：自分で書きたいものを書く，というのがイチバンではありま
すが，それだけでは第三者に伝わらないこともあります。僭
越なようですが，何かを「発言したい」という意志が大切な
のではないかと思います。あとは，持続でしょう。3 つ書い
て反応がないからやーめた，というものでもありませんから。

第9章 情報伝達に用いられる前置き表現の使用条件 211

（http://axle.ld.infoseek.co.jp/365omoide/back_number/derasine_no_tubuyaki.htm）

上の例では，（53）の場合，話し手は編集長の間違いを指摘している。（54）の場合，話し手はメールマガジンの発行をめぐって自分の意見を述べている。それぞれの前に「僭越ながら」と「僭越なようですが」が使用されている。どちらも「センエツデスガ」のグループに属するものだと思われる。

７．２．話し手自身に関する情報の伝達

「センエツデスガ」は話し手が自分自身，または自分側の出来事に関連する情報を伝える際に用いられやすい。たとえば，以下のような例である。

(55) 「非常に僭越ですが，オリジナルデザイン写真を使ったマグカップの制作・販売をはじめました。」

（http://maglog.jp/kasahara196565/Article.html&type=2&subtype=200801&page=1）

(56) 「僭越ですが，その点について気になったのでコメントを寄稿しました。」　　　　　　　　　　（http://blog.wakasa.jp/president/2009/04/post-4.html）

(57) 「はじめまして，こんばんは。しばらく前から，日本橋と都市景観の連載記事を，大変興味深く拝読させていただいておりました。大変僭越ですが，私の記事を TB させていただきました。どうぞ，よろしくお願いいたします。」

　　　　　　　　　（http://skumbro.cocolog-nifty.com/edo/2006/01/post_f79c.html）

(58) 「実は，大変僭越ですが，私も小雪に似ていると言われたことがあります。」　　　　　　　　　　　（http://hayapole.exblog.jp/11531303/）

(59) 「はじめまして…
大変僭越ですが，「宗教は何故人を惹きつけるか」，というのを見てこの本を思い出し，コメントさせていただきました。」

　　　　　　　　　　　　　　　（http://yaplog.jp/haru-27/archive/122）

（55）では，話し手は「オリジナルデザイン写真を使ったマグカップの制作・販売をはじめた」という自分の出来事を伝えている。（56）では，話し手は「コメントを寄稿した」という行動について述べている。（57）では，話し手は自分の記事を TB させてもらったという出来事を述べている。（58）では，話し手は女優の小雪に似ていると言われたことがあるという情報を発信している。（59）では，話し手はコメントをしたことを話している。

例のように，話し手が自分自身の出来事について述べる際に，何も断らずに述べると，自分のことを偉そうに話すかのように聞こえることがある。そのため，このような場合に，Leech（1983）が提唱している「丁寧さの原則」のうちの「謙遜の公理（Modesty Maxim）」にそって，自分への賞賛を最小限に，非難を最大限にするように配慮する必要がある。上の例では，いずれも「センエツデスガ」が用いられている。これらの例から，「センエツデスガ」は話し手が自らの行為を「僭越だ」と評価することによって自分への賞賛を最小限にする表現であり，話し手が自分自信に関する情報を伝達する際に使用されやすいと推察できる。

8．「カッテデスガ」が情報伝達に用いられる場合の使用条件

シナリオには「カッテデスガ」が情報伝達の前に使用される例はなかったため，Google 検索で集めた使用例を中心に考察を行なった。その結果，「カッテデスガ」は聞き手に不利益をもたらすと思われる情報を伝える場合と，話し手自身の出来事に関する情報を伝達する場合に使用されやすい，という傾向が見られた。以下，8．1と8．2においてそれぞれについて取り扱う。

8．1．聞き手に不利益をもたらすと思われる情報の伝達

「カッテデスガ」は聞き手に何らかの不利益をもたらすと思われる情報を伝達する際に用いられやすい。それも話し手の職務上の事情によって不利益をもたらすと思われる場合が多い。たとえば，以下のようなものである。

(60) 「当サイト（同盟の前略 URL）をリンクして頂いてない方，リンクしていない上に絡める要素（掲示板やメールボックス，HP）がない方は誠に勝手ですが削除させていただきました。」

(http://pr.cgiboy.com/02008743/)

(61) 「お米券だけの販売は４月から誠に勝手ですが仕入れ先の関係により中止させていただいております。その点はご了承いただきます様お願いします。」（http://www.eonet.ne.jp/~komeno-matsumoto/index.html）

(62) 「誠に勝手ですが，振込手数料はお客様のご負担とさせて頂きます。ただし，ネット銀行等をご利用して頂ければお客様のご負担を軽減できます。」　　　（http://www.wakabakai.org/furi.html）

第9章　情報伝達に用いられる前置き表現の使用条件　213

(63) 「誠に勝手ですが，当社の通信販売は，原則的に，日本国内の銀行に
口座をお持ちか，お持ちの方にご依頼頂ける方のみにご利用いただ
いています。」（http://www.asahi-net.or.jp/~lp1s-swd/syorui/info.html）

(64) 「誠に勝手ですが，ローン等のご用意はしておりません。その他のお
支払い方法については，スタッフとご相談頂くことも可能でござい
ます。」（http://apolli.com/bbs.cgi）

（60）では，話し手はリンクしていない URL を削除したと伝えている。(61)
では，話し手は米券だけの販売を中止しているという情報を発信している。(62)
では，話し手は振込手数料が客の負担であるとの情報を伝えている。（63）では，
話し手は通信販売の対象に関する情報を伝達している。（64）では，話し手はロ
ーンの利用ができないと知らせている。

例から明らかなように，これらの情報は話し手の個人的都合によるものでは
なく，話し手の職務上の事情によるものである。ただし，これらのような情報
は聞き手がたにとっていずれも不利益をもたらすと想定されやすいものである。
このような情報を伝達する際に，Leech（1983）が提唱している「丁寧さの原
則」のうちの「気配りの原則（Tact Maxim)」，「他者に対する負担を最小限にせ
よ（Minimize cost to other)」のごとく，聞き手に対する配慮が必要とされやすい。
上の例では，いずれも「カッテデスガ」が用いられている。これらの例により，
「カッテデスガ」は，話し手が自分のことを「勝手だ」と評価することを通して
自分に非があるかのように発信し，職務上の事情によって聞き手に不利益をも
たらすと思われる情報を伝達する場合に使用されやすいとうかがえる。

８．２．話し手自身に関する情報の伝達

「カッテデスガ」は話し手が自分の出来事や主張など，すなわち話し手自身の
情報を聞き手に伝える際に用いられることがある。たとえば，以下のようなも
のである。

(65) 「誠に勝手ですが都合により移動しました。
URL http://bookmarks.yahoo.co.jo/winnithepooh1120ne.
タイトル晩御飯何にするのページに移動しました。
URL http://bookmarks.yahoo.co.jp/winnithepooh1120ne
よろしくお願いします。」　（http://winnithepooh1.jugem.jp/?eid=53）

(66) 「誠に勝手ですが,「とん」さんを参考にさせていただきました。美味しかったです！」

(http://lunchclub.antena.ne.jp/archives/article/21971.html)

(67) 「勝手ですがお気に入り登録もさせていただきました。事後報告申し訳ありません，これからも応援しています！」

(http://koebu.com/user/oyatsu/user/comments)

(68) 「手描き PV【解釈】(sm6266149) がすごく気に入ったので勝手ですが字幕をつけてみました。使用させてもらった」

(http://nicosound.anyap.info/sound/nm6834012)

(69) 「突然ですが，島根の映画館って，僕の希望としては，誠に勝手ですが，あってしかるべき映画館だと思っていたんですね。」

(http://blog.eigaseikatu.com/cinekichi/archives/2009/03/post_114.html)

(65) では，話し手は HP を移動した出来事について述べている。(66) では，話し手は聞き手が公開したレシピを参考にしたとの情報を発信している。(67) では，話し手は聞き手の HP をお気に入りに登録したことについて語っている。(68)では,話し手は手描き PV に字幕をつけてみたことを話している。(69)では，話し手は島根の映画館に関する思いを語った。

これらの情報はいずれも話し手の個人的事柄に関するものである。話し手が自分自身の出来事について述べる際に，自分のことを偉そうに話すかのように聞こえるのを避けるため,このような場合に，Leech（1983）が提唱している「丁寧さの原則」のうちの「謙遜の公理（Modesty Maxim）」にそって，自分への賞賛を最小限に，非難を最大限にするように配慮する必要がある。上の例では，いずれも「カッテデスガ」が用いられている。これらの例により，「カッテデスガ」は，話し手が前もって自分の行動を勝手だと断ることにより，聞き手の反感を招くのを防いだうえで，自分自身に関する情報を伝達する場合に使用されやすい，ということが示唆された。

また，このような場合には，次の例のように，「自分勝手かもしれませんが」や「勝手ながら」が使われることもある。

(70) 「自分勝手かもしれませんが，一度断った男性に好意を持ってしまいました。」

(http://detail.chiebukuro.yahoo.co.jp/qa/question_detail/q1218099572)

(71) 「勝手ながら，Google One Green プロジェクトに参加しました。」

〈http://rissei.blogspot.com/2008/07/google-one-green.html〉

　上の例では，（70）の場合，話し手は一度断った男性に好意を持ったことについて話している。（71）の場合，話し手は Google One Green プロジェクトに参加したことを語っている。それぞれの前に「自分勝手かもしれませんが」と「勝手ながら」が使用されている。これらの例により「カッテデスガ」の種類の豊富さが示されている。

9．「ハズカシイデスガ」が情報伝達に用いられる場合の使用条件

　「ハズカシイデスガ」は話し手が自分自身の出来事に関連する情報，とりわけ人に言いにくいことを伝える際に用いられやすい。たとえば，以下のような例である。

(72)　周二「ああ！そういうこと前あったよ。一時間くらい電話してた。大体おんなってさあ長電話なんだよな」

　　　サダトモ「……じゃなくて……どんな気持ちだったんだ？」

　　　周二「んー……母さんがいて良かったと思った。姉ちゃんと話せてやれて。ほっとした」

　　　サダトモ「他には？」

　　　周二「……あとちょっと寂しかったな。えーと分かんないのがさ。姉ちゃんのことで分かんないこと一杯あるんだよ。一緒にいる時はそれで腹立つ事スゲー多かったんだけど……いなくなると分かんないとこも何か，恥ずかしいけど懐かしいっていうか……」

　　　サダトモ「そう書くんだよ」

　　　周二「ああ，うん！」

　　　　　周二，線路脇に蹲り，慌てて書き始める。(『まぶだち』古厩智之)

(73)　竜太郎「（首を竦め）またニュースキャスターをやらされるみたいでね」

　　　文子「あら……鏡さん，まだ定年じゃなかったんですか」

　　　竜太郎「（ムッと）松本さんこそ，まだ現役でいらっしゃるとは思いませんでしたよ」

　　　文子「は？」

竜太郎「航空会社もリストラで大変でしょ。スチュワーデスも新規
　　　　採用が中止になったとか」

文子「私はまだやめません。あの……恥ずかしいんですけど，3人
　　　目が生まれたので……」

竜太郎「育児に専念した方がいいんじゃないですか？」

文子「それはうちの旦那さんがやってくれてますから」

　　　　　　　　　　　　　　　　　（『パパはニュースキャスター』伴一彦）

(74)　「ちょっと恥ずかしいんですが，今3人目妊娠中8ヶ月に入りまし
　　　た。」　　　　　　　　（http://mikle.jp/family/dispthrep.cgi?th=41840&disp=1）

(75)　「大変お恥しいですが初めての経験で全然わからないことだらけで
　　　す。話題からして聞くのもとても恥しいのでこの場をお借りいたし
　　　ました。どうかお助け下さい」

　　　　　　　　　　　　　　（http://questionbox.jp.msn.com/qa3698701.html）

(76)　「こんばんは！
　　　ラインにも色々あるんですねぇ〜
　　　お恥しいですが，サスペンドラインの存在を知りませんでした…
　　　使ってみないとわからないのが釣り道具！」

　　　　　　　　　　　　（http://mirror-man.at.webry.info/200812/article_4.html）

　（72）では，話し手は「懐かしい」と言って自分の心情について述べている。
（73）では，話し手は「3人目が生まれた」という自分自身の出来事について語
っている（74）では，話し手は「今3人目妊娠中8ヶ月に入った」と自分自身
の出来事を述べている。（75）では，話し手は経験がないのでわからないことだ
らけだという状況を話している。（76）では，話し手はサスペンドラインの存在
を知らなかったことを話している。

　どちらも話し手の個人的な事柄に関連する情報であるが，人には言いにくい
内容と見なされる。これらの例のように，話し手は自分自身のこと，特にやや
言いにくい事情などを聞き手に伝える際に，何も前置きせずに述べてしまうと，
唐突に感じられる恐れがある。その唐突さを和らげるため，Leech（1983）が提
唱している「丁寧さの原則」のうちの「謙遜の公理（Modesty Maxim）」にそっ
て，自分への賞賛を最小限に，非難を最大限にするように配慮することが必要
である。上の例では，「ハズカシインデスガ」が用いられている。これにより，
「ハズカシイデスガ」は，話し手がこれから述べようとする内容に関して，予め

マイナスに判断して自分への非難を最大限にしたうえで，自分自身の出来事や，言いにくい事柄に関連する情報を伝える際に使用されやすい，ということがうかがえる。

10. 情報伝達に用いられる前置き表現の諸形式の使用条件のまとめ

　以上各前置き表現がどのような情報伝達の前に使用されるかをめぐって考察を行なってきた。その結果により，「ワルイケド」，「スミマセンガ」，「モウシワケアリマセンガ」，「オソレイリマスガ」，「キョウシュクデスガ」，「シツレイデスガ」，「センエツデスガ」，「カッテデスガ」，「ハズカシイデスガ」は，情報伝達における，後続情報による前置き表現の使用条件を，次の表 9.1 のようにまとめることができる。

表 9.1　情報伝達が後続する場合の前置き表現の諸形式の使用条件

使用条件／表現形式	① 聞き手に不利益をもたらす情報の伝達		② 聞き手に対する評価的情報の伝達	③ 聞き手に非礼である出来事の情報の伝達	④ 話し手自身に関連する情報の伝達
	話し手の個人的都合による不利益の場合	話し手の職務上の事情による不利益の場合			
ワルイケド	○	×	○	×	×
スミマセンガ	○	×	×	×	×
モウシワケアリマセンガ	○	○	×	×	×
オソレイリマスガ	×	○	×	×	×
キョウシュクデスガ	×	○	×	×	○
シツレイデスガ	×	×	○	○	×
センエツデスガ	×	×	○	×	○
カッテデスガ	×	○	×	×	○
ハズカシイデスガ	×	×	×	×	○

第10章　情報伝達が後続する場合の同一使用条件における前置き表現の使い分け

　第9章では，伝達される情報の性格から各前置き表現の使用条件について述べたが，本章では，丁寧さの観点から，同じ性格の行動実行に使用される前置き表現の間にはどのような相違があるかを考察し，記述する。

　また，第9章の考察によって次のような結論が得られた。

　「使用条件①：聞き手に不利益をもたらす情報の伝達」の前には，その不利益が話し手の個人的都合によるものである場合には，「ワルイケド」，「スミマセンガ」，「モウシワケアリマセンガ」が使用されやすいが，その不利益が話し手の職務上の原因によるものである場合には，「モウシワケアリマセンガ」，「オソレイリマスガ」，「キョウシュクデスガ」，「カッテデスガ」が用いられやすい。

　「使用条件②：聞き手に対する評価としての情報の伝達」の前には，「ワルイケド」，「シツレイデスガ」，「センエツデスガ」が用いられやすい。

　「使用条件③：聞き手に非礼である出来事に関する情報の伝達」の前には，「シツレイデスガ」が使用されやすい。

　「使用条件④：話し手自身に関連する情報の伝達」の前には，「キョウシュクデスガ」，「センエツデスガ」，「カッテデスガ」，「ハズカシイデスガ」が使用されやすい。

　本章は同じ使用条件において用いられる前置き表現の諸形式の間にはどのような相違があるかを考察するものである。したがって，上に述べたように，「使用条件③：聞き手に非礼である出来事に関する情報の伝達が後続する」の場合「シツレイデスガ」のみが使用されやすいため，本章では「使用条件①：聞き手に不利益をもたらす情報の伝達が後続する」の場合，「使用条件②：聞き手に関する評価としての情報の伝達が後続する」の場合，「使用条件④：話し手自身に関連する情報の伝達が後続する」の場合，この3つの使用条件を中心に記述する。

　以下では，まず1節では，「聞き手に不利益をもたらす情報の伝達」に使用される前置き表現の各表現形式の相違，2節で「聞き手に対する評価としての情報の伝達」に使用される前置き表現の各表現形式の相違，3節で「話し手自身に関する情報の伝達」に使用される前置き表現の各表現形式の相違をそれぞれ

考察し，記述を行なう。最後に4節では本章をまとめる。

1．聞き手に不利益をもたらす情報の伝達に用いられる場合

　聞き手に不利益をもたらすような情報が伝達される際に，その不利益が話し手の個人的都合によるものである場合には，「ワルイケド」，「スミマセンガ」，「モウシワケアリマセンガ」が使用されやすく，話し手の職務上の原因によって聞き手に不利益をもたらすと思われる情報が伝達される際には，「モウシワケアリマセンガ」，「オソレイリマスガ」，「キョウシュクデスガ」，「カッテデスガ」が用いられやすい，という結果が出ているが，この節では，後続する行動実行に違いがほとんど見られない「ワルイケド」，「スミマセンガ」，「モウシワケアリマセンガ」，「オソレイリマスガ」，「キョウシュクデスガ」，「カッテデスガ」がどのような対人関係において使用されるかを考察し，これらの表現形式の使い分けを探る。以下，それぞれについて1．1，1．2，1．3，1．4，1．5，1．6において取り扱い，最後に1．7で本節をまとめる。

1．1．「ワルイケド」

　「ワルイケド」は，基本的にインフォーマルな場面において家族や親しい友達，すなわち親しい関係をもつ相手との間で使用される。たとえば，以下のようなものである。
（1）　　　雨音，保留中の電話に出る。
　　　　　雨音「お待たせしました，村上です。あ，智美。悪いけどちょっと
　　　　　　　遅れるかもしれない……え？」
　　　　　雨音，表情が曇る。　　　　　　　（『WITH LOVE』伴一彦・尾崎将也）
（2）　渚「洋子さん，帰りましょうよ」
　　　　　洋子「悪いけど，もう少し一人でいたいの」
　　　　　渚「……じゃ，おやすみなさい」と去ろうとする。
　　　　　　　　　　　　　　　　　　　　　　　　　　　（『夏の約束』伊藤康隆）
（3）　いちご「(瞶めて) 付き合ってほしいの」
　　　　　ヒロシ「どこに？」
　　　　　いちご「私と」

　　　　　ヒロシ，キョトン。

　　　いちご「明るい男女交際」

　　　ヒロシ「（全く気がなく）悪いけど，俺，受験生だから……」

　　　いちご「あッ，家庭教師やったげる。ホラ，あたし医科大に通って
　　　　　　　るし……」

　　　ヒロシ「（ムッとなり）お座敷あるんだろ？行けよ」

　　　いちご「一緒に勉強しようよ」

　　　ヒロシ「遠慮するよ」

　　　　　　と，いちごを強引に追い出した。

　　　　　　　　　　　　　　　　　（『おヒマなら来てよネ！』伴一彦）

（４）　耕作「もしもし」

　　　電話の声「何してるのよ！」

　　　耕作「！？ああ，キミか」

　　　　　　──黎からの電話である。

　　　黎の声「おたくのお子さんたち，早く迎えに来てよ」

　　　耕作「悪いけど，仕事中なんだ」

　　　黎の声「ちょっと！うち，託児所じゃないのよ！」

　　　　　　──騒々しい子供たちの声が聞こえている。

　　　耕作「判った判った，すぐに行くから」

　　　　　　と，電話を切って，ニッ。

　　　　　　何事もなかったように仕事に戻る。

　　　　　　　　　　　　　　　　　（『パパは年中苦労する』伴一彦）

（５）　　　森田，しかたなく電話口へ──

　　　瞳「……」

　　　森田「もしもし……ああ，キミか。ひどい声だね。大丈夫？え？今
　　　　　　から？……困ったな」

　　　　　　と，瞳を見る。

　　　瞳「（怪訝に）……」

　　　森田「……悪いけど，ちょっと無理なんだ。……ゴメン」

　　　　　　と，電話を切る。　　　　　（『君の瞳に恋してる！』伴一彦）

（１）では，話し手は「遅れる」と伝えている。（２）では，話し手は聞き手
の誘いを断って「もう少し一人でいたい」と伝えた。（３）では，話し手は聞き

手の「付き合ってほしいの」に対して「受験生だから」と伝えて断っている。（4）
では，話し手は聞き手から「早く迎えに来てよ」という要求を断って，「仕事中
なんだ」と伝えている。（5）では，話し手は聞き手に「今から来てほしい」と
の求めに対し，「ちょっと無理なんだ」という情報を伝えた。いずれの例でも「ワ
ルイケド」が前もって用いられている。

　これらの例はいずれも普段の日常生活場面のやり取りである。そして，話し
手と聞き手は親しい友達である。これらの例で，「ワルイケド」はインフォーマ
ルな場において，話し手と聞き手は親しい場合において使用されやすいという
ことが導かれる。

　また，話し手と聞き手は上司と部下のようにはっきりとした上下関係がある
場合，疎の関係であるにもかかわらず，上司である話し手が「ワルイケド」を
使って発話する例がよくみられる。

1．2．「スミマセンガ」

　「スミマセンガ」は基本的にはインフォーマルな場において，話し手が聞き手
と初対面，またはそれほど親しくない関係をもつ場合に使用される。つまり，
親疎関係からいうと，疎の関係である相手との間で上下関係を持たない場合に
使用されやすい。たとえば，以下のようなものである。
（6）　　　岩石先生，なんとなく結城先生の傍にいて——
　　　　岩石先生「（眉間にシワで）まったく最近の連中は教師を友だちかな
　　　　　　　　にかと間違えとる。図々しいもんだ。教師と生徒のケジ
　　　　　　　　メは我々の方でつけなければいけませんね」
　　　　結城先生「（調子を合わせて）そうですね」
　　　　岩石先生「じゃ，教師は教師同士，お茶飲みに行きませんか？」
　　　　結城先生「！？（微笑を作り）すいません，お友だちと待ち合わせ
　　　　　　　　ているので……」
　　　　岩石先生「あ……そうですか」
　　　　　　結城先生，他の先生たちにも挨拶して職員室を出てゆく。
　　　　　　残念そうに見送る岩石先生。　　　　（『なまいき盛り』伴一彦）
（7）　　　「よーい，スタート！」
　　　　——クライマックスシーンの撮影開始。

人垣の中から興味津々見ている石橋先生，居作たち。

格さん「ええい，静まれ静まれ！こちらにおわすお方をどなたと心
　　　　得る。畏多くも先の副将軍，水戸光圀公にあらせられるぞ！」

　　　と，印籠を出そうとして，あれ！？となる。

格さん「（地に戻り）すいません，印籠がないんですが……」

　　　撮影隊は印籠を探して大騒ぎになる。

　　　　　　　　　　　　　　　　　　（『うちの子にかぎって2』伴一彦）

（8）　八尾警部補「あの時は転落したと私が言うと，殺人ですかと仰言った。
　　　　　　　　　今は自殺だと……」

　　　楷「……」

　　　八尾警部補「何か心あたりはあるんですか？」

　　　楷「……いえ」

　　　八尾警部補「中村ひろみさんはどういった心の悩みを抱えていたん
　　　　　　　　　ですか？」

　　　楷「すみません，お答えできません」

　　　犀川「あんたねえ！」

　　　八尾警部補「（制して）いや，判りますよ，うちの娘のことも他人に
　　　　　　　　　ベラベラ喋ってもらいたくないですからね」

　　　楷「……」

　　　八尾警部補「署から捜査協力依頼のファックスを送らせていただき
　　　　　　　　　ます。それでいいですか？」

　　　　楷「（頷き）よろしくお願いします」　　（『サイコドクター』伴一彦）

（6）では，話し手は聞き手の「お茶飲みに行きませんか」の誘いかけに対して，
「お友だちと待ち合わせているので…」という情報を伝えて，「行かない」とい
う意向をほのめかしている。（7）では，話し手は「印籠がないんですが」とい
う情報を伝えている。（8）では，話し手は聞き手の質問に対して「お答えでき
ません」と発して拒否の意思を伝えている。これらの情報伝達の前には「スミ
マセンガ」が使用されている。

　これらの例はいずれもインフォーマルな場で交わされたものである。例から
話し手と聞き手は親しくないことがわかる。（6）の場合，話し手と聞き手は職
場の同僚である。（7）の場合，話し手と聞き手は一緒に作業している同僚であ
る。（8）の場合，話し手と聞き手は警部補と市民の関係である。

第 10 章　情報伝達が後続する場合の同一使用条件における前置き表現の使い分け　223

　また，「スミマセンガ」は家族の間でも使用されることがある。たとえば，次のようなものである。

　（9）　　　ハンバーガーショップ・二階
　　　　　　　誠が雄太郎に頭を下げる。
　　　　　誠「すいません，戻りませんッ」
　　　　　雄太郎「(困って) ……」
　　　　　誠「俺，お父さんのところで働くの，嫌じゃないです。でも，洋子
　　　　　　　に未練があって戻ってきたなんて思われたくないし……」
　　　　　雄太郎「誰も思わないから……」（『おヒマなら来てよネ！』伴一彦）
　（10）　古賀愛「……今日は寒いからやめとこうか」
　　　　　　　と，愛たちの部屋に持ち込んだテレビの前に寝転がる。
　　　　　　　康子は安達愛の相手をして遊ぶ。
　　　　　　　愛たちは格別やることもなく，……。
　　　　　古賀愛「康子さん，お茶淹れてくれないかい」
　　　　　康子「すいません，今手が離せないんです」
　　　　　古賀愛「(首を伸ばして見て) 愛ちゃんと遊んでるだけでしょ」
　　　　　康子「お母さんこそテレビ見てるだけでしょ。ご自分でお淹れにな
　　　　　　　ってください」
　　　　　　　古賀愛，ムッ。　　　　　　（『パパはニュースキャスター』伴一彦）
　（9）では，話し手は「戻りません」と聞き手の期待にそえない意思を伝達している。(10) では，話し手は聞き手の「お茶淹れてくれないかい」という要求を断って「今手が離せないんです」と伝えている。2つの例とも家族間の会話である。

　これらの例により，「スミマセンガ」はインフォーマルな場において，話し手と聞き手は親しくない場合にも，親しい場合にも，使用されるということがわかる。

1.3.「モウシワケアリマセンガ」

　「モウシワケアリマセンガ」はインフォーマルな場においても，フォーマルな場においても使用される。いずれにせよ，聞き手が話し手より目上の人物である場合が多い。たとえば，以下のような例である。

224

(11)　英子「お早う」

早瀬「ご無沙汰しております，長谷川先生。ヴァーグレコードの早
瀬です」

天「……どうも」

英子「天，残りの曲，今週中に出来る？」

天「……もう少し時間，もらえないかな」

早瀬「申し訳ないですけど，先生の曲がないと作業が進まないんです」

天「……判りました」

早瀬「(笑顔になり) じゃ，別件がありますので……」

(『WITH LOVE』伴一彦・尾崎将也)

(12)　天「(笑って) そりゃいい。(雨音に) この人と結婚した方がいい。
キミは結婚に向いてるよ」

と，言い捨てて出ていこうとする。

雨音「……」

吉田「雨音さん」

雨音「(吉田に) 申し訳ありません，吉田さんとはお付き合いできま
せん」

吉田「……」

天「(雨音に) それでいいんだな」

雨音「……(頷く)」

天，雨音に歩み寄る。　　　(『WITH LOVE』伴一彦・尾崎将也)

(13)　「申し訳ありませんが今 気がつきました。」

(http://detail.chiebukuro.yahoo.co.jp/qa/question_detail/q1410802129)

(14)　「PC 素人ですので，申し訳ありませんが，今日突然アウトルック (マ
イクロソフトオフィス 2007 使用中) でのメールが出来なくなって
しまいました。」　　　(http://oshiete1.goo.ne.jp/qa5485259.html)

(15)　「申し訳ありませんが，しばらくの間ブログを更新することができま
せん。いつまでかは解りませんが休ませていただきます。」

(http://blog.livedoor.jp/luna_menguante/archives/65197781.html)

(11) では，聞き手の「先生の曲がないと作業が進まない」と発話して，「こ
ちらは困っている」という情報をほのめかしている。(12) では，話し手は「お
付き合いできません」と聞き手の期待にそえない意思を伝達している。(13)では，

話し手は今になって気付いたことを説明している。(14) では，話し手は自分の PC に関する知識が足りないためメールができなくなったことについて話している。(15) では，話し手はブログの更新ができないと知らせている。これらの情報伝達の前に「モウシワケアリマセンガ」が用いられている。

(11)，(12) は普段の日常生活の場面での会話であるが，(13)，(14)，(15) は公開された発話である。また，(11)，(12) の場合，聞き手は話し手より目上の人物にあたる。(13)，(14)，(15) の場合，聞き手は不特定多数の受信者であるため，実際の上下関係をもたないものの，話し手より目上と見なされる。つまり，いずれの例でも，聞き手は話し手より目上の人物である。これらの例により，「モウシワケアリマセンガ」はインフォーマルな場において聞き手が話し手より目上である場合に使用されやすいが，フォーマルな場においては話し手と聞き手の間に実際の上下関係が存在しなくても，聞き手のほうが目上と見なされれば使用されることが多いということがうかがえる。

また，「モウシワケアリマセンガ」は話し手の職務上の原因によって聞き手に不利益をもたらす情報を伝達するにあたって用いられるときは，フォーマルな場において聞き手が話し手より目上である場合に使用されやすい。たとえば，以下のようなものである。

(16) 　　東京オペラシティ・ふたば銀行・一階フロア
　　　　カウンターの天，時間を気にしている。
　　　　雨音はバックオフィス（窓口の後ろで事務処理をするところ）で，
　　　　祐子と端末を操作している。
　　天「まだかな」
　　　　困惑気味の雨音が戻ってきて――
　　雨音「<u>申し訳ありませんが</u>，ローンカードの方，お作り出来ないんです……」
　　天「（ムッと）カード勧めたの，そっちでしょ？」

（『WITH LOVE』伴一彦・尾崎将也）

(17) 飛鳥「（笑顔を作り）どういったタイプのワインがお好みですか？」
　　カメラマン「（突っ慳貪に）ムルソー」
　　飛鳥「（フト）84 年の，シャトー・ド・ムルソー？」
　　カメラマン「二人で畑に行ってみたいって言ったよな」
　　飛鳥「はい？」

飛鳥「申し訳ございません，<u>ワインリストにあるものしかご用意出来ないんですが……</u>」

カメラマン「84年のシャトー・ド・ムルソー」

飛鳥「（笑顔になり）いいワインですね。ブルゴーニュなのに，ボトルの形が違うんですよね」

カメラマン「寿司屋の娘のクセに，どうして日本酒よりワインが好きなんだ？」

飛鳥，？？

カメラマン，サングラスを取り，初めて笑顔を見せ──

（『スチュワーデス刑事5』伴一彦）

(18)　乗客に食事を配る由紀子，呼び止められる。

乗客「すいません，免税品，ドル使えますよね」

由紀子「（笑顔で）はい」

乗客「よかった，小銭溜まっちゃって」

由紀子「<u>申し訳ございません，10月からコインは使えなくなったんです</u>」

乗客「えーッ，じゃこれどうすんの」

連れの乗客「ゴルフのマーカーにすりゃいいんじゃない？」

乗客たち，雑談。

由紀子，ハッとなる。　（『スチュワーデス刑事2』伴一彦）

(19)　「<u>申し訳ありませんが，電話での対応は行っておりません。</u>ご了承ください。お手数ですが，社内ネットワークで問題が起きている場合は以下の情報のご確認をお願いします。」

（http://www.google.com/support/forum/p/websearch/thread?tid=-269467c5287ee7e6&hl=ja）

(20)　「<u>申し訳ありませんが満席になりましたので受付を終了しました。</u>」

（http://www.arib.or.jp/mmac/news/mmacseminar2008.pdf）

　(16) では，話し手はローンの返済が滞っている聞き手にカードが作れないという情報を伝えている。(17) では，話し手は聞き手のオーダーに応えられず，「ワインリストにあるものしかご用意出来ない」という情報を伝えている。(18) では，話し手は小銭を使おうとする聞き手に「10月からコインは使えなくなった」という情報を伝達している。(19) では，話し手は電話での対応を行なっていな

いと伝えている。(20) では，話し手は受付を終了したと知らせている。これら
の情報が伝えられる際に「モウシワケアリマセンガ」が用いられている。

また，(16)，(17)，(18) は接客場面でのやり取りであるが，(19) と (20)
は一般に公開された告知に相当する発話である。いずれもやや改まったもので
ある。(16)，(17)，(18) の場合，聞き手は客であるため，接客側にある話し手
より目上と見なされる。(19) と (20) の場合，聞き手が不特定多数の受信者
であるため，話し手と上下関係をもたないものの，話し手より目上と見なされ
やすい。つまり，いずれの例でも聞き手は話し手より目上の人物と見なされる。
これらの例により，「モウシワケアリマセンガ」はフォーマルな場において，聞
き手との間に実際の上下関係をもたないものの，聞き手が話し手より目上と見
なされる場合に使用されやすいという傾向がうかがえる。

1．4．「オソレイリマスガ」

「オソレイリマスガ」は改まった場面において使用されることが多い。改まっ
た場面というのはたとえば客とのやり取りなどである。このような場合，話し
手は聞き手と距離を置いて，聞き手を自分より目上だと意識することが多い。

しかし，今回 170 近くのシナリオから収集できた「オソレイリマスガ」の使
用例には情報伝達が後続する用例が見当たらなかったということは，「オソレイ
リマスガ」が日常生活の会話において，情報伝達に先立って，「ワルイケド」，「ス
ミマセンガ」，「モウシワケアリマセンガ」ほど使用されていない，ということ
を示唆していると言えよう。

そのため，本節では Google 検索で見つかった「オソレイリマスガ」の使用例
を参考にした。以下に「オソレイリマスガ」の使用例をあげる。

(21) 「又，お取引が大変込み合っている場合は，恐れ入りますが少々お時
間を頂く場合が御座います。」

(http://homepage2.nifty.com/rmtworld/Q&A%20original.html)

(22) 「恐れ入りますが，18 歳未満のお客様は，家族カードであってもク
レジットカード払いはご利用いただけません。」

(http://www.kao.co.jp/dmk/faq/oshiharai.html)

(23) 「大変恐れ入りますが，Web Area 就活カンファレンスは学生の方を
対象にしておりますのでご参加いただくことはできません。」

（http://janes-way.net/ep2_flow.html）

(24)　Q：食事は部屋食ですか。

　　　A：<u>誠に恐れ入りますが</u>，基本的にはお部屋食ではございません。ご夕食，ご朝食ともに，レストランまたはホール，お座敷でお取りいただくスタイルとなっております。

（http://www.jalan.net/jalan/jweb/yado/yado_faq/YADL_352104_1.HTML）

(25)　「<u>誠に恐れ入りますが</u>，お客様よりご注文いただきました以下の商品につきまして，大変残念なご報告がございます。」

（http://muumoo.jp/news/2009/01/21/0amazonok.html）

　（21）では，話し手は取引が込み合っている場合，時間がかかるという趣旨の内容を伝達している。（22）では，話し手は年齢の関係でクレジットカード支払いは利用できないという情報をほのめかしている。（23）では，話し手は Web Area 就活カンファレンスの対象が学生に限られるという情報を伝えている。（24）では，話し手は聞き手の要望に応えられず，部屋食がないという情報を伝達している。（25）では，話し手は客の注文について残念な報告があるという情報を伝えている。

　また，これらの例から明らかなように，いずれも話し手は自分が勤務している機関を代表して，公に発信したものである。すなわち，その相手が客をはじめとする不特定の受信者である。これらの例のように公の場で発話する際に，客といった不特定の受信者が話し手より目上だと見なされやすい。これらの例では「オソレイリマスガ」が用いられていることにより，情報伝達が後続する場合，「オソレイリマスガ」はフォーマルな場において，聞き手を話し手より目上だと見なされる際に使用されやすいという傾向がうかがえる。

1.5.「キョウシュクデスガ」

　「キョウシュクデスガ」は，フォーマルな場において，聞き手が話し手より目上だと見なされる際に使用されやすい。

　しかし，今回シナリオから集めた「キョウシュクデスガ」の使用例には情報伝達が後続する用例が見当たらなかったことにより，「キョウシュクデスガ」は日常生活の会話において，聞き手に不利益をもたらすと思われる情報を伝達するに使用されにくいことが示唆されている。

第 10 章　情報伝達が後続する場合の同一使用条件における前置き表現の使い分け　229

そのため，本節では Google 検索で見つかった「キョウシュクデスガ」の使用
例を中心に考察した。以下にその使用例をあげる。

(26)　「大変恐縮ですが，2008 年 12 月 28 日（日）～ 2009 年 1 月 4 日（日）
　　　　まで年末年始休暇となっております。つきましては同期間中，ホー
　　　　ムページに関する連絡・質問回答・商品出荷作業等が出来ません。」

（http://www.ui-vehicle.com/2008nennmatunennsikyuuka.pdf）

(27)　「キャンセルの際はどうぞお早めにお知らせください。大変恐縮です
　　　　が前日 50%，当日 100% のキャンセル料となります。週末・連休の
　　　　ご予約は 2 泊以上ご優先となります。」

（http://www.roli-hof.jp/hotel/book.html）

(28)　「当社では，お客様の入稿されたデータを触ることはありません。大
　　　　変恐縮ですが，画面上で切れたり，はみ出ているものは，そのまま
　　　　印刷されてしまいます。是非，右クリックプレビューで確認してく
　　　　ださい。なお，プレビューには塗り足しも含まれて居ますので，ぎ
　　　　りぎりに配置される文字は危険ですので，若干中央よりに配置して
　　　　ください。」

（http://dx.mybook.co.jp/cgi-bin/sbu2_bbs/sbu2_bbs.cgi?action=showlast&-
cat=&txtnumber=log&next_page=176&t_type=）

(29)　「卒業アルバムでのご利用も大変多くなりました。ありがとうござい
　　　　ます。大変恐縮ですが見本展示は東京のみです。基本的には書店に
　　　　あるハードカバー写真集の画質と製本レベルです。」

（http://dx.mybook.co.jp/cgi-bin/sbu2_bbs/sbu2_bbs.cgi?action=showlast&-
cat=&txtnumber=log&next_page=176&t_type=）

(30)　「大変恐縮ですが，当メルマガはパソコンのメールを対象に配信して
　　　　おります為，携帯電話では文字数制限により全部を受信できない場
　　　　合がございます。また，ご使用端末のドメイン指定等で正しく受信
　　　　が行われない場合もあります。」　（http://blog.x-quest.jp/?cid=21765）

(26) では，年末年始休暇のため，ホームページに関する連絡・質問回答・商
品出荷作業等ができないと伝えている。(27) では，キャンセルする場合前日
50%，当日 100% のキャンセル料金となると知らせている。(28) では，入稿さ
れたデータをそのまま印刷すると伝えている。(29) では，見本展示が東京のみ
であると伝達している。(30) では，携帯電話でメルマガを受信すると全部を受

信できない場合があると伝えている。

　また，例からうかがえるように，話し手は所属の組織を代表して不特定の受信者を相手に公に発したものである。公の場で不特定の受信者を聞き手に発話する際に，特別な事情がなければ，話し手は聞き手を自分より目上だと見なすのが普通である。そして，これらの例ではいずれも「キョウシュクデスガ」が使用されている。したがって，これらの例により，話し手の職務上の原因により聞き手に不利益をもたらす情報を伝達する際に，「キョウシュクデスガ」はフォーマルな場において，聞き手が話し手より目上だと見なされる際に用いられやすいことがわかる。

1.6.「カッテデスガ」

　「カッテデスガ」は，フォーマルな場において，聞き手が話し手より目上だと見なされる際に使用されやすい。

　しかし，今回シナリオから集めた「カッテデスガ」の使用例には情報伝達が後続する用例が見当たらなかったため，本節では Google 検索で見つかった「カッテデスガ」の使用例を中心に考察した。以下にその使用例をあげる。

(31) 「当サイト（同盟の前略 URL）をリンクして頂いてない方，リンクしていない上に絡める要素（掲示板やメールボックス，HP）がない方は誠に勝手ですが削除させていただきました。」

(http://pr.cgiboy.com/02008743/)

(32) 「お米券だけの販売は 4 月から誠に勝手ですが仕入れ先の関係により中止させていただいております。その点はご了承いただきます様お願いします。」（http://www.eonet.ne.jp/~komeno-matsumoto/index.html）

(33) 「誠に勝手ですが，振込手数料はお客様のご負担とさせて頂きます。ただし，ネット銀行等をご利用して頂ければお客様のご負担を軽減できます。」　　　　　　　　（http://www.wakabakai.org/furi.html）

(34) 「誠に勝手ですが，当社の通信販売は，原則的に，日本国内の銀行に口座をお持ちか，お持ちの方にご依頼頂ける方のみにご利用いただいています。」　　（http://www.asahi-net.or.jp/~lp1s-swd/syorui/info.html）

(35) 「誠に勝手ですが，ローン等のご用意はしておりません。その他のお支払い方法については，スタッフとご相談頂くことも可能でござい

第10章　情報伝達が後続する場合の同一使用条件における前置き表現の使い分け　231

ます。」　　　　　　　　　　　　　　　　　（http://apolli.com/bbs.cgi）

　（31）では，話し手はリンクしていない URL を削除したと伝えている。（32）では，話し手は米券だけの販売を中心していると発信している。（33）では，話し手は振込手数料が客の負担であると伝えている。（34）では，話し手は通信販売の対象に関する情報を伝達している。（35）では，話し手はローンの利用ができないと知らせている。

　また，上の例から明らかなように，これらの例では話し手は自分が所属する組織を代表して公にメッセージを発している。その相手は客を中心とする不特定の受信者である。公の場で不特定の受信者，特に客を聞き手に発話する際に，話し手より聞き手のほうが目上だと見なされる。例では情報伝達の前にいずれも「カッテデスガ」が用いられている。これらの例を通して，話し手の職務上の原因により聞き手に不利益をもたらす情報を伝達する際に，「キョウシュクデスガ」はフォーマルな場において，聞き手が話し手より目上だと見なされる際に用いられやすい，という傾向がうかがえる。

1．7．「聞き手に不利益をもたらす情報の伝達に用いられる場合」のまとめ

　以上により，「ワルイケド」，「スミマセンガ」，「モウシワケアリマセンガ」，「オソレイリマスガ」，「キョウシュクデスガ」，「カッテデスガ」は，話し手の個人的都合，または話し手の職務上の原因によって聞き手に不利益をもたらす情報を伝達する際にそれぞれ次の表 10.1 と表 10.2 のように使用されることがわかった。

表 10.1　話し手の個人的都合によって
聞き手に不利益をもたらす情報の伝達に用いられる場合のまとめ

	インフォーマル				フォーマル		
	親	疎			親	疎	
		聞き手が目下	上下関係を持たず	聞き手が目上		上下関係を持たず	聞き手が目上
ワルイケド	○	○	×	×	×		
スミマセンガ	○	×	○	×	×		
モウシワケアリマセンガ	×	×	×	○	×	○	○

表10.2　話し手の職務上の事情によって
聞き手に不利益をもたらす情報の伝達に用いられる場合のまとめ

| | インフォーマル | | | | フォーマル | | |
| | | 疎 | | | | 疎 | |
	親	聞き手が目下	上下関係を持たず	聞き手が目上	親	上下関係を持たず	聞き手が目上
モウシワケアリマセンガ	×	×	×	×	×	○	○
オソレイリマスガ	×	×	×	×	×	○	○
キョウシュクデスガ	×	×	×	×	×	○	○
カッテデスガ	×	×	×	×	×	○	○

2．聞き手に対する評価的情報の伝達に用いられる場合

　聞き手に対する評価としての情報が伝達される際には，「ワルイケド」，「シツレイデスガ」，「センエツデスガ」が用いられやすい。この節では，後続する行動実行に違いがほとんど見られない「ワルイケド」，「シツレイデスガ」，「センエツデスガ」がどのような対人関係において使用されるかを考察し，これらの表現形式の使い分けを探る。以下，それぞれについて２.１，２.２，２.３において取り扱い，最後に２.４で本節をまとめる。

2．1．「ワルイケド」

　「ワルイケド」は，インフォーマルな場面において親しい関係をもつ相手との間で使用される。たとえば家族の間や，親しい友達との間などである。たとえば，以下のようなものである。
　　（36）　泉「大工は大工だよ，家とか作る」
　　　　　　洋子「そんなことわかってるわよ。聞いてるのはどうして大工なのかでしよ」
　　　　　　泉「だからさ──」

第 10 章　情報伝達が後続する場合の同一使用条件における前置き表現の使い分け　233

　　　　　修司を見る。

　　修司「何だ」

　　泉「<u>悪いけど</u>，兄貴見てたらさ，<u>何だかサラリーマンってつまらね</u>
　　　　<u>えなと思ってさ</u>」

　　修司「何？」

　　泉「だってそうだろ。自分の人生，全部会社に振り回されてるわけ
　　　　じゃん。ロンドン行けって言われたり行くなって言われたりさ」

　　修司「――」　　　　　　　　　　（『お兄ちゃんの選択』清水有生）

(37)　　　台の前の椅子に腰掛けている俊平と信義。

　　　　　正雄，内心の動揺を隠し，ふてぶてしく二人を見ている。

　　俊平「あんな，おまえがあちこち，ぎょうさんこさえた借金，肩代
　　　　わりしたる」

　　信義「よかったな，正雄。おやっさんはちゃんと息子のおまえのこ
　　　　と考えてくれてる」

　　正雄「信義兄さん，<u>悪いけど</u>，<u>商売の邪魔なんですわ</u>」

　　信義「わざわざ，ここまで足運んだんやないか。話ぐらい聞かんかい」

　　正雄「（背を向けて）ほな，ご自由に」　　（『血と骨』崔洋一・鄭義信）

(38)　　　タバコを捨て，ミコの目前に迫るイチゴ。

　　イチゴ「ミコさん……素手ゴロでタイマン張りますか」

　　ミコ「このミコに勝てると思ってんのか？」

　　イチゴ「<u>悪いけど</u>，<u>負ける気がしねーぜ！</u>」（『下妻物語』中島哲也）

(39)　高倉「そいつが焚きつけたんだ。毎日ダンススタジオに引っ張り出
　　　　　して，儲かるから商売始めろ始めろって色仕掛け口八丁で…」

　　　　　典子，木村を見て悪戯っぽく笑う。

　　典子「あなた，死んでる人より元気なかったから」

　　木村「……！」

　　　　　全て分って，胸がいっぱいになる。典子の肩を抱き，二人は家に
　　　　戻って行く。高倉がガックリ膝をついたところに照美が出て来る。

　　照美「<u>悪いけどうちの勝ちだね</u>」

　　高倉「……」

　　照美「（二階の拳に）おおい，いくぞ！」

　　　　　　　　　　　　　　　　　　　　（『木村家の人びと』一色伸幸）

(40)　局長「鏡竜太郎と米崎みゆきは怪しい」

　　　　竜太郎・みゆき，ドキッ！

　　　　局長「噂は真実か？」

　　　　竜太郎「（否定して）誰がそんな……」

　　　　みゆき「悪いんですけど，<u>全然好みのタイプじゃないんですよね，</u>
　　　　　　　　<u>鏡さん</u>」

　　　　竜太郎「……」

　　　　みゆき「もちろん，ジャーナリストとしては尊敬してますけど」

　　　　局長「（ニタッと）仲良く否定してくれるねえ」

（『パパはニュースキャスター』伴一彦）

　（36）では，話し手は聞き手に対して「サラリーマンってつまらねえな」とマイナス評価を下している。（37）では，話し手は聞き手のことを「商売の邪魔」と評価している。（38）では，話し手は聞き手のことをめぐって「負ける気がしない」と主張している。（39）では，話し手は聞き手に「うちの勝ちだ」と宣言している。（40）では，話し手は「全然好みのタイプじゃない」と伝えている。

　上の例はすべて普段の日常生活場面で交わされた会話である。（36）と（37）の場合，話し手と聞き手は家族である。（38）や（39）の場合，話し手と聞き手は年齢が近い友達である。（40）の場合，話し手は聞き手と親しい同僚である。例では聞き手に関する評価的情報を伝達する際にいずれも「ワルイケド」が用いられている。このことにより，「ワルイケド」はインフォーマルな場において，話し手と聞き手は親しい場合において使用されやすいということがわかる。

２．２．「シツレイデスガ」

　「シツレイデスガ」はインフォーマルな場において，親しくない相手との間で，話し手と聞き手の間には上下関係が存在しないか，聞き手のほうが目上と見なされる場合に使用されやすいという傾向が見られる。たとえば，以下のような例である。

　（41）　みのり「……申し訳ございません」

　　　　憲太郎「……」

　　　　純子「今度のことは，PTA でも徹底的に追及させて頂きますから」

　　　　みのり「本当に申し訳ございません。憲太郎には私からよく言って

第 10 章　情報伝達が後続する場合の同一使用条件における前置き表現の使い分け　235

　　　　　　　聞かせますので」

　　　純子「失礼ですけど，心もとないんです。本当のお母さまが相手じ
　　　　　　　ゃないと，子供に対する責任をキチンと取って頂けない気が
　　　　　　　して」

　　　みのり「お言葉ですが，確かに憲太郎とは血が繋がっておりません。
　　　　　　　ですが，あの子は亡くなった夫の息子です。ですから，憲
　　　　　　　太郎は，私の息子です」

　　　憲太郎「……」　　　　　　　　　　　　（『グッドモーニング』西荻弓絵）

(42)　勝野「失敗を怖れてちゃ，何も出来ませんよ」

　　　光子「そう思われるのはわかります。でも違うんです」

　　　勝野「——」

　　　光子「——人がわたしにどんなレッテルを貼ろうがそれはその人の
　　　　　　　勝手なんです。べつにレッテルを剥ぐがさなくてもいいんで
　　　　　　　す。わたしは自然にしてるつもりなんです」

　　　勝野「失礼だけどあなたの歳じゃ，——後藤さんに聞きました，
　　　　　　　三十は越えてるはずだって——だから，そうそうチャンスは
　　　　　　　ありませんよ」

　　　光子「チャンスですか……」

　　　勝野「そうです。チャンスです」

　　　光子「あの，勝野さんの言っているチャンスの意味がわたしにはピ
　　　　　　　ンとこないんです」

　　　勝野「年齢とか，生活のこととか……」

　　　光子「今のままでいいんです」（『UNLOVED』万田珠実・万田邦敏）

(43)　"BASSNINJA（ベースニンジャ）"とは，失礼ですが面白いお名前で
　　　すね。　　　　　　　（http://www.kenwood.co.jp/j/topics/k_tr60.html）

(44)　「tahoe さんは，大変失礼ですが，あまり気が回らないタイプなのじ
　　　ゃないでしょうか。ただ，人付き合いはそれほど，嫌いじゃないけ
　　　れども。さらに二人は，彼女が後輩に見せたいほどの，ある程度の
　　　仲。と言う前提ならば，「tahoe さんがもう少し気を回せれば ...」
　　　　　　　　　　　　　　　　　　（http://q.hatena.ne.jp/1172504141）

(45)　「単なる情報入手が成功に結びつかないのは，そこに実践が伴わない
　　　からなのは勿論ですが，それ以前に，なんと多くの人が何事をも簡

単に投げ出してしまうのでしょう。失礼ですが，今までのあなたの
生き様も，まさにそうだったのではないでしょうか？」

(http://gattsuri.web.fc2.com/)

（41）では，話し手は聞き手のことを「心もとない」と評価している。（42）では，
話し手は聞き手の歳ではもうチャンスがないと判断している。（43）では，聞き
手のバンド名を面白いお名前だと評価している。（44）では，話し手は聞き手の
ことを「気が回らないタイプ」と評価している。（45）では，話し手は，聞き手
の生き様についてコメントしている。

　これらの例はいずれもインフォーマルな場において発話されたものである。
そして，例からわかるように，（41）の場合，話し手と聞き手は同じ PTA の会
員であるものの，2 人の間には溝があり，親しくない。（42）の場合，話し手と
聞き手は知り合いでありながら，親しいわけではない。（43），（44），（45）は面
識のない人に対するコメントである。いずれの例でも「シツレイデスガ」が用
いられている。これらの例を通して，「シツレイデスガ」はインフォーマルな場
において親しくない，または初対面の相手との間で使用されやすい，という傾
向がうかがえる。

２．３．「センエツデスガ」

　今回シナリオから「センエツデスガ」が直接に情報伝達の前に使用された用
例が見られなかった。そのため，Google 検索で集めた用例を参考に考察を行な
った。その結果，「センエツデスガ」は，インフォーマルな場においても，フォ
ーマルな場においても，親しくない相手との間で使用されやすいことがわかっ
た。たとえば，以下のような例である。

（46）　「僭越ですが意見を言わせていただけば，ご家族が 3 人で 3LDK は贅
　　　　沢ではないでしょうか。2LDK で 10 万以下の物件を探された方が
　　　　よろしいかと思います。」　（http://hiroba.chintai.net/qa4438144.html）

（47）　「離婚経験がないので，僭越かもしれませんが，あなたの場合は，離
　　　　婚を視野に入れた方が良いのではないかと思いました。」

(http://cgi2.biwa.ne.jp/nayami/769/)

（48）　「俳句文芸，拝受いたしました。お世話を頂き有難うございました。
　　　　料金郵送致しました。大変僭越ですが，「樹とわれと立冬の海から

第 10 章　情報伝達が後続する場合の同一使用条件における前置き表現の使い分け　237

の風に」に感動を覚えました。」

（http://www3.ezbbs.net/cgi/bbs?id=info&dd=18&p=10）

(49)　「はじめてコメントさせて頂きます。（中略）<u>大変僭越ですが，絶対</u>
<u>に1年で昇格するという気持ちを失ったら，永遠に昇格はできない</u>
<u>と思います</u>。長い目で見るというのは，単なる言い訳にすぎません。
短期間でも結果とはでるものなんです。」

（http://d.hatena.ne.jp/aratasuzuki/20091130/1259546518）

(50)　「前回の梅原さんの書簡を公開したところ，ネット上で貴重な意見を
いただきました。発信者は若桜木虔氏で，内容の要約は「梅原氏は
税金を払いすぎである。これほどの巨額納税が一般的な物であると
税務署員に理解されたら同業も巨額な納税を要求されかねない。梅
原氏には節税努力をお願いしたい」と言う物です。<u>まことに僭越で</u>
<u>すが，書簡に提示された梅原さんの納税額から逆算したところ控除</u>
<u>額必要経費が三十数％程度ではないかと，思われます</u>。」

（http://www.din.or.jp/~aoyama/umeharares20000706.html）

　(46) では，話し手は聞き手の考えに対して意見を述べている。(47) では，
聞き手に「あなたの場合は，離婚を視野に入れた方が良いのではないか」と指
摘している。(48) では，話し手は感動を覚えたという感想を述べている。(49)
では，話し手は「絶対に1年で昇格するという気持ちを失ったら，永遠に昇格
はできない」という意見を出した。(50) では，話し手は相手の考え方をめぐっ
て自分の主張を述べている。

　上の例からわかるように，(46)，(47)，(48)，(49) はすべて初対面に相当す
る者を相手に対して評価的情報を伝えている。すなわちインフォーマル的な発
話である。それに対し，(50) はフォーマル的な発言である。また，話し手は聞
き手とそれほど親しくないことがわかる。言い換えれば，このような場合，話
し手は聞き手と上下関係をもたない。あるいは聞き手のことを目上と見なすの
である。これらの例により，「センエツデスガ」はインフォーマルな場において
も，フォーマルな場においても，聞き手とは疎であり，そして上下関係をもた
ない相手，または目上と見なされる相手との間で使用されやすいと推察される。

2.4.「聞き手に関する評価的情報の伝達に用いられる場合」のまとめ

　以上により，聞き手に関する評価的な情報を伝える際に，「ワルイケド」，「シツレイデスガ」，「センエツデスガ」は次の表 10.3 のように使用されることがわかった。

表 10.3　聞き手に関する評価的情報の伝達に用いられる場合のまとめ

	インフォーマル				フォーマル		
		疎				疎	
	親	聞き手が目下	上下関係を持たず	聞き手が目上	親	上下関係を持たず	聞き手が目上
ワルイケド	○	×	×	×		×	
シツレイデスガ	×	×	○	○		×	
センエツデスガ	×	×	○	○	×	○	○

3．話し手自身に関する情報の伝達に用いられる場合

　「話し手自身に関連する情報の伝達」が行なわれる際に，「キョウシュクデスガ」，「センエツデスガ」，「カッテデスガ」，「ハズカシイデスガ」が使用されやすい。この節では，後続する行動実行に違いがほとんど見られない「キョウシュクデスガ」，「センエツデスガ」，「カッテデスガ」，「ハズカシイデスガ」がどのような対人関係において使用されるかを考察し，これらの表現形式の使い分けを探る。以下，それぞれについて3．1，3．2，3．3，3．4において取り扱い，最後に3．5で本節をまとめる。

3．1．「キョウシュクデスガ」

　今回シナリオから集めた「キョウシュクデスガ」の使用例には情報伝達が後続する用例が見当たらなかったことにより，「キョウシュクデスガ」は日常生活の会話において，話し手自身に関連する情報を伝達する際に使用されにくいこ

第 10 章　情報伝達が後続する場合の同一使用条件における前置き表現の使い分け　239

とが示唆されている。そのため，本節では Google 検索で見つかった「キョウシュクデスガ」の使用例を中心に考察した。その結果，「キョウシュクデスガ」は，やや改まった発話において，聞き手が話し手より目上と見なされる際に使用されやすい。たとえば，以下のようなものである。

(51)　「恐縮ですが，デザイナーを目指させていただいてます。」

(http://d2studio.blog69.fc2.com/)

(52)　「恐縮ですが，インターネット初心者です。」

(53)　「大塚です。
　　　大変恐縮ですが，こんどの日曜日の抽選会の時間帯に，次男の公式戦がぶつかってしまいました。
　　　直前で申し訳ありません。
　　　どなたか交代していただける方がいらっしゃいましたら，是非お願いしたいので，ご一報ください。よろしくお願いいたします。」

(http://442.teacup.com/strings4/bbs/1790)

(54)　「やま様。
　　　こんにちは，CASURF の田中です。さてこのほどはご質問ありがとうございました。
　　　大変恐縮ですが今期からリップカールの F-Bomb はフード付きのものが主流となりそうです。4/3mm であれば，フード無しもございます。前ジップのタイプは F シリーズだと，多少タイトですが，暖かさはバックジップより出るデザインですね。脱ぎやすさはバックジップ，耐久性はほぼ同じくらいです。」

(http://www.style-21.jp/board/next7.cgi?page=65&id=casurf&ptopno=251)

(55)　「専門の方にしっかりとしたカウンセリングを受けるべきですか？ただ大変恐縮ですが，私自体が精神科や，カウンセリングというものに臆しており，正直に申し上げて精神病となるのが，恥ずかしく怖いのです。」

(http://www.counselingservice.jp/backnumber/soudan06/20030220_032423.html)

(51) では，話し手はデザイナーを目指していることを聞き手に伝えている。(52)では，話し手はインターネットの初心者であることを伝えている。(53)では，話し手はこんどの日曜日の抽選会の時間帯に次男の公式戦があると伝えている。(54) では話し手は自社取り扱いの商品について語っている。(55) では話し手

は精神科やカウンセリングに抵抗があることをほのめかしている。

　上の例はいずれも公に出されたものであり，やや改まったものである。話し手より聞き手のほうが目上と見なされやすい。これらの例では「キョウシュクデスガ」が使用されていることにより，「キョウシュクデスガ」はやや改まった発話において，話し手より聞き手のほうが目上と見なされる際に使用されやすいと示唆されている。

3.2.「センエツデスガ」

　今回シナリオから集めた「センエツデスガ」の使用例には情報伝達が後続する用例が見当たらなかったため，本節では Google 検索で見つかった「センエツデスガ」の使用例を中心に考察した。その結果，「センエツデスガ」は，やや改まった発話において，聞き手が話し手より目上と見なされる際に使用されやすい。たとえば，以下のようなものである。

(56)　「非常に僭越ですが，オリジナルデザイン写真を使ったマグカップの制作・販売をはじめました。」

（http://maglog.jp/kasahara196565/Article.html&type=2&subtype=200801&page=1）

(57)　「僭越ですが，その点について気になったのでコメントを寄稿しました。」　　　　　　　　（http://blog.wakasa.jp/president/2009/04/post-4.html）

(58)　「はじめまして，こんばんは。しばらく前から，日本橋と都市景観の連載記事を，大変興味深く拝読させていただいておりました。大変僭越ですが，私の記事を TB させていただきました。どうぞ，よろしくお願いいたします。」

（http://skumbro.cocolog-nifty.com/edo/2006/01/post_f79c.html）

(59)　「実は，大変僭越ですが，私も小雪に似ていると言われたことがあります。」　　　　　　　　　　（http://hayapole.exblog.jp/11531303/）

(60)　「はじめまして…
大変僭越ですが，「宗教は何故人を惹きつけるか」，というのを見てこの本を思い出し，コメントさせていただきました。」

（http://yaplog.jp/haru-27/archive/122）

　(56) では，話し手は「オリジナルデザイン写真を使ったマグカップの制作・販売をはじめた」という自分の出来事を伝えている。(57) では，話し手は「コ

第 10 章　情報伝達が後続する場合の同一使用条件における前置き表現の使い分け　241

メントを寄稿した」という行動について述べている。(58) では，話し手は自分の記事を TB させてもらったという出来事を述べている。(59) では，話し手は女優の小雪に似ていると言われたことがあるという情報を発信している。(60) では，話し手はコメントをしたことを話している。

　上の例はいずれも公に出されたものであり，やや改まったものと見なされる。このような場合は話し手より聞き手のほうが目上と見なされやすい。これらの例では「センエツデスガ」が使用されていることにより，「センエツデスガ」はやや改まった発話において，話し手より聞き手のほうが目上と見なされる際に使用されやすいと示唆されている。

３. ３.「カッテデスガ」

　「カッテデスガ」が情報伝達の前に用いられた使用例はシナリオから見つけられなかったため，本節では Google 検索で見つかった「カッテデスガ」の使用例を中心に考察した。その結果，「カッテデスガ」は，くだけた発話において，話し手と聞き手の間には上下関係が見られない際に使用されやすい。たとえば，以下のようなものである。

(61)　「<u>誠に勝手ですが</u>都合により移動しました。
　　　URL http://bookmarks.yahoo.co.jo/winnithepooh1120ne.
　　　タイトル晩御飯何にするのページに移動しました。
　　　URL http://bookmarks.yahoo.co.jp/winnithepooh1120ne
　　　よろしくお願いします。」　　　(http://winnithepooh1.jugem.jp/?eid=53)

(62)　「<u>誠に勝手ですが</u>，「とん」さんを参考にさせていただきました。美味しかったです！」

　　　　　　　　　　　　(http://lunchclub.antena.ne.jp/archives/article/21971.html)

(63)　「<u>勝手ですが</u>お気に入り登録もさせていただきました。事後報告申し訳ありません，これからも応援しています！」

　　　　　　　　　　　　(http://koebu.com/user/oyatsu/user/comments)

(64)　「手描き PV【解釈】(sm6266149) がすごく気に入ったので<u>勝手ですが</u>字幕をつけてみました。使用させてもらった」

　　　　　　　　　　　　(http://nicosound.anyap.info/sound/nm6834012)

(65)　「突然ですが，島根の映画館って，僕の希望としては，<u>誠に勝手です</u>

<u>が</u>，あってしかるべき映画館だと思っていたんですね。」

（http://blog.eigaseikatu.com/cinekichi/archives/2009/03/post_114.html）

（61）では，話し手はページを移動したことを伝えている。（62）では，話し手は聞き手が公開したレシピを参考にしたとの情報を発信している。（63）では，話し手は聞き手のHPをお気に入りに登録したことについて語っている。（64）では，話し手は手描きPVに字幕をつけてみたことを話している。（65）では，話し手は島根の映画館に関する思いを語った。

これらの例は公に向かって発せられたものでありながら，全体的にくだけたものである。そして，いずれの例でも聞き手に相当するのは不特定多数の受け手である。そのため，話し手と聞き手の間には実際の上下関係が観察されず，親しい関係でもないが，このような場合聞き手を話し手より目上と見なすのが自然であろう。例では「カッテデスガ」が用いられていることにより，「カッテデスガ」はインフォーマルな発話において，話し手と聞き手が親しくないが，聞き手のほうがより目上と見なされる場合に使用されやすいということがうかがえる。

3.4.「ハズカシイデスガ」

「ハズカシイデスガ」が情報伝達の前に用いられた使用例はシナリオから見つけられなかったため，本節ではGoogle検索で見つかった「ハズカシイデスガ」の使用例を中心に考察した。その結果，「ハズカシイデスガ」は，くだけた発話において，話し手と聞き手の間には上下関係が見られない際に使用されやすい。たとえば，以下のようなものである。

（66）「<u>結構恥ずかしいんですが</u>，お尻がただれて悩んでいます。市販薬でよく効く物があれば教えて下さい。」　　　　（http://sooda.jp/qa/8291）

（67）「<u>ちょっと恥ずかしいんですが</u>，今3人目妊娠中8ヶ月に入りました。」　　　　（http://mikle.jp/family/dispthrep.cgi?th=41840&disp=1）

（68）「<u>今更恥しいですが</u>，初めて車にCD付のを買いました。これって演奏中にどんなに振動しても，大丈夫なんですか？ちなみに，トランクルームにCD入れるところがあります。」

（http://detail.chiebukuro.yahoo.co.jp/qa/question_detail/q1311029653?-fr=rcmd_chie_detail）

第 10 章　情報伝達が後続する場合の同一使用条件における前置き表現の使い分け　243

(69)　「大変お恥しいですが初めての経験で全然わからないことだらけで
　　　　す。話題からして聞くのもとても恥しいのでこの場をお借りいたし
　　　　ました。どうかお助け下さい」

(http://questionbox.jp.msn.com/qa3698701.html)

(70)　「こんばんは！
　　　　ラインにも色々あるんですねぇ〜
　　　　お恥しいですが，サスペンドラインの存在を知りませんでした…
　　　　使ってみないとわからないのが釣り道具！」

(http://mirror-man.at.webry.info/200812/article_4.html)

　(66) では，話し手は「お尻がただれて悩んでいる」という自分自身の体のこ
とを述べている。(67) では，話し手は「今 3 人目妊娠中 8 ヶ月に入った」とい
う自分自身の状態を述べている。(68) では，話し手は初めて CD 付の車を買っ
たことについて語っている。(69) では，話し手は経験がないのでわからないこ
とだらけだという状況を話している。(70) では，話し手はサスペンドラインの
存在を知らなかったことを話している。

　これらの例が示しているように，「ハズカシイデスガ」が用いられたのは，公
に発せられたにもかかわらず，全体的にインフォーマルの発話である。そして，
いずれの例でも聞き手に相当するのは不特定多数の受け手である。そのため，
話し手は聞き手と上下関係も観察されておらず，親しい関係でもないが，聞き
手のことを話し手より目上と見なされやすい。ここに「ハズカシイデスガ」が
使われていることにより，「ハズカシイデスガ」はインフォーマルな発話におい
て，話し手と聞き手が親しくないが，聞き手のほうがより目上と見なされる場
合に使用されやすいという傾向がうかがえる。

３.５.「話し手自身に関する情報の伝達に用いられる場合」のまとめ

　以上，話し手が聞き手に自分自身に関する情報を伝える際に，「キョウシュク
デスガ」，「センエツデスガ」，「カッテデスガ」，「ハズカシイデスガ」は次の表
10.4 のように使用されることがわかった。

表10.4 話し手自身に関する情報の伝達に用いられる場合のまとめ

	インフォーマル				フォーマル		
		疎				疎	
	親	聞き手が目下	上下関係を持たず	聞き手が目上	親	上下関係を持たず	聞き手が目上
キョウシュクデスガ		×			×	○	○
センエツデスガ		×			×	○	○
カッテデスガ	×	×	○	○	×		
ハズカシイデスガ		×	○	○	×		

4．情報伝達の各使用条件における前置き表現の諸形式の使い分けのまとめ

　本章では，情報伝達の各使用条件において使用される前置き表現の諸形式の使い分けをめぐって，場，親疎関係，上下関係から考察を行なって記述を進めた。
　その結果，「ワルイケド」，「スミマセンガ」，「モウシワケアリマセンガ」，「オソレイリマスガ」，「キョウシュクデスガ」，「シツレイデスガ」，「センエツデスガ」，「カッテデスガ」，「ハズカシイデスガ」は次の表10.5のように使い分けられることが明らかになった。

表 10.5 情報伝達の各使用条件における前置き表現の諸形式の使い分けのまとめ

	インフォーマル				フォーマル		
		疎	疎	疎		疎	疎
	親	聞き手が目下	上下関係を持たず	聞き手が目上	親	上下関係を持たず	聞き手が目上
「聞き手に不利益をもたらす情報の伝達」が後続する場合							
ワルイケド	○	○	×	×		×	
スミマセンガ	○	×	○	×		×	
モウシワケアリマセンガ	×	×	×	○	×	○	○
オソレイリマスガ		×			×	○	○
キョウシュクデスガ		×			×	○	○
カッテデスガ		×			×	○	○
「聞き手に対する評価的情報の伝達」が後続する場合							
ワルイケド	○	×	×	×		×	
シツレイデスガ	×	×	○	○		×	
センエツデスガ	×	×	○	○	×	○	○
「話し手自身に関する情報の伝達」が後続する場合							
キョウシュクデスガ		×			×	○	○
センエツデスガ		×			×	○	○
カッテデスガ	×	×	○	○		×	
ハズカシイデスガ	×	×	○	○		×	

第 11 章　情報要求に用いられる前置き表現の使用条件

　本章では，情報要求が後続する場合，前置き表現の各表現形式はどのような性格の情報要求に使用されるかについて考察することによって，要求される情報の性格による各表現形式の使用条件を明らかにする。

　しかし，情報要求が後続する場合，単純型の前置き表現より複合型の前置き表現のほうがより使用されやすいという傾向がある。シナリオや Google 検索サイトなどを見ても，「ワルイケド」，「モウシワケアリマセンガ」，「オソレイリマスガ」，「センエツデスガ」，「カッテデスガ」，「オヨバズナガラ」が直接的に疑問文で情報を要求する発話の前に使用される例が見つけられなかった。このことは，単純型の「ワルイケド」，「モウシワケアリマセンガ」，「オソレイリマスガ」，「センエツデスガ」，「カッテデスガ」，「ハズカシイデスガ」，「オヨバズナガラ」は情報要求が後続する場合においては使用されにくい，ということを示唆している。

　したがって，本章では単純型の「スミマセンガ」，「キョウシュクデスガ」，「シツレイデスガ」を中心に考察し，記述を行なう。複合型については次の章において取り扱うことにする。

　以下 1 節では「スミマセンガ」を，2 節で「キョウシュクデスガ」を，3 節で「シツレイデスガ」をそれぞれ記述し，最後に 4 節では本章をまとめる。

1.「スミマセンガ」

　「スミマセンガ」は，「聞き手本人に関わらない一般情報」の質問が後続する際に用いられやすい。たとえば，以下のようなものである。

　　（1）　　　　耕作が戻ってくると――
　　　　　　　　好子が座敷から出てくる。
　　　　好子「すいません，お手洗いは？」
　　　　耕作「出て，右手に行ったところですよ」
　　　　好子「どうも……（と，行きかけて）あの……先生」

第11章　情報要求に用いられる前置き表現の使用条件　247

　　　　　耕作「え？」　　　　　　　　（『パパは年中苦労する』伴一彦）

（2）　　　同・フロント
　　　　　美代子「すいません，野口雄介の部屋は？」
　　　　　フロント係「(調べて) まだチェックインなさっておりませんが」
　　　　　美代子「じゃ，私，チェックインします」
　　　　　フロント係「畏まりました」

　　　　　　　　　　　（『逢いたい時にあなたはいない…』伴一彦）

（3）　木下「いや，もう大人だよ。ま，少し気をつけて。(店員に) すみま
　　　　　　　せん，さっきの豚の角煮，お土産に出来ますか？」
　　　　　店員「はい，お包みしますけど」
　　　　　木下「じゃ，すみません，二人前」
　　　　　店員「かしこまりました」

　　　　　　　　　　（『卒業写真』布施博一・深沢正樹・小林富美）

（4）　　　氷見の町
　　　　　入り組んだ狭い路地を歩く陽介が道を尋ねる。
　　　　　陽介「すみません。この辺に赤い橋ってありますかね」
　　　　　おばさん「ああ，赤い橋」
　　　　　陽介「ええ」
　　　　　おばさん「この先に掛かっとるが」
　　　　　陽介「あっ，そうですか，すいません」
　　　　　　　先を急ぐ陽介。

　　　　　　　（『赤い橋の下のぬるい水』冨川元文・天願大介・今村昌平）

（5）　　　夕顔がため息でやってくる。
　　　　　小夏「どう，かもめさんたち」
　　　　　夕顔「ダメ。どうしようもない。お客さんのお料理に手をつけちゃ
　　　　　　　うし，歌い出したらマイク離さないし」
　　　　　小夏「しょうがないねえ」
　　　　　　　そこへ，とまとがいちごを抱きかかえるようにして来る。
　　　　　とまと「すいません！トイレどこですか！？」
　　　　　いちご「うー，気持ち悪いー」
　　　　　小夏「待って待って」
　　　　　　　慌てていちごをトイレに連れてゆく。

（『おヒマなら来てよネ！』伴一彦）

　（１）では，話し手は聞き手にお手洗いの場所を尋ねている。（２）では，話し手は「野口雄介の部屋」番号について尋ねている。（３）では，話し手は豚の角煮をお土産にできるかどうかについて情報を求めている。（４）では，話し手は赤い橋の場所に関する情報を尋ね求めている。（５）では，話し手はトイレの場所を尋ねている。

　上の例で要求される情報はすべて聞き手と関連しない一般情報である。言い換えれば，これらの情報は公開されても聞き手にとって差し支えのないものである。例のように，聞き手と関連しない一般情報を尋ねる際に，「スミマセンガ」が使用されやすい。

　一方，情報を要求する行為そのものは，聞き手にある情報を教えてもらうことであるため，一種の行動要求とも見なせる。それは，聞き手に多少なりとも負担をかけることになる。そのため，「情報要求」が後続する際に，Leech（1983）が提唱している「丁寧さの原則」のうちの「気配り原則（Tact Maxim）」，「他者に対する負担を最小限にせよ（Minimize cost to other）」のごとく，（話し手に）聞き手に対する配慮が求められる。「スミマセンガ」は前もって詫びる形を取ることによって，聞き手に対するフェイス侵害度を軽減する気配りを表現するものであるため，このような場合に用いられやすい。

２．「キョウシュクデスガ」が情報要求に用いられる場合の使用条件

　「キョウシュクデスガ」は「情報要求」が後続する際に使用されることがある。ただし，このような使用例は，シナリオからは１例も出て来ず，Google を利用して検索をかけても，次の２例しか見つけられなかった。この２例は共に，聞き手と関連していながら聞き手のプライバシー領域に属さない情報を尋ね求めるものである。

　　（６）　佐賀新聞「この１年を振り返られて，<u>恐縮ですけど</u>，<u>自分で百点満点で点数をつけるとすれば何点ぐらいつけられますか</u>。」
　　　　　　知事「75 点だと思っております。（後略）」

　　　　　　（http://www.saga-chiji.jp/kaiken/04-4-22/shitsumon2.html）

　　（７）　「<u>恐縮ですけどどうしてさっきのバーは，削除しても大丈夫なのでしょうか</u>？」

（http://www.nayami-kaiketu.net/modules/newbb/viewtopic.php?topic_
　　id=8451&forum=62）

　（6）では，話し手である佐賀新聞の記者が聞き手である知事に対して自己評
価を尋ね求めている。（7）では，話し手は聞き手の作業を見ているとき，聞き
手の作業についてその理由を問いかけている。いずれも聞き手と関連していな
がら聞き手のプライバシー領域に踏み込まない内容について情報を求めている。
　また，この2つの例では，話し手は自分の職務や立場では聞き手に質問する
ことが認められている，という点で一致している。このような場合，Leech（1983）
が提唱している「丁寧さの原則」のうちの「謙遜の公理（Modesty Maxim）」に
そって，自分への賞賛を最小限に，非難を最大限にするように配慮することが
求められることがある。したがって，上の例のように，話し手は自分の立場を
わきまえて聞き手のプライバシー以外の情報を尋ねる際に，あえて自分の立場
をわきまえていないこととして「キョウシュクデスガ」を用いる傾向が見られる。
「恐縮ですが」は自分の立場をわきまえていないことに対する心配りを表す表現
であるため，このような場合に使用されやすい。

3．「シツレイデスガ」が情報要求に用いられる場合の使用条件

　「シツレイデスガ」は，「聞き手のプライバシー領域に属する情報を尋ね求める」
際に，特に名前身分，年齢，仕事，給料や金銭面などといった情報を要求する
際に使用されやすい。たとえば，以下のようなものである。
　（8）　トド「内地では結といいましてね。結ぶという字を書いてユイとい
　　　　　　　います」
　　　　　五郎「そうですかア。」
　　　　　トド「まだここらには残っとるンですなァ」
　　　　　　　薪がはぜる。
　　　　　トド「<u>失礼ですがお仕事は</u>」
　　　　　五郎「（笑う）いやァそのお仕事が。何となくフラフラ喰べております」
　　　　　トド「何となくフラフラーーー喰べられるもンですか」
　　　　　　　　　　　　　　　　　　　　　　　（『北の国から 2002 遺言』倉本聰）
　（9）　みゆき先生「えーッ！一ツ橋大学なんですか！？」
　　　　　啓子先生「エリートじゃない。一ツ橋大学から〇〇銀行……」

石川「いえ，エリートなんてとんでも」

みゆき先生「あの……失礼ですけど，給料はおいくらですか？」

石川「え……まあ，25万円ですけど……」

　　先生たち，感嘆の声を上げる。

　　　　　　　　　　　　　　　　　（『子供が見てるでしょ！』伴一彦）

(10)　　　雨音はバックオフィス（窓口の後ろで事務処理をするところ）で，
　　祐子と端末を操作している。

天「まだかな」

　　困惑気味の雨音が戻ってきて──

雨音「申し訳ありませんが，ローンカードの方，お作り出来ないん
　　です……」

天「（ムッと）カード勧めたの，そっちでしょ？」

雨音「（言いにくい）お調べしましたところエラーが出まして……失
　　礼ですが，カード会社のご返済，滞っていらっしゃいません
　　か？」

天「そんなことないよ」

雨音「もう一度詳しくお調べしますが……」

天「もういいよ」

　　と，通帳や印鑑を持って席を立つ。

　　　　　　　　　　　　　　　　（『WITH LOVE』伴一彦・尾崎将也）

(11)　　　ゆっくりとセットに上がる三原。そこへ，

作々木「山田老人役の三原健さんでーす」

　　と皆に紹介される。

前島「（ニコニコと三原を見つめる）」

熟年の照明技士「（高い位置からじっと三原を見つめている）」

監督「……あの，失礼ですが，お幾つですか？」

三原「六十五」

監督「設定がね，末期ガン患者なんですよ。見た目がちょっと，元
　　気すぎるかな。（メイクに）ねぇ」

　　　　　　　　　　　　　　　（『LAST SCENE』中村義洋・鈴木謙一）

(12)　文子「ね，あの人，兄貴のことずっと見てる」

　　　文子がコナしたのは，支店長の山脇健次。

麻耶「珍しいもの，こういう人種」

　　　錠，ン?! と見た時，山脇，歩いて来て，

山脇「（改まり）失礼ですが，早川……さんじゃありませんか」

錠「……そうだけど」

山脇「せ，先輩！」

　　　ガッと手を握る。

錠「お?! お，おお，後輩！」

　　　ガッと握り返す。

　　　（『探偵同盟』丸山昇一・高田純・宮田雪・那須真知子・高橋正康・
　　　米谷純一・小出一己・伴一彦）

　（8）では，話し手は聞き手の仕事について尋ねている。（9）では，話し手は聞き手の給料について尋ねている。（10）では，話し手は聞き手のカード会社の返済状況に関する情報を求めている。（11）では，話し手は聞き手の歳を聞いている。（12）では，話し手は聞き手の身分を確認している。

　仕事，給料，カード会社の返済状況，年齢，身分といった情報はいずれも聞き手のプライバシー領域に属する情報と見なされる。つまり，これらの例では，話し手は聞き手のプライバシー情報を尋ね求めている。そして，その前に「シツレイデスガ」が使用されている。

　相手の名前身分，年齢，仕事，給料や金銭面などといったプライバシー情報は私的領域に属する情報であり，これらの情報を聞くのはその人の私的領域への侵害であり，社会通念では礼儀を欠く行動の一種と見なされる。そのため，聞き手のプライバシー領域に属する情報を要求する場合，情報を要求することによって聞き手に負担をかけることより，礼儀に欠けることに対する気配りがまず求められやすい。つまり，人間関係を脅かしやすいところが優先的にポライトネスを求められる。したがって，「シツレイデスガ」は非礼に対する謝罪を表現するものであるため，聞き手にプライバシー領域に属する情報を尋ねるような発話が後続する際に優先的に使用されやすい。

4．情報要求に用いられる前置き表現の諸形式の使用条件のまとめ

　以上各前置き表現がどのような情報要求の前に使用されるかをめぐって考察を行なってきた。その結果により，情報要求における，後続情報による前置き

表現の使用条件を，次の表 11.1 のようにまとめることができる。

表 11.1　情報要求が後続する場合の前置き表現の諸形式の使用条件

	①聞き手に関わらない一般情報を要求する	②聞き手に関するもので，プライバシーにかかわらない情報を要求する	③聞き手のプライバシー領域に属する情報を要求する
スミマセンガ	○	×	×
キョウシュクデスガ	×	○	×
シツレイデスガ	×	×	○

第12章　複合型前置き表現の記述——単純型前置き表現と比較して

　本章では，後続情報による使用条件に基づいて複合型前置き表現を記述していく。具体的には，単純型前置き表現との比較を通して，複合型前置き表現とそれに対応する単純型前置き表現は後続情報による使用条件においてどのような相違があるかを明らかにする。

　以下では，まず1節で複合型前置き表現の概要を述べる。続いて2節で行動実行が後続する場合，3節で行動要求が後続する場合，4節で情報伝達が後続する場合，5節で情報要求が後続する場合，単純型と複合型前置き表現の相違を後続情報による使用条件を考察し，記述を行なう。最後に6節で本章をまとめる。

1．複合型前置き表現について

　複合型前置き表現は，「第2章　前置き表現の構造的分類」で述べたように，「単純型」に，前置き表現が用いられる原因・理由に相当する節か文の成分が複合して2つ以上の部分から成ったものである。たとえば，以下のようなものである。
　（1）　　都庁・一角

　　　　　誰かに携帯電話を掛けている津田……

　　　津田「……はい，急な話で申し訳ありませんが，お待ちしておりますので，はい……はい，宜しくお願いします」

（『東京原発』山川元）
　（2）　「ここでまた別の質問して失礼ですが，PCを購入する場合ディスクトップ型とノート型どちらが良いでしょうか？」

（http://okwave.jp/qa5465283.html）
　しかし，すべての単純型前置き表現は複合型として用いることができるとは限らない。これまで述べてきた単純型の「ワルイケド」，「スミマセンガ」，「モウシワケアリマセンガ」，「オソレイリマスガ」，「キョウシュクデスガ」，「シツレイデスガ」，「センエツデスガ」，「カッテデスガ」，「ハズカシイデスガ」，「オ

ヨバズナガラ」の中，「オヨバズナガラ」は複合型に用いることができない。それ以外のものはいずれも複合型に用いることができる。

また，複合型前置き表現はそれに後続する発話を導入するためのものであるが，複合型に用いられた単純型前置き表現には機能の相違が見られる。単純型前置き表現はその後に続く発話に対して直接に機能する。しかし，複合型前置き表現に用いられると，後続する発話に対して直接に機能するのではなく，一緒に複合型前置き表現を成した部分に対して直接に機能するようになる。たとえば，上の（1）では，「申し訳ありませんが」は直接に「急な話」に対して機能しており，「急な話」と組み合わせてはじめて後続発話を導入するという働きを果たしている。（2）では，「失礼ですが」は直接に「ここでまた別の質問をする」に対して働きかけており，「ここでまた別の質問をする」と組んでから後続発話を導入している。

したがって，複合型前置き表現にはそれと対応する単純型前置き表現が組まれているにもかかわらず，単純型前置き表現ほど後続情報の性格に制御されずに，様々な発話の前に使用されることができる。特に情報要求が後続する場合，単純型より複合型のほうがより用いられやすい。

そこで，本章では，複合型前置き表現がそれに対応する単純型前置き表現と比べ，後続情報による使用条件においてどのように違うかを究明することに重点を置き，行動実行，行動要求，情報伝達，情報要求に用いられる場合においてそれぞれ考察を行なうことにする。

2．複合型前置き表現が行動実行に用いられる場合

話し手が自ら何らかの行動を実行する場合，「オソレイリマスガ」，「シツレイデスガ」，「ハズカシイデスガ」，この3つ以外，それぞれの単純型と複合型の間には使用条件による相違がほとんど見られない。

まず「〜ワルイケド」，「〜スミマセンガ」，「〜モウシワケアリマセンガ」，「〜キョウシュクデスガ」，「〜センエツデスガ」，「〜カッテデスガ」は以下のような使用例が見られる。

（3）　留置所の警察官「おい，J，痛いところ悪いけど外に出る訳だから
　　　　　　　　　　分かるよな？手錠をかけるぞ」

　　　Jさん「はい…」

第 12 章　複合型前置き表現の記述——単純型前置き表現と比較して　255

そう言うと警察官はまた時間を記録してＪさんに手錠をかけました。　　　　（http://www.paramedic119.com/shocking/case009.htm）

（4）「あれするな，これするなってあんまり言いたくないのですが近隣のご迷惑になるとあれなので<u>しつこくてすみませんが</u>言いますね。」
　　　　（http://ramp-lab.blogspot.com/2009/07/blog-post_3910.html）

（5）「<u>お騒がせして申し訳ありませんが</u>，No Image s.ver ラジオはやっぱり来週にします。」
　　　　（http://gintsubaki.blog68.fc2.com/blog-entry-338.html）

（6）　　　　大昭不動産・オフィス

　　　林田「白浜さんの奥さんでらっしゃいますか。私ですね，東京の大昭不動産営業部の部長をやっております，林田と申しますが」
　　　営業部といっても，ワンフロアしかない社員十人程度の池袋の駅前不動産屋なのだが…。

　　　林田「<u>突然にお電話で恐縮なんですが</u>，白浜さんが西巣鴨の庚申塚に所有してらっしゃいます宅地のことで，折り入って御相談したいことがございまして，一度，<u>お伺いさせて頂きたいんでございますが</u>」　　　　（『伝言』市川森一）

（7）「吉田会長：<u>多士済々の方がおられます中，まことに僭越に存じますが</u>，ご指名によりまして，<u>会長をさせていただきたく存じます</u>。」
　　　　（http://www.pref.shiga.jp/shingikai/shinrin/81honkai/81gaiyo.html）

（8）「<u>早くて勝手ですが</u>，<u>締め切りとさせて頂きます</u>。秋葉原以降（電車でGO!FINAL・通勤編を参考に）は，別途情報を募集させて頂きます。そちらでも皆様の意見をお待ちします。」
　　　　（http://www.chibirail.com/bbs/chibi/bbs.asp?page=8）

　上の例では，話し手は何らかの行動を自ら実行しようとする際にそれぞれ複合型前置き表現を用いている。（3）では，話し手が手錠をかける前に「痛いところ悪いけど」が用いられている。（4）では，話し手が文句を言うにあたって「しつこくてすみませんが」が使用されている。（5）では，話し手がラジオ番組を来週にするという行動を行なう際に「お騒がせして申し訳ありませんが」が使われている。（6）では，話し手が聞き手と話をしようとする際に「突然にお電話で恐縮なんですが」が使用されている。（7）では，話し手が会長を務める前

に「多士済々の方がおられます中，まことに僭越に存じますが」が用いられている。（8）では，話し手が募集を締め切ろうとするとき「早くて勝手ですが」が使われている。これらの例では用いられた複合型はその使用条件がそれぞれに対応する単純型と一致しており，単純型でも使用できる。

　しかし，次の例のように，「〜オソレイリマスガ」と「オソレイリマスガ」，「〜シツレイデスガ」と「シツレイデスガ」，「〜ハズカシイデスガ」と「ハズカシイデスガ」の場合は異なる。

（9）　「このたび，日本語講師を対象にした『スキルアップセミナー』を開講いたしましたので，<u>突然のご連絡にて恐れ入りますが</u>，ご案内させて頂きます。」（http://edoutatane.blog50.fc2.com/blog-entry-85.html）

（10）　「この回答へのお礼，早速に3名様からお教えをいただき有難うございました。<u>この場所をお借りして失礼ですが</u>，皆様に厚く御礼申し上げます。お教え順に得点付けさせていただきました。よろしくご了承お願いします。」　（http://ziddy.japan.zdnet.com/qa1449098.html）

（9）では，話し手は案内する際に「突然のご連絡にて恐れ入りますが」を使って前置きしている。（10）では，話し手はお礼を言う際に「この場所をお借りして失礼ですが」を用いて断っている。これらの例のように，「案内する」や「お礼を言う」といった行動実行は聞き手に不利益をもたらすと考えにくいものである。しかも，「案内する」ことは聞き手にサービスを提供するものであって，聞き手に利益をもたらすものと考えられる。「お礼を言う」のは聞き手の既成行為に感謝するものであり，聞き手に利益をもたらすものと思える。これらの例により，「〜オソレイリマスガ」，「〜シツレイデスガ」は聞き手に利益をもたらすと考えられる行動実行の前に使用されやすいとうかがえる。

　しかし，「第5章行動実行に用いられる前置き表現の記述（1）——諸形式の使用条件について」で述べているように，「オソレイリマスガ」，「シツレイデスガ」はどちらも聞き手に利益をもたらす行動実行の前に使用されにくい。

　例のように，「突然のご連絡にて恐れ入りますが」，「この場所をお借りして失礼ですが」，はそれに続く行動実行を導入するものであるものの，その行動実行に対して発されるものではなく，その行動実行の手段や場所などに対して前もって断るものである。したがって，聞き手に利益をもたらす行動実行にもかかわらず，その行動実行に関連する手段や場所などのために配慮が求められる際に，複合型前置き表現は使用されやすいのである。

第 12 章　複合型前置き表現の記述――単純型前置き表現と比較して　257

　また，単純型では用いられにくい「ハズカシイデスガ」は複合型として，聞き手に不利益をもたらすと考えにくい行動を話し手が自ら行なおうとするときに，用いられやすい。たとえば，以下のようなものである。

(11)　「私も楽しみにしていた「家計簿シート」，時間が出来たら書いてみます。すでにダウンロードはしてますよ！「FP 彩ちゃん」といいマンガといい，ちょっと私なんかは対象外っぽくて恥ずかしいですが，HP は大いに参考にさせてもらいます！」

（http://blog.fp-will.jp/?eid=1157347）

(12)　「およそ 10 年前の自分のサイトです。懐かしくて恥ずかしいですが成長具合がわかるという事で公開します。」

（http://art-break.net/design/web.html）

　(11) では，話し手は HP を参考にするという行動を実行する前に「ちょっと私なんかは対象外っぽくて恥ずかしいですが」と前置きしている。(12) では，話し手は 10 年前の自分のサイトを公開しようとする際に「懐かしくて恥ずかしいですが」と前もって断っている。HP を参考にすることや，サイトを公開することはどちらも聞き手に不利益をもたらすと考えにくいものである。例では，話し手の控え目な態度を表すのに「ちょっと私なんかは対象外っぽくて恥ずかしいですが」や「懐かしくて恥ずかしいですが」のような，「〜ハズカシイデスガ」が使用されると思われる。言い換えれば，「〜ハズカシイデスガ」は聞き手に不利益をもたらす行動実行の前には使われにくいが，聞き手に不利益をもたらさない行動実行の前には使用されやすい。

3．複合型前置き表現が行動要求に用いられる場合

　話し手が聞き手にある行動の実行を求める場合，「キョウシュクデスガ」，「シツレイデスガ」，「ハズカシイデスが」，この 3 つ以外，それぞれの単純型と複合型の間には使用条件による相違がほとんど見られない。

　まず「〜ワルイケド」，「〜スミマセンガ」，「〜モウシワケアリマセンガ」，「〜オソレイリマスガ」，「〜センエツデスガ」，「〜カッテデスガ」は以下のような使用例が見られる。

(13)　　刑事，貞順を無視して中へ入っていく。

　　明花「けちな金ほしさに，アホな奴が多いわ」

　　　　　と，聞こえよがしに言う。

　　　　　刑事，作業する貼子たちの顔を，じっと見て回る。

　　　　　洋子の前に立ち止まる。

　　　　　目をあげず，じっと下をむく洋子。手が震えている。

　　　刑事「（優しく）<u>仕事中に悪いんだけどね，外国人登録証を見せて</u>
　　　　　　<u>くれませんか</u>」

　　　洋子「（たどたどしく）仕事中に，そんなもん持ってられるか。す
　　　　　　ぐ取って来たる。家，すぐそこヤ」

　　　　　と，立つなり，裏口へ逃げる。　　　（『潤の街』金秀吉・金佑宣）

(14)　祐子の声「（受話器から）昨日，お休みになっていたのに無理して出
　　　　　　てらしたんですが，お昼休みにひどい熱で……アパート
　　　　　　までお送りしたんですけどね。もしおいでになれたら奥
　　　　　　様にと思ったので」

　　　実加「（受話器に）母は急病です。今，倒れたんです。<u>ご迷惑おかけ</u>
　　　　　　<u>してるのにすみませんが，父にできるだけ早く連絡くれるよ</u>
　　　　　　<u>うに伝えて貰えませんか</u>。お願いします」

　　　祐子の声「（受話器から）まあ……お父様は夏風邪ですからあまりご
　　　　　　心配なく。必ずお伝えします。お大事に」

　　　実加「（受話器に）お願いします」　　　　　　（『ふたり』桂千穂）

(15)　　　希望，何気なく部屋の入口に目をやり，！
　　　　　着物姿も色っぽい中年女性が，そんな希望をポカンと見ていた。
　　　　　──佐竹小夏。

　　　　　希望，恥ずかしさに真赤になってしまう。

　　　小夏「<u>勉強中のところ大変申し訳ないんだけど，ピンチヒッター，</u>
　　　　　　<u>お願い</u>」

　　　希望「（困った顔で）……」

　　　小夏「急な宴会でね，頭数が足りないのよォ」

　　　希望「でも……」

　　　小夏「笑顔でお酒つぐだけ」　　　（『おヒマなら来てよネ！』伴一彦）

(16)　「<u>お忙しいところ恐れ入りますが，12月20日までに回答していただ</u>
　　　<u>くようお願い致します。</u>」　　　（http://www.cssc.jp/yobo/yobo08.html）

(17)　「たいした写真撮れてないので，<u>あまりエラソーなことを申し上げる</u>

第12章　複合型前置き表現の記述——単純型前置き表現と比較して　259

のは，誠に僭越ですが，我流ながら一応私の撮影データをよろしければご高覧ください。」（http://www.zorg.com/sup/forumd?tid=igjjknpu）

(18)　外村「……美也子さん」

　　　美也子「は……？」

　　　外村「あの夜のこと，どれだけ覚えてます？」

　　　美也子「ほとんど覚えてないんです……気がついたら部屋にいて
　　　　　　　……変だなと思って君江に聞いて初めて……」

　　　外村「……会えますか？君江さんに……」

　　　美也子「……こんなことしといて，勝手なようですけど……やめて
　　　　　　　いただけますか」

　　　外村「……」　　　　　　　　　　　　　　　　（『誘惑者』中島吾郎）

　上の例では，話し手は聞き手に行動の実行を要求する際に複合型前置き表現を用いている。(13) では，話し手は「外国人登録証を見せてくれませんか」と要求する際に「仕事中に悪いんだけどね」を用いている。(14) では，話し手は「父にできるだけ早く連絡くれるように伝えて貰えませんか」と求めるとき「ご迷惑おかけしてるのにすみませんが」を使用している。(15) では，話し手はピンチヒッターを頼む際に「勉強中のところ大変申し訳ないんだけど」を使っている。(16) では，話し手は 12 月 20 日までに回答するように求める際に「お忙しいところ恐れ入りますが」を用いている。(17) では，話し手は自分の撮影データを見てくださいと要求するとき「あまりエラソーなことを申し上げるのは，誠に僭越ですが」と断っている。(18) では，話し手は会うのをやめるように求める際に「こんなことしといて，勝手なようですけど」と前置きしいている。これらの例では複合型前置き表現はその使用条件がそれぞれに対応する単純型と一致しており，単純型でも使用できる。

　一方，次の例のように，「〜キョウシュクデスガ」と「キョウシュクデスガ」，「〜シツレイデスガ」と「シツレイデスガ」の場合は異なる。

(19)　「海外一人旅について。質問ばかりで恐縮ですがみなさんのエピソード，意見をお聞かせください。」

　　　　（http://detail.chiebukuro.yahoo.co.jp/qa/question_detail/q1133437756）

(20)　「この場をお借りして失礼ですがどなたか良い方法ご存知の方いらっしゃいましたらお教え頂ければ幸いです。」

　　　　（http://ttw.vis.ne.jp/log/log1212.html）

（19）では，話し手は意見などを求める前に「質問ばかりで恐縮ですが」を使用している。（20）では，話し手は良い方法を教えるように頼む際に「この場をお借りして失礼ですが」を使っている。聞き手に意見を求めることや，良い方法を教えてもらうことは，この行動要求を通して話し手が何らかの利益を得るものと思われる。この2つの例では，それぞれ「質問ばかりで恐縮ですが」と「この場をお借りして失礼ですが」が用いられている。

　これらの例により，「キョウシュクデスガ」や「シツレイデスガ」は「第7章　行動要求に用いられる前置き表現の記述（1）――諸形式の使用条件について」で述べたように，話し手が利益を得る行動要求の前に使用されにくいが，その複合型はそれに続く行動要求の性格に制御されずに使用される，とうかがえる。

　一方，行動要求が後続する場合，単純型の「ハズカシイデスガ」は用いられにくいが，複合型の「～ハズカシイデスガ」は使用されることがある。たとえば，以下のようなものである。

（21）　「未熟すぎて恥ずかしいですがよろしければ…ご笑覧ください…」

（http://twitter.com/machino55）

（22）　「自分の中で結構かぶっていたりして恥ずかしいですが…いつでも読みに来てください～。」

（http://y30.net/nikuP55/nicky.cgi?DATE=200703?MODE=MONTH）

　（21）では，話し手は自分のブログを見てくださいと求める前に「未熟すぎて恥ずかしいですが」と前置きしている。（22）では，話し手は自分が書いた漫画ブログを読んでくださいと求める際に「自分の中で結構かぶっていたりして恥ずかしいですが」と前もって断っている。これらの行動要求は聞き手に何らかの不利益をもたらすものとは考えにくく，自分の作品などを聞き手に見せるといった一種の提供，すなわち聞き手に利益をもたらす行動に相当するものと思われる。例では「未熟すぎて恥ずかしいですが」，「自分の中で結構かぶっていたりして恥ずかしいですが」のような「～恥ずかしいですが」が用いられていることにより，複合型の「～ハズカシイデスガ」は聞き手に利益をもたらすと思われる行動要求が後続する場合使用されることがある，ということがわかる。

4．複合型前置き表現が情報伝達に用いられる場合

　話し手が聞き手に情報を伝える場合，「オソレイリマスガ」と「～オソレイリ

マスガ」の間にのみ使用条件の相違が見られる。

　まず、「〜ワルイケド」、「〜スミマセンガ」、「〜モウシワケアリマセンガ」、「〜キョウシュクデスガ」、「〜シツレイデスガ」、「〜センエツデスガ」、「〜カッテデスガ」、「〜ハズカシイデスガ」の使用例を以下にあげる。

(23)　トドミ「小説読んでもどこかいじましくて」

　　　　メケハ「(憤然として) そ，そ，そんなことないわよ！」

　　　　カチコ「あら，賞をとってない作家がパトロンだからって，そう怒らなくてもいいでしょ」

　　　　メケハ「何ですって！」

　　　　眉子「およしなさい (とたしなめる)」

　　　　加茂「いろいろな作家がいるけど，やはり大別して，賞をとらなくてもなんとかやっていける作家と，とらない限りどうにもならん人がいますねえ……<u>言っちゃ悪いけどあなたの場合ははっきりと後者なんだ</u>」

　　　　市谷「(ドキッとして) そ，そうでしょうか」

　　　　　　　　　　(『文学賞殺人事件・大いなる助走』志村正浩・掛札昌裕・鈴木則文)

(24)　京子「いつよ，何年何月何日？何時何分何秒？」

　　　　涼介「お前は小学生か」

　　　　京子「あーッ，お前って言った」

　　　　聖也「あのう，<u>お取り込み中すみませんが</u>，<u>話がずれてるような気がするんですが</u>」

　　　　涼介「(聖也に) あんた，誰？」

　　　　聖也「あんた，って……リーダーに向かってそれはないでしょ」

　　　　涼介「誰なんだよ」　　　　　　　　　　　　　　　　　(『喰いタン』伴一彦)

(25)　紀子「病院長は積極的に暴力追放運動に参加しています。暴力団に身代わりを頼んだのも，運転していた男でしょう」

　　　　矢島「しかし，証拠は何もない。車の盗難届はちゃんと出されているのか，自首した男の当日の動きを取材してくれ」

　　　　紀子「はい」

　　　　相沢「(腰を上げ) いいお返事ですね，白石さん」

　　　　みんな「……」

　　　　相沢「<u>口を挟んで申し訳ないけどねえ</u>，<u>大前提が間違ってる気がす</u>

　　　　るんですよ」

　　矢島「どういう意味だ」

　　相沢「お前らは全員なんの疑いもなくたれ込み電話を真実だと思っ

　　　　て動いてる」　　　　　　　　　（『ストレートニュース』伴一彦）

(26)　涼子「私があの人にどんな感情を持っているか，刑事さん，よくご

　　　　存じじゃありませんか。もしそんな事があったら真っ先にお

　　　　知らせしますわ」

　　宇崎「そうでしたな」

　　　　宇崎は，涼子の表情から身体のすみまで，嘗め回すように見つ

　　　　める。

　　宇崎「しかしですな，奥さん。夫婦というのは奇妙なものでしてね

　　　　……これは私事で恐縮ですが，実は私は女房と初めから気が

　　　　合わなかった。ですがお互い我慢して長年連れ添いました。

　　　　だからしょっちゅう喧嘩ばかりです。（後略）」

　　　　　　　　　　　　　　　　　　　　　　　（『笑う蛙』成島出）

(27)　「ちなみにこんな事を言って失礼ですが，「子」（韓国語読みで「ジャ」）

　　　という漢字のつく名前は韓国ではちょっとダサく思われるそうで

　　　す。」　　　　　　　（http://oshiete.searchina.ne.jp/qa683139.html）

(28)　「本会での経験の浅い私が申しあげるのは僭越ですが，学会運営の仕

　　　組みと体制，論文や発表の量と質，若手の育成体制，国際的活動な

　　　ど，改善すべき点が多々あるのではないでしょうか。」

　　　　　　　　　（http://www.e-jisso.jp/publish/journal/pdf/115/11050000.pdf）

(29)　「きっと，復活を望んで曲を聴きたがってる人は多いと思います！結

　　　局は欲の塊かもしれませんが，できればその好意を受け取りたいで

　　　す。こんな事言って勝手ですが，待ってます。」

　　　　　　　　　　　　（http://6304.teacup.com/aiken/bbs/17）

(30)　　　竜太郎，ホッとため息。

　　　　と――

　　　　そこへ美人のスチュワーデスが通りかかった。

　　竜太郎「（思わず）あ，キミ……」

　　美人スチュワーデス「なにか？」

　　竜太郎「（瞠めて）あのう……この歳になって恥ずかしいんですが，

飛行機, 苦手なんです。話し相手になっていただけますか?」

美人スチュワーデス「(微笑で) 喜んで……」

竜太郎も微笑する。

（『パパはニュースキャスター Special』伴一彦）

上の例は, すべて話し手が聞き手に情報を伝える前に複合型が用いられるものである。(23) では, 話し手は聞き手のことを「賞をとらないとどうにもならない人だ」と指摘する前に「言っちゃ悪いけど」と前もって断っている。(24) では, 話し手は「話がずれている」と指摘する際に「お取り込み中すみませんが」と前置きしている。(25) では, 話し手は「大前提が間違っている」と指摘するとき「口を挟んで申し訳ないけど」と前もって断っている。(26) では, 話し手は「実は私は女房と初めから気が合わなかった」という自身のことについて語る際に「私事で恐縮ですが」を使って断っておいた。(27) では, 話し手は「「子」(韓国語読みで「ジャ」) という漢字のつく名前は韓国ではちょっとダサく思われるそうだ」という意見を出す際に「こんな事を言って失礼ですが」と前置きしている。(28) では, 話し手は自分の意見を訴える前に「本会での経験の浅い私が申しあげるのは僭越ですが」とその場にいる人に配慮を払っている。(29) では, 話し手は「待っている」と聞き手に伝えるとき「こんな事言って勝手ですが」を用いて前置きしている。(30) では, 話し手は「飛行機が苦手だ」と自分のことを語る際に「この歳になって恥ずかしいんですが」を用いて断っている。これらの例では複合型前置き表現はその使用条件がそれぞれに対応する単純型と一致しており, 単純型でも使用できる。

一方, 「〜オソレイリマスガ」と「オソレイリマスガ」の場合は違う。「オソレイリマスガ」は「第 9 章情報伝達に用いられる前置き表現の記述（1）——諸形式の使用条件について」で述べたように, 話し手が自分自身の情報を伝える際に用いられにくい。それに対して, 「〜オソレイリマスガ」は次の例のように使用することができる。

(31) 「私事に触れて恐れ入りますが, 私は昭和 15 年地元の旧制高知高等学校に入学しました。入学当時は日中の紛争は続いていても, それほど緊迫した状態ではなく, 伝統的な自由奔放な高校生活を送ることが出来ました。」

（http://www-sdc.med.nagasaki-u.ac.jp/n50/nishimori/nishimori1-sjis.html）

(31) では, 話し手は「私事に触れて恐れ入りますが」を用いて前置きしてから,

「昭和15年地元の旧制高知高等学校に入学した」という自分自身の情報を伝えている。この例は確かに話し手が自分自身の情報を伝えるものである。しかし,「私事に触れて恐れ入りますが」のとおりに,話し手は発話の内容のために断るのではなく,その内容の発話をすること自体に対して前置きをとっていると考えられる。この例により,「〜オソレイリマスガ」は話し手が自分自身の情報を伝える場合にでも,発話そのものに対して前もって断るのに用いられることがある,ということが察せられる。

５．複合型前置き表現が情報要求に用いられる場合

話し手が聞き手に情報を求める場合,「〜スミマセンガ」,「〜キョウシュクデスガ」,「〜シツレイデスガ」,「〜センエツデスガ」,「〜カッテデスガ」はそれぞれに対応する単純型との間には使用条件の相違が見られない。単純型と同じように,「〜スミマセンガ」,「〜キョウシュクデスガ」,「〜シツレイデスガ」は用いられやすいが,「〜センエツデスガ」と「〜カッテデスガ」は使用されにくい。

一方,「〜ワルイケド」,「〜モウシワケアリマセンガ」,「〜オソレイリマスガ」,「〜ハズカシイデスガ」は,それぞれの単純型が使用されにくいのに対し,情報要求の前に用いられやすい。

まず「〜スミマセンガ」,「〜キョウシュクデスガ」,「〜シツレイデスガ」の使用例を以下にあげる。

(32)　　　　あてもなく歩き回る京子。

　　　　　　閉店していく。

　　　　　　ビルのすみで伝言ダイアルをしている京子。

　　　京子の声「<u>突然ですいませんが</u>,矢野静香さんて言う人を探しています。誰か知りませんか？」

　　　　　　　　　　　　　　（『ごきげんいかが？テディベア』藪内広之）

(33)　　　　画面に,四十年配の温厚そうな操縦士が映る。

　　　アナ「……今日は大任で,ご苦労さまです。<u>はじめに素人っぽい質問で恐縮ですが</u>,一般の中には一トンも積んで飛べるだろうか,と心配してるむきもあるようです。<u>重たくはないんですか？</u>」

　　　高野「<u>重たいです。</u>それに九百キロ分の燃料を満載してますから,

第12章　複合型前置き表現の記述——単純型前置き表現と比較して　265

とても重たいです……でも」

アナ「……でも？」

高野「任務の方がもっと重たいです」

(『大誘拐—RAINBOW KIDS』岡本喜八)

(34)　　　隣のテーブルで食事をしている初老の紳士が声をかけてくる。

初老の紳士「<u>お食事中に大変失礼なのですが</u>……あなたが，"喰いタ
ン"ですか？」

京子「！？ご存じなんですか？」

初老の紳士「やはりそうですか。先程から拝見していたのですが，
見事な健啖ぶり」

涼介「何，ケンタンって」

金田一少年「たくさん食べること」

聖也「ありがとうございます。もしかして，何かお困りですか？」

(『喰いタン』伴一彦)

　(32)では，話し手は「突然ですいません
が」を用いて「矢野静香さんて言う人を探しています。誰か知りませんか？」と情報を尋ねている。(33)では，話し手は「はじめに素人っぽい質問で恐縮ですが」と断ってから聞き手に情報を求めている。(34)では，話し手は「お食事中に大変失礼なのですが」を前置きしてから聞き手の身分を尋ねている。これらの例では，それぞれ用いられた複合型と対応する単純型の使用も許容されやすい。

　また，以下の例のように，「ワルイケド」，「モウシワケアリマセンガ」，「オソレイリマスガ」，「ハズカシイデスガ」は情報伝達に用いられにくいにもかかわらず，それらの複合型は使用されやすい。

(35)　　　１９９６・６・２

美佳「そのおばさんは，すごく丁寧にあたしにお礼を言いました。
それから，……」。

３７Ｄマンションの表・東門近く

１９９６・早春

おばさん「……<u>ついでで悪いんですけどね</u>，<u>この近くに郵便局はあ
るかしら</u>」。

３７Ｅ同・東門近く

１９９６・６・２

美佳「郵便局なら東門を出てすぐ左に曲り，二つ目の交差点を渡った先にありますよと教えると，おばさんは頼りなさそうな感じで復唱し，門に向って歩いて行きました，車椅子のおばあさんの方はずっとにこにこしてたけど，口はききませんでした。目に涙がにじんでて，あんまりよく見えないような感じだった」。

（『理由』大林宣彦・石森史郎）

(36) 「基本的な質問で悪いけど，司法試験は論述オンリーなの？」

（http://twitter.com/hosori/status/6483061617）

　上の例はどちらも話し手が聞き手と関連しない一般情報について尋ねているものである。(35) では，話し手は郵便局の場所の情報を聞き手に求めているが，その前に「ついでで悪いんですけど」を用いている。(36) では，話し手は司法試験の形式に関する情報を聞き手に尋ねているが，その前に「基本的な質問で悪いけど」を前置きしている。

(37) 　　　しのぶ，チャイムを鳴らす。

　　　妻らしき女の声「はい」

　　　しのぶ「（慇懃無礼に）ご家族水入らずのところ大変申し訳ありませんが，ご主人いらっしゃいますでしょうか。お返ししたいものがありまして，やってまいりした」

　　　妻らしき女の声「どちら様ですか？」

（『世界で一番長いキス』伴一彦）

(38) 「無知で申し訳ありませんが，楽器のマリンバは折り畳みはできるのでしょうか？老人ホームなどの行事に呼べるか検討中なのですが，予算や駐車スペースの関係で電車やバスで移動できるものなのか知りたいのです。」

（http://detail.chiebukuro.yahoo.co.jp/qa/question_detail/q1033929205）

　上の例は複合型「〜申し訳ありませんが」が用いられたものである。(37) の場合，話し手は「ご家族水入らずのところ大変申し訳ありませんが」を前もって使用してから「訪ねる人がいるかどうかについて情報を求めている。(38) の場合，話し手は「無知で申し訳ありませんが」と言って断ってから楽器のマリンバに関する情報を尋ねている。

(39) 「また，重ねて恐れ入りますが，セキュリティソフトの設定を変更されたような場合に，PCの再起動はして頂けましたでしょうか。」

（http://csbbs.ninja.co.jp/Thread_View/19872/）

(40) 「初歩的なことが解っていなくて恐れ入りますが，Wi-Fi で出来ることは，何ですか？」 （http://questionbox.jp.msn.com/qa5342939.html）

上の例は複合型「〜恐れ入りますが」が使用されたものである。（39）の場合，話し手は「重ねて恐れ入りますが」を前置きした後聞き手の PC 操作をめぐって情報を求めている。（40）の場合，話し手は「初歩的なことが解っていなくて恐れ入りますが」を用いて断ってから Wi-Fi で出来ることに関する情報を要求している。

(41) 「こんなこと聞くのは恥ずかしいのですが，飲食店でお店を出るときにみなさんはなんて言ってお金を払っていますか？レシートがあればそれをレジまでもっていけばいいですが，その場で払わないといけない場合がありますよね？？「ごちそうさま」「お勘定」とか周りは言っていますが，もっと他にしっくりくる言い方があれば教えてください。」 （http://knezon.knecht.jp/question/1411976?l=0）

(42) 「初歩的な質問で恥ずかしいですが 1 フロア 3 戸のアパートです。3 戸分の GV，メーター，DV が PS に配管されています。各戸 DV 以降の配管ですがそれぞれ 3 個の DV からホッパーに落とさないとダメですか？途中で繋いで 1 本にして落とすといけませんか？」

（http://www.setsubi-forum.jp/cgi-bin/c-board/data/construction/log/tree_1558.htm）

上の例は複合型の「〜恥ずかしいですが」が用いられたものである。（41）では，話し手は飲食店でお店を出るときのあいさつについて聞き手に情報を求めているが，その前に「こんなこと聞くのは恥ずかしいのですが」を前置きしている。（42）では，話し手はアパートの DV 配管に関する情報を尋ね求めているが，その前に「初歩的な質問で恥ずかしいですが」を用いて断っている。

　これらの例では，複合型前置き表現はいずれも話し手が聞き手に情報を求めようとするこの行動に対して発せられたものと思われる。（35）の「ついでで悪いんですけど」，（37）の「ご家族水入らずのところ大変申し訳ありませんが」，（38）の「重ねて恐れ入りますが」は情報要求を行なうタイミングのために前もって断るものであるが，（36）の「基本的な質問で悪いけど」，（38）の「無知で申し訳ありませんが」，（40）「初歩的なことが解っていなくて恐れ入りますが」，（41）の「こんなこと聞くのは恥ずかしいのですが」，（42）の「初歩的な質問で恥ずかしいですが」はいずれも情報要求という行動そのものに対する前置きで

ある。これらの例からも，情報要求が後続する場合，複合型前置き表現は単純型ほど次に求めようとする情報の性格に制御されずに，より豊富な表現形式で使用されるということが示唆された。

６．複合型前置き表現の記述のまとめ

本章では「〜ワルイケド」，「〜スミマセンガ」，「〜モウシワケアリマセンガ」，「〜オソレイリマスガ」，「〜キョウシュクデスガ」，「〜シツレイデスガ」，「〜センエツデスガ」，「〜カッテデスガ」，「〜ハズカシイデスガ」はそれぞれの単純型と，後続情報による使用条件においてどのような相違があるかを明らかにした。その結果は次の表 12.1 にまとめた。

表12.1 複合型前置き表現と単純型前置き表現を比較した結果

	行動実行		行動要求		情報伝達		情報要求
ワルイケド	○		○		○		×
〜ワルイケド	○		○		○		○
スミマセンガ	○		○		○		○
〜スミマセンガ	○		○		○		○
モウシワケアリマセンガ	○		○		○		×
〜モウシワケアリマセンガ	○		○		○		○
オソレイリマスガ	聞き手に利益をもたらす行動実行	×	○		話し手自身の情報の伝達	×	×
〜オソレイリマスガ		○	○			○	○
キョウシュクデスガ	○		話し手が利益を得る行動要求	×	○		○
〜キョウシュクデスガ	○			○	○		○
シツレイデスガ	聞き手に利益をもたらす行動実行	×	話し手が利益を得る行動要求	×	○		○
〜シツレイデスガ		○		○	○		○
センエツデスガ	○		○		○		×
〜センエツデスガ	○		○		○		×
カッテデスガ	○		○		○		×
〜カッテデスガ	○		○		○		×
ハズカシイデスガ	○		話し手が利益を得る行動要求	×	○		×
〜ハズカシイデスガ	○			○	○		○

終　章

1．本研究の結論

　本研究では，日本語の前置き表現を体系的に記述することを目指して，170本のシナリオと『朝日新聞記事 2000 データベース』（1 ～ 6 月分）から抽出した使用例，Google 検索から出た使用例を基に，日本語の前置き表現の構造的特徴，談話機能，及び文体的特徴を明らかにした。そして，丁重さを表すのによく用いられる「ワルイケド」，「スミマセンガ」，「モウシワケアリマセンガ」，「オソレイリマスガ」，「キョウシュクデスガ」，「シツレイデスガ」，「センエツデスガ」，「カッテデスガ」，「ハズカシイデスガ」，「オヨバズナガラ」を中心に，後続情報による使用条件と，同じ使用条件に用いられる各表現形式の使い分けを記述してきた。

　本書では，序章で示した研究の目的にそって，本研究の結果をまとめる。なお，本研究の目的を以下に再掲する。

　　①　日本語の前置き表現の構造的特徴を明らかにすること。
　　②　日本語の前置き表現の談話機能を明らかにすること。
　　③　日本語の前置き表現の文体的特徴を明らかにすること。
　　④　後続情報による前置き表現の諸形式の使用条件を明らかにすること。
　　⑤　丁寧さの観点から同じ後続情報の使用条件に用いられる前置き表現の諸形式の使い分けを明らかにすること。

1．1．前置き表現の構造的特徴

　前置き表現は構造からみれば，前置き表現の部分が決まった表現形式で，かつひとつの節だけで成った「単純型」と，前置きを用いる原因や理由を含む部分が「単純型」と複合して成った「複合型」の 2 種類に分かれる。

　「単純型」はその表現形式が様々であるが，大きくまとめると，3 つのタイプのものがある。

　　a　接続助詞「ガ」や「ケレドモ」がつくもの
　　b　「ナガラ」などがつくもの
　　c　「言い切り」タイプのもの

「複合型」は前置きを用いる原因や理由を含む部分と「単純型」のつなげ方から，大きく4つのタイプのものに分けられる。

 ⅰ　「テ」によってつなげられるもの

 ⅱ　「タラ」や「ト」によってつなげられるもの

 ⅲ　「ノハ」や「ノモ」によってつなげられるもの

 ⅳ　「〜トコロ」や「〜中」などによってつなげられるもの

1．2．前置き表現の談話機能

　本研究では，前置き表現は言語行動における配慮により発せられるものであり，表現に含まれる配慮の種類によって，「人間関係への配慮」を表すものと「ディスコースの伝達性への配慮」を表すものとに2分できると考え，前置き表現を「対人配慮型」と「伝達性配慮型」とに分類した。

　「対人配慮型」前置き表現は，主に聞き手との人間関係を良好に維持するための配慮を表現するものであり，その配慮はどうやって表現されるかによって，さらに細分化できる。具体的には，「丁重付与」，「自己援護」，「理解表明」，「釈明提示」の4種類に分けられる。「対人配慮型」前置き表現は，聞き手に対する配慮を表すことによって聞き手との人間関係を良好に維持しながら，後続する発話行為によるフェイス・リスクを軽減し，円滑なコミュニケーションを保つ機能を有する。

　「伝達性配慮型」前置き表現は，主に効率よくコミュニケーションを図るための配慮を表現するものであり，その配慮はどうやって表現されるかによって，さらに細分化できる。具体的には，「話題提示」，「様態提示」，「情報提示」の3種類に分けられる。「伝達性配慮型」前置き表現はコミュニケーションにおいて話し手が求められる伝達性への配慮，すなわち伝達情報がより効率よく伝わるよう伝達そのものへの配慮を表現するという機能を果たしており，コンテクストに応じて使用される。

1．3．前置き表現の文体的特徴

　前置き表現の定義及び談話機能的分類に基づき，データコーパスを利用して，前置き表現の文体的特徴を探った。具体的には，受信者が特定単数である会話

文と，受信者が不特定多数である投書を調査対象に，会話文と投書の文体違い
によって前置き表現の使用傾向に相違があるか否かを調査し，その相違を記述
した。

　まず，調査では，以下の結果を得た。

　会話文の場合，「対人配慮型」と「伝達性配慮型」前置き表現の使用例はそれ
ぞれ 65 例と 47 例である。その使用割合はそれぞれ 58% と 42% である。一方，
投書の場合，「対人配慮型」と「伝達性配慮型」前置き表現の使用例はそれぞれ
27 例と 81 例である。その使用割合はそれぞれ 25% と 75% である。

　また，前置き表現の下位分類のうち，「丁重付与」，「自己援護」，「理解表明」，
「釈明提示」の 4 種類の使用はいずれも会話文のほうが投書より多かったが，「話
題提示」，「情報提示」，「様態提示」の 3 種類は，いずれも会話文より投書のほ
うが多かった。

　この調査により，会話文のような，特定単数が相手のインターアクションの
場合，発信者が伝達性にも気を使いながら，受信者及び対人関係に配慮を払う
ため，前置き表現の使用は種類を問わず豊富になるが，投書のような，相手が
不特定多数で一方通行の発信の場合，対人的な配慮より伝達効果への気配りの
ほうが大きくなるので，対人配慮を表す前置き表現の使用はその種類も数も少
なく，伝達性への配慮を表す前置き表現がより用いられやすい，という前置き
表現の文体的特徴が推察できた。

1．4．後続情報による前置き表現の諸形式の使用条件

　本研究では，言語コミュニケーションを単純に分類するのなら，行動の実現
を目的とするやり取りと単に情報の交換を目的とするやり取りとに分けること
ができるのではないかと考え，Halliday の発話機能論を援用して前置き表現の
次にくる後続情報を分析し，考察した。

　具体的には，まず行動の実現を目的とするやり取りの場合，話し手が自らあ
る行動を起こす，すなわち「行動実行」と，聞き手にある行動を起こしてもら
う，すなわち「行動要求」の 2 パターンに分ける。次に単なる情報の交換を目
的とするやり取りの場合，話し手が自らある情報を聞き手に伝える，すなわち
「情報伝達」と，聞き手から自分に欠けている情報を教えてもらう，すなわち「情
報要求」の 2 パターンに分ける。さらにこれら 4 種類の後続情報に基づいて記

述を進めた。

その結果，「ワルイケド」，「スミマセンガ」，「モウシワケアリマセンガ」，「オソレイリマスガ」，「キョウシュクデスガ」，「シツレイデスガ」，「センエツデスガ」，「カッテデスガ」，「ハズカシイデスガ」，「オヨバズナガラ」の後続情報による使用条件は次の表のようにまとめることができる。

表1　行動実行が後続する場合の前置き表現の諸形式の使用条件

使用条件／表現形式	① 聞き手に不利益をもたらす行動実行	② 聞き手の要求に逆らう行動実行	③ 聞き手に対して礼儀を欠く行動実行	④ 聞き手に不利益をもたらさない行動実行	⑤ 聞き手に利益をもたらす行動実行
ワルイケド	○	○	×	×	×
スミマセンガ	○	○	×	×	×
モウシワケアリマセンガ	○	○	×	×	×
オソレイリマスガ	○	×	×	×	×
キョウシュクデスガ	○	×	×	○	×
シツレイデスガ	×	×	○	×	×
センエツナガラ	×	×	×	○	×
カッテデスガ	○	×	×	○	×
オヨバズナガラ	×	×	×	×	○

表2　行動要求が後続する場合の前置き表現の諸形式の使用条件

使用条件／表現形式	① 話し手が利益を得る行動要求	② 話し手が職務を遂行するための行動要求	③ 聞き手の行動に対する修正や禁止の行動要求	④ 聞き手の私的領域に踏み込むような行動要求
ワルイケド	○	×	○	×
スミマセンガ	○	×	○	×
モウシワケアリマセンガ	○	×	○	×
オソレイリマスガ	○	○	×	×
キョウシュクデスガ	×	○	×	×
シツレイデスガ	×	×	○	○
センエツナガラ	○	○	×	×
カッテデスガ	○	×	×	×

表3　情報伝達が後続する場合の前置き表現の諸形式の使用条件

使用条件／表現形式	① 聞き手に不利益をもたらす情報の伝達		② 聞き手に対する評価的情報の伝達	③ 聞き手に非礼である出来事の情報の伝達	④ 話し手自身に関連する情報の伝達
	話し手の個人的都合による不利益の場合	話し手の職務上の原因による不利益の場合			
ワルイケド	○	×	○	×	×
スミマセンガ	○	×	×	×	×
モウシワケアリマセンガ	○	○	×	×	×
オソレイリマスガ	×	○	×	×	×
キョウシュクデスガ	×	○	×	×	○
シツレイデスガ	×	×	○	○	×
センエツナガラ	×	×	○	×	○
カッテデスガ	×	○	×	×	○
ハズカシイデスガ	×	×	×	×	○

終　章　275

表4　情報要求が後続する場合の前置き表現の諸形式の使用条件

	①聞き手に関わらない一般情報を要求する	②聞き手に関するもので，プライバシーにかかわらない情報を要求する	③聞き手のプライバシー領域に属する情報を要求する
スミマセンガ	○	×	×
キョウシュクデスガ	×	○	×
シツレイデスガ	×	×	○

　また，単純型前置き表現との比較を通して，複合型前置き表現とそれに対応する単純型前置き表現は後続情報による使用条件にはどのような相違があるかについても考察を行なった。その結果，以下のことが明らかになった。

　　i　行動実行が後続する場合

　聞き手に利益をもたらす行動実行の前には「オソレイリマスガ」，「シツレイデスガ」が用いられにくいのに対し，複合型の「〜オソレイリマスガ」，「〜シツレイデスガ」は使用されやすい。また，複合型の「〜ハズカシイデスガ」は「ハズカシイデスガ」と違って，行動実行の前に用いられることがある。

　　ii　行動要求が後続する場合

　「キョウシュクデスガ」，「シツレイデスガ」，「ハズカシイデスガ」は話し手が利益を得る行動要求の前には用いられにくいが，複合型の「〜キョウシュクデスガ」，「〜シツレイデスガ」，「〜ハズカシイデスガ」は使用することができる。

　　iii　情報伝達が後続する場合

　「オソレイリマスガ」は話し手が自分自身の情報を伝える際に用いられにくいが，複合型の「〜オソレイリマスガ」は話し手が自分自身に関する情報を伝達する際に用いられることがある。

　　iv　情報要求が後続する場合

　複合型の「〜ワルイケド」，「〜モウシワケアリマセンガ」，「〜オソレイリマスガ」，「〜ハズカシイデスガ」は，それぞれの単純型が使用されにくいのに対し，情報要求の前には用いられやすい。

1.5. 同じ使用条件における前置き表現の諸形式の使い分け

　本研究では，ディスコースにおいては，話し手がどのような待遇意識で会話に臨むかによって用いる表現は選択され，発せられると考える。話し手は待遇上で聞き手を位置づけ，言語表現を選択するのである。その一方で，発話の際に，フォーマルな場であるか，それともインフォーマルな場であるかによっても言語表現の選択が異なる。つまり，相手に向かって発話する際に，「上下関係」，「親疎関係」，「場」の3要素を総合的に考慮しながら，その中のいずれかが優先されて言語表現が決まるのである。したがって，本研究では，敬語理論を援用して，「場」・「親疎関係」・「上下関係」の3側面から，同じ使用条件における前置き表現の使用相違を明らかにした。

　なお，情報要求が後続する場合，その情報要求の性格によって各使用条件に一形式しか用いられないため，以下行動実行，行動要求，情報伝達が続く場合の使用条件における前置き表現の諸形式の相違をまとめる。その結果は次の表5，6，7のとおりである。

表5 行動実行が続く場合の使用条件における前置き表現の諸形式の相違

	インフォーマル				フォーマル		
	親	疎			親	疎	
		聞き手が目下	上下関係を持たず	聞き手が目上		上下関係を持たず	聞き手が目上
「聞き手に不利益をもたらす行動実行」が続く場合							
ワルイケド	○	○	○	×	×	×	×
スミマセンガ	×	○	○	○	×	×	×
モウシワケアリマセンガ	×	×	×	○	×	○	○
オソレイリマスガ	×	×	×	×	×	×	○
キョウシュクデスガ	×	×	×	×	×	×	○
カッテデスガ	×	×	×	×	×	×	○
「聞き手の要求に逆らって不利益をもたらす行動実行」が続く場合							
ワルイケド	○	○	×	×	×	×	×
スミマセンガ	×	×	○	×	×	×	×
モウシワケアリマセンガ	×	×	×	○	×	○	○
「聞き手に不利益をもたらさない行動実行」が続く場合							
キョウシュクデスガ	×	×	×	×	×	×	○
センエツデスガ	×	×	×	×	×	×	○
カッテデスガ	×	×	○	×	×	×	×

表6　行動要求が続く場合の使用条件における前置き表現の諸形式の相違

	インフォーマル				フォーマル		
	親	疎			親	疎	
		聞き手が目下	上下関係を持たず	聞き手が目上		上下関係を持たず	聞き手が目上
「話し手が利益を得る行動要求」が続く場合							
ワルイケド	○	○	×	×	×	×	×
スミマセンガ	×	○	○	○	×	×	×
モウシワケアリマセンガ	×	×	○	○	×	○	○
オソレイリマスガ	×	×	○	○	×	○	○
センエツデスガ	×	×	×	×	×	○	○
カッテデスガ	×	×	○	×	×	×	○
「話し手が職務を遂行するための行動要求」が続く場合							
オソレイリマスガ	×	×	○	○	×	×	×
キョウシュクデスガ	×	×	×	×	×	○	○
センエツデスガ	×	×	×	×	×	○	○
「聞き手の行動をめぐる修正や禁止の行動要求」が続く場合							
ワルイケド	○	○	○	×	×	×	×
スミマセンガ	×	○	○	×	×	○	×
モウシワケアリマセンガ	×	×	×	×	×	○	○
シツレイデスガ	×	×	×	○	×	○	○

表7　情報伝達が続く場合の使用条件における前置き表現の諸形式の相違

	インフォーマル				フォーマル		
	親	疎			親	疎	
		聞き手が目下	上下関係を持たず	聞き手が目上		上下関係を持たず	聞き手が目上
「聞き手に不利益をもたらす情報の伝達」が続く場合							
ワルイケド	○	○	×	×	×	×	×
スミマセンガ	○	×	○	×	×	×	×
モウシワケアリマセンガ	×	×	×	○	×	○	○
オソレイリマスガ		×	×	×	×	○	○
キョウシュクデスガ		×	×	×	×	○	○
カッテデスガ		×	×	×	×	○	○
「聞き手に対する評価的情報の伝達」が続く場合							
ワルイケド	○	×	×	×	×	×	×
シツレイデスガ	×	×	○	○	×	×	×
センエツデスガ	×	×	○	○	×	○	○
「話し手自身に関する情報の伝達」が続く場合							
キョウシュクデスガ		×	×	×	×	○	○
センエツデスガ		×	×	×	×	○	○
カッテデスガ	×	×	○	○	×	×	×
ハズカシイデスガ	×	×	○	○	×	×	×

2．今後の課題

　本研究は後続情報と丁寧さの2つの視点から日本語の前置き表現の体系的記述を目指しているが，今回の考察は必ずしもそれらすべてをカバーできたとは言えない。より詳しく考察すべき課題が未だ多く残されている。

　管見の限り，これまでの前置き表現の研究は，前置き表現そのものに集中し

ており，それに後続する情報も視野に入れた研究はほとんどなかった。今回，本研究は，前置き表現に後続する情報に注目して，後続情報に基づいて丁重付与前置き表現の諸形式を中心に考察し，記述を行なったが，その他の前置き表現に関する記述はまだ不十分である。

また，今回ポライトネス理論を用いた前置き表現の使用の解明も試みた。その結果，対人配慮型前置き表現の解明はほぼできたが，伝達性配慮型前置き表現にも当てはまるとは言い難い。そして，伝達性配慮型前置き表現に関しては，ポライトネス理論より会話の原理から説明したほうがより合理的だということも明らかとなった。今後，日本語の前置き表現の全体像を解明するための研究方法と理論的な裏付けをさらに検討する必要がある。

一方，日本語教育のための研究を目指すとしても，日本語学習者の母語言語との対照研究を念頭に入れて考えなければならない。特に，現在中国語を第一言語とする留学生は日本国内の留学生総数の7割以上を占めており，今後さらに増加すると見込まれている。そのため，日中対照研究をより一層体系的に行なった成果を生かして学習者の第一言語によるプラスの転移とマイナスの転移を体系的にとらえ，学習者に対する理想的，かつ効果的な日本語教育が求められている。

また，日本語教育の現場から多くの学習者にとって前置き表現の習得が困難だと報告されている。その原因に学習者の第一言語による転移が考えられる。中国語の場合，日本語の「悪いけど」，「すみませんが」，「申し訳ありませんが」といった前置き表現に対し，"对不起"，"不好意思"，"抱歉"のような前置き表現があり[2]，日中両言語の前置き表現は似たような談話機能を有する。しかし，後続情報によって使用条件などが必ずしも同じだとは限らない。そのため，日中両言語の前置き表現における使用条件の共通点・相違点を探究し，各表現形式の対応・非対応の関係を明らかにしておかない限り，学習者の前置き表現の回避や誤用を避けることはできない。しかし，それに対応する前置き表現の対照研究の成果はまだあまり見られないのが現状である。

したがって，中国語を第一言語とする日本語学習者の習得問題の解決策を模索するため，習得研究の基盤造りに対照研究を体系的に行なった上で，前置き表現を通してこれまで見られなかった日中両言語の言語行動における配慮表現のメカニズムを浮き彫りにすることが必要である。それを今後の課題としたい。

---

2 "对不起"，"不好意思"，"抱歉"は，中国語では相手に詫びるときによく使用する謝罪表現である。

用例出典

青山真治 『月の砂漠』シナリオ作家協会編『'03年鑑代表シナリオ集』映人社

旭井寧・井筒和幸 『宇宙の法則』シナリオ作家協会編『'90年鑑代表シナリオ集』
映人社

我孫子武丸 『かまいたちの夜』チュンソフト 1995年1月

市川森一 『異人たちとの夏』シナリオ作家協会編『'88年鑑代表シナリオ集』
映人社

市川森一 『伝言』1988年 TBS テレビ放送

一色伸幸 『病院へ行こう』シナリオ作家協会編『'90年鑑代表シナリオ集』映
人社

一色伸幸 『木村家の人びと』シナリオ作家協会編『'88年鑑代表シナリオ集』
映人社

伊藤康隆 『夏の約束』日本脚本家連盟『2003年テレビドラマ代表作選集』日
本脚本家連盟

井上正子 『義父のいる風景』日本脚本家連盟『2001年テレビドラマ代表作選集』
日本脚本家連盟

大林宣彦・石森史郎 『理由』シナリオ作家協会編『'04年鑑代表シナリオ集』
映人社

岡本喜八 『大誘拐─RAINBOW KIDS』シナリオ作家協会編『'91年鑑代表シナ
リオ集』映人社

桂千穂 『ふたり』シナリオ作家協会編『'91年鑑代表シナリオ集』映人社

木皿泉 『すいか』日本脚本家連盟『テレビドラマ代表作選集』2004年版

金秀吉・金佑宣 『潤の街』シナリオ作家協会編『'89年鑑代表シナリオ集』映
人社

経塚丸雄 『連弾』シナリオ作家協会編『'01年鑑代表シナリオ集』映人社

熊井啓 『日本の黒い夏（冤罪）』シナリオ作家協会編『'01年鑑代表シナリ
オ集』映人社

倉本聰 『北の国から2002遺言』日本脚本家連盟『2003テレビドラマ代表作
選集』日本脚本家連盟

小島康史 『らせんの素描』シナリオ作家協会編『'91年鑑代表シナリオ集』映

人社

崔洋一・鄭義信　『血と骨』シナリオ作家協会編『'04 年鑑代表シナリオ集』映
　　　　人社

斎藤博　『さわこの恋』シナリオ作家協会編『'90 年鑑代表シナリオ集』映人
　　　　社

島吾郎　『誘惑者』シナリオ作家協会編『'89 年鑑代表シナリオ集』映人社

清水有生　『お兄ちゃんの選択』1994 年 TBS テレビ放送

清水有生　『あかね空』日本脚本家連盟『2004 年テレビドラマ代表作選集」日
　　　　本脚本家連盟

志村正浩・掛札昌裕・鈴木則文　『文学賞殺人事件・大いなる助走』シナリオ作
　　　　家協会編『'89 年鑑代表シナリオ集』映人社

東海林のり子　『結婚ごっこ』1988 年よみうりテレビ放送

新藤兼人　『ふくろう』シナリオ作家協会編『'04 年鑑代表シナリオ集』映人社

じんのひろあき　『桜の園』シナリオ作家協会編『'90 年鑑代表シナリオ集』映
　　　　人社

周防正行　『シコふんじゃった。』シナリオ作家協会編『'92 年鑑代表シナリオ集』
　　　　映人社

田代広孝　『あふれる熱い涙』シナリオ作家協会編『'92 年鑑代表シナリオ集』
　　　　映人社

立松平和　『光の雨』シナリオ作家協会編『'01 年鑑代表シナリオ集』映人社

田中晶子　『日輪の翼』日本脚本家連盟『2000 年テレビドラマ代表作選集」日
　　　　本脚本家連盟

樽谷春緒・高橋華　『ジューンブライド』1995 年 TBS テレビ放送

鄭義信　『OUT』シナリオ作家協会編『'02 年鑑代表シナリオ集』映人社

冨川元文・天願大介・今村昌平　『赤い橋の下のぬるい水』シナリオ作家協会編
　　　　『'01 年鑑代表シナリオ集』映人社

中島哲也　『下妻物語』シナリオ作家協会編『'04 年鑑代表シナリオ集』映人社

中園健司　『楽園のつくりかた』日本脚本家連盟『2004 年テレビドラマ代表作
　　　　選集」日本脚本家連盟

中村義洋・鈴木謙一　『LAST SCENE』シナリオ作家協会編『'02 年鑑代表シナ
　　　　リオ集』映人社

成島出　『笑う蛙』シナリオ作家協会編『'02 年鑑代表シナリオ集』映人社

西岡琢也　『マリアの胃袋』シナリオ作家協会編『'90 年鑑代表シナリオ集』映
　　　　　人社
西荻弓絵　『グッドモーニング』1984 年から 1986 年までテレビ朝日放送
橋口亮輔　『ハッシュ！』シナリオ作家協会編『'01 年鑑代表シナリオ集』映人
　　　　　社
伴一彦　　『うちの子にかぎって』1984 年 TBS テレビ放送
伴一彦　　『パパは年中苦労する』1984-1988 年 TBS テレビ放送
伴一彦　　『うちの子にかぎって 2』1985 年 TBS テレビ放送
伴一彦　　『子供が見てるでしょ！』1985 年 TBS テレビ放送
伴一彦　　『なまいき盛り』1986 年フジテレビ放送
伴一彦　　『パパはニュースキャスター』1986 - 1987 年 TBS テレビ放送
伴一彦　　『パパはニュースキャスター Special』1987 年 TBS テレビ放送
伴一彦　　『世界で一番長いキス』1987 年フジテレビ放送
伴一彦　　『おヒマなら来てよネ！』1987 年フジテレビ放送
伴一彦　　『君の瞳に恋してる！』1989 年フジテレビ放送
伴一彦　　『島田太郎氏の災難』1989 年 NHK テレビ放送
伴一彦　　『愛と悲しみのキャッチホン』1991 年フジテレビ放送
伴一彦　　『逢いたい時にあなたはいない…』1991 年フジテレビ放送
伴一彦　　『バレンタインに何かが起きる（恋はストレート）』1991 年 TBS テレ
　　　　　ビ放送
伴一彦　　『スチュワーデス刑事 1』1997 年フジテレビ放送
伴一彦　　『スチュワーデス刑事 2』1998 年フジテレビ放送
伴一彦　　『双子探偵』1999 年 NHK 教育放送
伴一彦　　『ストレートニュース』2000 年日本テレビ放送
伴一彦　　『スチュワーデス刑事 5』2001 年フジテレビ放送
伴一彦　　『レッツゴー！永田町』2001 年日本テレビ放送
伴一彦　　『サイコドクター』2002 年日本テレビ放送
伴一彦　　『喰いタン』2006 年日本テレビ放送
伴一彦・尾崎将也　『WITH LOVE』1998 年フジテレビ放送
布施博一・深沢正樹・小林富美　『卒業写真』1997 年日本テレビ放送
古厩智之　『まぶだち』シナリオ作家協会編『'01 年鑑代表シナリオ集』映人社
松本功・田部俊行・工藤栄一　『泣きぼくろ』シナリオ作家協会編『'91 年鑑代

表シナリオ集』映人社

丸山昇一・高田純・宮田雪・那須真知子・高橋正康・米谷純一・小出一己・伴一彦 『探偵同盟』1981 年フジテレビ放送

万田珠実・万田邦敏 『UNLOVED』シナリオ作家協会編『'02 年鑑代表シナリオ集』映人社

三谷幸喜・東京サンシャインボーイズ 『12 人の優しい日本人』シナリオ作家協会編『'91 年鑑代表シナリオ集』映人社

三村千鶴 『潮騒の彼方から』日本脚本家連盟『2002 年テレビドラマ代表作選集」日本脚本家連盟

宮藤官九郎 『GO』シナリオ作家協会編『'01 年鑑代表シナリオ集』映人社

村上修 『ターン』シナリオ作家協会編『'01 年鑑代表シナリオ集』映人社

丸内敏治 『無能の人』シナリオ作家協会編『'91 年鑑代表シナリオ集』映人社

藪内広之 『ごきげんいかが？テディベア』日本脚本家連盟『2002 年テレビドラマ代表作選集」日本脚本家連盟

山川元 『東京原発』シナリオ作家協会編『'04 年鑑代表シナリオ集』映人社

山田洋次・朝間義隆 『息子』シナリオ作家協会編『'91 年鑑代表シナリオ集』映人社

山田洋次・桃井章 『釣りバカ日誌』シナリオ作家協会編『'89 年鑑代表シナリオ集』映人社

遊川和彦 『さとうきび畑の唄』日本脚本家連盟『2004 年テレビドラマ代表作選集』日本脚本家連盟

参考文献

宇佐美まゆみ（2001）「談話のポライトネス—ポライトネスの談話理論構想—」pp.7-58,『談話のポライトネス』第 7 回国立国語研究所国際シンポジウム第 4 専門部会国立国語研究所.

梅岡巳香（2004）「日本語表現の特徴をさぐる」『昭和女子大学大学院日本文学紀要』15,pp.9-19, 昭和女子大学.

江村裕文(2001)「日本語における「注釈表現」あるいは「メタ言語行動表現」—「談話」の観点から—」『異文化』(2),pp.252-269, 法政大学国際文化学部企画・広報委員会.

大塚容子（1999）「テレビ討論における前置き表現—「ポライトネス」の観点から」『岐阜聖徳学園大学紀要・教育学部・外国学部』通号 37,pp.117-131, 岐阜聖徳学園大学教育学部・外国語学部紀要編集委員会.

柏崎秀子（1992）「話しかけ行動の談話分析—依頼・要求表現の実際を中心に—」pp.53-63『日本語教育』79 号.

蒲谷宏・川口義一・坂本恵（1998）『敬語表現』大修館書店.

北綾子（2003）「日本語ディスコースにおける謝罪の機能—依頼の前置きとしての謝罪に関して—」『言語・音声理解と対話処理研究会』37,pp.81-86, 人工知能学会.

久野暲（1978）『談話の文法』大修館書店.

西條美紀（1999）『談話におけるメタ言語の役割』風間書房.

才田いずみ・小松紀子・小出慶一（1983）「表現としての注釈—その機能と位置づけ—」『日本語教育』52 号,pp.19-31, 日本語教育学会.

佐久間まゆみ・杉戸清樹・半澤幹一（1997）『文章・談話のしくみ』おうふう出版.

佐久間まゆみ編（2003）『朝倉日本語講座 7—文章・談話—』朝倉書店.

ザトラウスキー・ポリー（1993）『日本語の談話の構造分析—勧誘のストラテジーの考察—』くろしお出版.

杉戸清樹（1983）「待遇表現としての言語行動：注釈という視点」『日本語学』2 巻 7 号,pp.32-42, 日本語学会.

杉戸清樹（1989）「言語行動についてのきまりことば」『日本語学』8 巻 2 号,pp.4-14, 日本語学会.

杉戸清樹（1996）「言語行動の視野―言語行動の「構え」を探る視点―」『日本語学』
　　15 巻 11 号，pp.19-27, 日本語学会.

杉戸清樹（1998）「メタ言語行動表現の機能―対人性のメカニズム」『日本語学』
　　17 巻 11 号臨時増刊号 ,pp.168-177, 日本語学会.

杉戸清樹（2001）「敬意表現の広がり―「悪いけど」と「言っていいかなぁ」を
　　手がかりに」『日本語学』20 巻 4 号 ,pp.22-37, 日本語学会.

ダイアン・ブレイクモア（1994）『ひとは発話をどう理解するか』武内道子・山
　　﨑英一訳，ひつじ書房.

滝浦真人（2005）『日本の敬語論―ポライトネス理論からの再検討―』大修館書店.

田窪行則・西山佑司・三藤博・亀山恵・片桐恭弘（1999）『談話と文脈』岩波書店.

多門靖容・岡本真一郎（2005）「定型の前置き表現分析のために」『人間文化』
　　20，pp.55-71，愛知学院大学人間文化研究所.

多門靖容・岡本真一郎（2007）「定型の前置き表現分析のために（2）―オソレ
　　イリマスガ・キョウシュクデスガ資料―」『人間文化』22，pp.27-49，愛知
　　学院大学人間文化研究所.

張麟声（2001）『日本語教育のための誤用分析―中国語話者の母語干渉 20 例』
　　スリーエーネットワーク.

張麟声（2011）『中国語話者のための日本語教育研究入門』日中言語文化出版社.

陳臻渝（2004）「日本語会話における中国人学習者の前置き表現について―非定
　　型前置き表現を中心に」桜美林大学修士論文.

陳臻渝（2007a）「日本語の前置き表現に関する一考察―会話文と投書の比較を
　　通して―」『人間社会学研究収録』第 2 巻，pp.67-80，大阪府立大学大学院
　　人間社会学研究科.

陳臻渝（2007b）「日本語会話における前置き表現―配慮の表現方法によって―」
　　『言語文化学研究　言語情報編』第 2 号，pp.99-115，大阪府立大学人間社会
　　学部言語文化学科.

陳臻渝（2007c）「詫びを表す前置き表現の使い分け―後続する情報内容による
　　分類―」『2007 年度日本語教育学会秋季大会予稿集』pp.89-94，日本語教育
　　学会.

陳臻渝（2008a）「中国語を母語とする日本語学習者の「前置き表現」の習得に
　　ついて―KY コーパスを利用して―」（古江尚美氏との共同研究）　大阪府
　　立大学人間社会学部言語文化学科『言語文化学研究　言語情報編』第 3 号，

pp.211-224, 大阪府立大学人間社会学部言語文化学科.

陳臻渝 (2008b)「日本語の前置き表現について―対人配慮型を中心に―」《日本語言文化研究 (第 8 輯北京大学日语学科成立 60 周年国际研讨会论文集)》, pp.329-338, 北京大学日本语言文化系　北京大学日本文化研究所, 学苑出版社.

陳臻渝 (2008c)「論表示歉意的前置表達用法之区分――依据后続信息内容的分類」《日语研究》第 6 輯, pp.208-223, 中国商務印書館.

陳臻渝 (2010)「現代日本語の前置き表現の記述的研究」大阪府立大学博士論文.

陳臻渝 (2010)「謙遜を表す日本語の前置き表現の記述的研究―後続情報による分析―」, 関西言語学会 KLS30, pp.121-131, 関西言語学会.

陳臻渝 (2011)「前置き表現に関する日中対照研究―後続情報の内容による分析―」大阪府立大学人間社会学部言語文化学科『言語文化学研究　言語情報編』第 6 号, pp.17-32, 大阪府立大学人間社会学部言語文化学科.

陳臻渝 (2012)「「すみません」と「対不起」の使用条件の対照分析」大阪府立大学人間社会学部言語文化学科『言語文化学研究　言語情報編』第 7 号, pp.45-61, 大阪府立大学人間社会学部言語文化学科.

仁田義雄 (1991)『日本語のモダリティと人称』ひつじ書房.

仁田義雄 (1997)『日本語文法研究序説―日本語の記述文法を目指して―』くろしお出版.

野田尚史・益岡隆志・佐久間まゆみ・田窪行則 (2002)『日本語の文法 4―複文と談話』岩波書店.

野田春美 (1995)「「のだから」の特異性」仁田義雄編『複文の研究 (上)』pp.221-246, くろしお出版.

橋内武 (1999)『ディスコース談話の織りなす世界』くろしお出版.

ハリディM．A．K．・ルカイヤ, ハサン (1996)『テクストはどのように構成されるか―言語の結束性』ひつじ書房　安藤貞雄・多田保行・永田龍男・中川憲・高口圭轉訳.

福地肇 (1985)『新英文法選書 10―談話の構造』大修館書店.

星野祐子 (2003)「日本語相談場面におけるポライトネス―助言に伴う前置き表現に注目して―」『人間文化研究年報』(27), pp.142-150, お茶の水女子大学大学院人間文化研究科.

堀口純子 (1997)『日本語教育と会話分析』くろしお出版.

南不二男（1987）『敬語』岩波新書.

宮崎里司・マリオット, ヘレン編（2003）『接触場面と日本語教育―ネウストプニーのインパクト』明治書院.

メイナード・K・泉子（1993）『会話分析』くろしお出版.

メイナード・K・泉子（1997）『談話分析の可能性―理論・方法・日本語の表現性』くろしお出版.

茂呂雄二（1997）『対話と知―談話の認知科学入門』新曜社.

山下みゆき・サウクエン・ファン（2001）「意見提示の opening marker としての前置き表現―日本語母語話者と中国人学習者の比較―」『日本語教育学会秋季大会予稿集』pp.157-162, 日本語教育学会.

山下みゆき（2001）「日本語学習者の前置き表現の使用の実際～課題に基づく意見文より～」『日本語教育のためのアジア諸言語の対訳作文データの収集とコーパスの構築』pp.210-218, 平成 11-12 年度科学研究費補助金基盤研究（B）（2）研究成果報告書, 国立国語研究所.

山下みゆき（2002）「日本語母語話者と学習者による前置き表現の印象の相違」『日本語教育論集』18 号, pp.45-57, 国立国語研究所.

Brown,P. & Levinson, S. （1987[1978]）*Politeness:Some Universals in Language Usage*. Cambridge University Press.

Grice, Paul. （1975）*Logic and Conversation*. In P. Cole. & J. Morgan （Eds.）（1975）

Syntax and Semantics3. Speech Acts. pp.41-58, New York: Academic Press.

Grice, Paul.（1989）Studies in the Way of Words. Harvard University Press. （グライス, ポール『論理と会話』清塚邦彦（訳）, 勁草書房, 1998）

Lakoff, Robin. （1973）The Logic of Politeness; or, Minding Your Pty Press 置き表現における使用条件の共通点・相 *the ninth regional meeting of the Chicago Linguistic Society*. pp.292-305, Chicago: Chicago Linguistic Society.

Leech, G. N. （1983）*Principles of Pragmatics*. London: Longman. ［リーチ, J.N.／池上嘉彦・河上誓作訳（1987）『語用論』紀伊国屋書店］

R, JAKOBSON. （1984）『言語とメタ言語』勁草書房.

あとがき

　本書は平成22年1月に大阪府立大学大学院人間社会学研究科に筆者が提出した博士論文「現代日本語の前置き表現の記述的研究」に修正を加えて出版したものである。指導教員の方針から博士論文には謝辞を付さなかったが，今回のあとがきにはこの学恩に対する感謝の言葉を述べたい。

　まずは，博士後期課程の恩師である大阪府立大学大学院の張麟声先生に心より感謝申し上げたい。張先生には筆者の研究の方向性を尊重していただきながら，研究の展開が危うい際に何度も正しい道へと導いていただいた。研究の方法論や論理性などにとどまらず，論文に取り上げられた用例までも，議論を数えきれないほど共にしてくださった。張先生のご指導がなければ，おそらく博士論文を順調に提出することもなく，本書の出版もなかったのではないだろうか。また，張先生は若手研究者の育成に献身的に取り組んでいると同時に，次々と新たな研究分野を積極的に開拓し，研究会を発足させ，常に研究の第一線で活躍されている。まさに理想的研究者としてあるべき姿を見せてくださっており，その姿を見て大いに感銘を受けた。筆者にとって最も尊敬する，理想の研究者である。

　それから，もう一人の指導教員と言っても決して過言ではない存在である野田尚史先生にも深く感謝を申し上げたい。野田先生の方でもゼミ発表を数回させていただき，論文に関するご指摘のみならず，研究そのものに対する取るべき姿勢を示していただいた。殊に研究者自身が考えたことをどのように丁寧に，かつ分かりやすく他者に伝えるかを，物事を伝える際の配慮の重要さを，ご自身の言動をもってご教示くださった。野田先生から学んだ研究に対するまじめさと他者に対する気配りはこれからの人生においても貴重な宝物である。教育者の一人として，これからの世代にもぜひ伝えていきたい。

　そして，桜美林大学大学院の修士論文の指導教員である堀口純子先生にも感謝申し上げたい。筆者の前置き表現の記述的研究の始まりは修士論文「日本語会話における中国人学習者の前置き表現について—非定型前置き表現を中心に—」である。日本語教育に携わりたいと志して日本に留学してきたとき，研究とは何だろう，それさえはっきりと分かっていなかった筆者に，研究の道を歩むのに必要なエッセンスをしっかりと仕込んでくださった。研究者としての心構えを教えてくださった。また，修士論文の執筆に当たり，たくさんご指導い

ただいた桜美林大学大学院の新屋映子先生，佐々木倫子先生にも感謝を申し上げたい。

　前置き表現をテーマに選んだのは筆者自身の日本語学習経験がきっかけである。前置き表現を会話の中で頻繁に使うのは日本人の言葉遣いの特徴の一つであり，日本人なりの心遣いもそこに示されていると思われている。ところが，日本語学習者の場合，特に初中級レベルの段階では，まず意思表明が優先され，求められる。日本語力が上級レベルに上がるにつれ，日本人らしい日本語を話したいとか，日本人のように話せるようになりたいと訴える声もだんだん大きくなる。その「日本人らしい日本語」あるいは「日本人のように話したい」というのは，単なる日本語の表現形式だけでなく，日本人のような言葉遣いも，心遣いも含まれると思われる。

　しかし，これまでの日本語教育では，言語知識や運用の技能の習得が中心に行われてきた。上級レベルの日本語教育でも，言葉遣いを決める，相手や場への「配慮」「心遣い」をどう表現するかといった問題にはあまり触れてはいなかったように思う。その結果，日本語学習者は会話の中での配慮が足りないとか，唐突だなどと感じさせ，自己主張が強いと指摘されてしまう場面も多々あるように思われる。そこで，日本語会話における前置き表現の使用実態はどうなっているのだろうかという素朴な疑問が筆者の研究の発端であった。
その答えを探るため，修士論文では中国語を母語とする日本語学習者と日本語母語話者との前置き表現の使用実態の相違を明らかにした。その使用実態から観察された学習者の前置き表現使用上の問題点や，日本語母語話者との相違の原因を究明したく，博士後期課程に進み，現代日本語の前置き表現の記述的研究を本格的に始めたのである。

　ここでもう一方，お名前を挙げて感謝を述べたいのが博士課程の同期である中俣尚己さんである。現在，京都教育大学教育学部准教授の中俣さんには，博士論文について有益なコメントを数多くいただいたほか，投稿論文のチェックや学会発表のリハーサルなどでも何度も支えてくださった。中俣さんは若手の研究者でありながら，既に著書や論文，数多くの業績をあげており，中国語話者のための日本語教育研究会大会委員長，日本語教育学会誌委員も務めている。今もなお筆者にとって研究者の手本とでもいうべき存在である。

　また，この場をお借りして博士論文のネイティブチェックを引き受けてくださった古江尚美さんにも感謝を申し上げたい。古江さんの上品な日本語表現力

のおかげで流ちょうな日本語で博士論文が完成された。それから，各自のテーマを抱えて共に研究に励んできた，同じく張研究室に所属した陳建明さんにも感謝の言葉を述べたい。現在，中国西安外国語大学副教授の陳建明さんは研究室の後輩でありながらも，論文のミスなどを的確に指摘したり，研究の捗りが遅れそうな時に励ましたりしてくださった。そして学会などでは一橋大学の庵功雄先生，創価大学の山岡政紀先生からも貴重なご意見をいただいたこと，今もなおありがたく存じます。

　博士論文の提出から本書の出版までは8年もかかってしまったが，前置き表現の研究が実ったことは多くの方々のご教示の賜物である。謹んで感謝を申し上げます。

　最後に，本書の執筆に多大なご配慮をいただいた日中言語文化出版社の関谷一雄社長と原稿を細かくチェックしてくださった同社の森田雪乃さんに心から感謝を申し上げます。

2018年1月5日

中国華僑大学外国語学院　翻訳研究中心にて

陳　臻渝

著者紹介

陳　臻渝（ちん・しんゆ）

1978 年中国福建省福清市生まれ。2010 年大阪府立大学人間社会学研究科博士後期課程修了。現在，中国華僑大学外国語学部講師。博士（言語文化学）。

主要著作・論文

「語用論」（劉笑明（編）《日汉对比语言学》，南开大学出版社，2015 年），「「すみません」と"对不起"の使用条件の対照分析」（『言語文化学研究　言語情報編』7，2012 年），「前置き表現に関する日中対照研究—後続情報の内容による分析—」（『言語文化学研究　言語情報編』6，2011 年），「謙遜を表す日本語の前置き表現の記述的研究—後続情報による分析—」（『日本関西言語学会 KLS30』，2010 年），「论表示歉意的前置表达用法之区分—依据后续信息内容的分类」（《日语研究》6，2008 年），「日本語の前置き表現について—対人配慮型を中心に—」（《日本语言文化研究》8，2008 年）など。

現代日本語の前置き表現の記述的研究

2018 年 1 月 15 日　初版第 1 刷発行

著　者	陳　臻渝
発行者	関 谷 一 雄
発行所	日中言語文化出版社
	〒531-0074 大阪市北区本庄東 2 丁目 13 番 21 号
	ＴＥＬ　０６（６４８５）２４０６
	ＦＡＸ　０６（６３７１）２３０３
印刷所	有限会社 扶桑印刷社

©2017 by Chin Shinyu, Printed in Japan
ISBN978 － 4 － 905013 － 96 － 9